KiWi

KiWi 57

Boris und Lena Nikitin

Modell frühkindlicher Erziehung

Boris und Lena Nikitin

Ein Modell frühkindlicher Erziehung

Herausgegeben
von Marianna Butenschön

Kiepenheuer & Witsch

Ein Modell frühkindlicher Erziehung
Herausgegeben und aus dem Russischen
übersetzt von Marianna Butenschön

Umschlag Hannes Jähn, Köln
Gesamtherstellung May & Co, Darmstadt
ISBN 3 462 01635 0

Pravy li my? *Haben wir recht?*
Verlag der Akademie der pädagogischen Wissenschaften,
Moskau 1963

Pervyj god, pervyj djen *Das erste Jahr, der erste Tag*
»Moskowskij komsomoljez«, Mai 1976, Nr. 110–122

Hipotesa wosniknowenija i raswitija twortscheskich
sposobnostjej pererabotannaja i dopolnennaja
Hypothese von der Entstehung und Entwicklung der schöpferischen Fähigkeiten. Überarbeitete und ergänzte Fassung
»Soziologische und ökonomische Probleme der Bildung«, hrsg. von
W. N. Turtschenko, Nowosibirsk 1969

Inhalt

Vorwort

Dieses Buch ist die Geschichte einer ungewöhnlichen Familie und eines faszinierenden Experiments. Es ist die Geschichte einer fast zwanzigjährigen Auseinandersetzung mit anerkannten Methoden der frühkindlichen Erziehung in der Familie und die Geschichte einer kühnen Herausforderung geltender wissenschaftlicher Theorien im Bereich der Vorschulpädagogik – ein bemerkenswert lesbares und erfrischend lebendiges Buch, geschrieben von Eltern für Eltern, an dem aber auch Pädagogen, Erzieher und Kindergärtnerinnen ihre (Entdeckungs)freude haben werden.

Die Familie: das sind Boris Pawlowitsch und Lena Alexejewna Nikitin, 62 und 48 Jahre alt, und die sieben Kinder Alexej, Anton, Olga, Julija, Anna, Iwan und Ljubov, heute zwischen 19 und 7 Jahre alt. Die Nikitins leben in der Siedlung Bolschewo 40 km nordöstlich von Moskau.

Das Experiment: Alle sieben Nikitin-Kinder haben mit drei bis vier Jahren lesen und mit vier Jahren nach dem Lehrplan der ersten Klasse rechnen gelernt, mit fünf bis sechs Jahren konnte sie schreiben und mit vier bis fünf Jahren Pläne, Zeichnungen und Landkarten entziffern. In der Schule lernten und lernen alle sieben ausgezeichnet und schreiben nur Einsen und Zweien. Mündliche Hausaufgaben machen sie nie, und für die schriftlichen sind weder Ermahnungen noch Hilfestellungen der Eltern nötig. Schulstreß und Leistungsdruck – vieldiskutierte und kritisierte Merkmale auch der sowjetischen Schule – sind den Kindern unbekannt geblieben. Sie wurden entweder gleich in die zweite oder dritte Klasse eingeschult oder übersprangen mehrere Klassen.

Alexej, geb. 1959, beendete die zehnklassige allgemeinbildende Mittelschule, deren Abschluß zum Hochschulstudium berechtigt, mit 13 statt mit 17 Jahren, ließ sich zwei Jahre zum Erzieher ausbilden, arbeitete dann zwei Jahre als Radiotechniker in einem Kybernetik-Institut und nahm mit 17 ein Pädagogik-Studium mit dem Wahlfach Physik auf.

Auch Anton, geb. 1960, beendete die Mittelschule mit erweitertem physikalisch-mathematischem Unterricht (eine Spezialschule für besonders begabte Kinder) mit 13 und erteilte im gleichen Alter einem 21jährigen Physikstudenten Nachhilfeunterricht für das Examen. Mit 16 war er bereits diplomierter Chemotechniker, und in diesem Herbst studiert er schon im 3. Semester Chemie an der Moskauer Universität.

Julija, geb. 1966, ist mit 12 in der 8. Klasse und tat sich schon vor Jahren mit eigenen Liedern, Gedichten und Erzählungen hervor.

Ljubow, die jüngste Tochter, geb. 1971, wurde mit sechs statt mit vollendetem 7. Lebensjahr, wie sonst in der UdSSR üblich, eingeschult und ist mit 7 Jahren in der 3. Klasse. Alle Kinder haben mit acht oder neun Jahren die Auffassungsgabe von Erwachsenen erreicht und eine Reihe von Intelligenztests, die für Erwachsene bestimmt sind, mit überdurchschnittlichem Erfolg bestanden. Das ist aber nur die intellektuelle Seite dieses »Familienexperiments« – Familienexperiment, weil keines der Kinder eine Krippe oder einen Kindergarten besucht hat. Die frühkindliche Erziehung der Nikitins hat auch eine wichtige körperlich sportliche Komponente und einen ebenso wichtigen sozialen Aspekt.

Von den Windeln an abgehärtet und sportlich trainiert, wurden die Kinder fast nie krank. Sie strotzen vor Gesundheit und sind wahre Sportskanonen. Alexej lief als Dreijähriger 100 Meter in 42 Sekunden. Mit vier Jahren konnten die Nikitin-Kinder zwanzig Kilometer pro Tag zu Fuß gehen und als Grundschüler an die zehn Kilometer laufen. – Alle sieben haben ein ausgeprägtes Selbstbewußtsein, sind aber zugleich sehr umgänglich und sozial: In dieser Familie hat es keine Süßigkeit und kein Obst gegeben, das nicht umgehend geteilt wurde. Und mit ihren zahlreichen Freunden hecken die Nikitin-Kinder Streiche aus, wie sie sich selbst Astrid Lindgrens »Karlsson vom Dach« nicht besser ausdenken könnte.

Diese ungewöhnlichen Erfolge brachten den Nikitin-Kindern schon vor Jahren Ruhm und ihren Eltern Anerkennung, aber auch viel Kritik ein. Über kaum eine Familie ist in der sowjetischen Presse, in der Bildungsfragen traditionell besonders viel Raum einnehmen, so kontrovers diskutiert worden. Dort kreuzten die Fachleute die Klingen über die Frage, wie belastbar Kinder in ihren ersten Lebensjahren sind, ob Begabung angeboren oder erziehbar ist und ob das Experiment nachvollziehbar sei. Unterdessen beantworten die Nikitins selbst mit unermüdlicher Geduld Hunderte von Briefen und empfingen mit seltener Gastfreundschaft und herzlicher Aufmerksamkeit Hunderte von Besuchern, die aus der ganzen Sowjetunion, sogar aus Kamtschatka, anreisten und immer noch in steigender Zahl mit Kindern anreisen, um sich mit eigenen Augen vom Wert dieser Erziehungspraxis zu überzeugen.

Wegen der vielen Besucher mußten Boris Pawlowitsch und Lena Alexejewna eine »Besuchszeit« einführen, um sich ein normales Familienleben zu erhalten: An jedem letzten Sonntag im Monat ab 10.00 Uhr ist jedermann bei ihnen willkommen. Ausnahmen werden gemacht für Gäste, die »ein besonderes Anliegen« haben oder von »sehr weit herkommen«.

An einem Donnerstagnachmittag im Mai vorigen Jahres war ich so eine Ausnahme, zudem der erste Gast aus dem Westen, der sich auf den Weg nach Bolschewo gemacht hatte. Die Nikitins haben mich mit warmer Herzlichkeit empfangen und mir einen Nachmittag und einen Abend lang gezeigt und erzählt, wie sie leben – zuviel Zeit, um nicht *tief* beeindruckt zu sein, zu wenig Zeit, um *alle* Fragen stellen zu können.

Eines ist mir aber sofort klar geworden: Diese Eltern empfinden ihre Kinder nie als Last, sie akzeptieren sie, auch die jüngeren, als gleichberechtigte Partner, die ihren Anteil an allem haben, was im Hause vor sich geht. Kindererziehung ist nach Ansicht von Boris Pawlowitsch und Lena Alexejewna zuerst elterliche Selbsterziehung und Eingehen auf die Bedürfnisse des kindlichen Gegenüber, was beileibe nicht antiautoritäre Erziehung bedeutet, sondern – und das ist auch das oberste Gebot des Zusammenlebens in dieser Familie – gegenseitige Achtung, gegenseitiges Verständnis, gegenseitige Hilfe und gegenseitiges Aufeinandereinwirken, ständiges Eingehen auf die Bedürfnisse *und* Möglichkeiten des anderen.

Boris Pawlowitsch und Lena Alexejewna sind »leidenschaftliche« Eltern, die den Sinn ihres Lebens in der Erziehung ihrer Kinder sehen. Ihre beruflichen und persönlichen Interessen sind mit denen ihrer Kinder identisch. Sie leben bewußt und mit großer Überzeugungskraft etwas vor, was wir viel zu oft vergessen: Kinder bedeuten Glück, sie sind das Kostbarste, was wir haben, kostbarer als Geldverdienen, häuslicher Komfort, reichlicher Konsum oder berufliche Karrieren. Außerdem leben sie vor, daß Kindererziehung nicht Frauensache ist, sondern Elternaufgabe: Der Vater hat in dieser Familie den gleichen Anteil an der Beschäftigung mit den Kindern wie die Mutter.

Das kleine, alte Haus, in dem die Nikitins seit 1972 leben, eine umgebaute ehemalige Generalsdatscha, ist ein genauer Spiegel ihrer Einstellung zu Kindern.

Da ist zunächst der Garten, der mit seinen Turn- und Sportgeräten eher an einen Abenteuerspielplatz erinnert. Hier toben in der Regel große Kinderscharen, aber auch die Erwachsenen machen sich an den Geräten zu schaffen. Wenn die Familie Zeit hat, arbeiten alle gemeinsam auf dem kleinen Stück Gemüseland. Das ist vielleicht so ungewöhnlich nicht, aber ungewöhnlich ist das Haus, in dem die übliche Zimmereinteilung völlig aufgehoben ist. Jedes der sechs kleinen Zimmer hat alle möglichen Funktionen und steht – mit Ausnahme des Raums, den der Großvater bewohnt – allen ständig zur Verfügung.

Das Wohnzimmer dient zugleich als Aufenthaltsraum, als Theater- und Konzertsaal für die häuslichen Vorführungen, als Vorleseraum, Fernsehzimmer und Debattierstätte. Übrigens: es wird wenig ferngesehen in dieser Familie, laut vorgelesen und diskutiert dagegen viel.

An diesen Raum schließt sich – jederzeit zugänglich – ein Spiel- und Sportzimmer mit verschiedensten Turngeräten an. Von der Decke baumelt eine ausgediente Luftmatratze herab, die den Kindern als »Raumschiff« dient. An dieses Zimmer reiht sich ein Raum an, der in eine offene Küche übergeht. Hier werden die Mahlzeiten zubereitet, aber auch Schularbeiten gemacht und gelesen. Hier tauscht sich der jeweilige »Küchendienst« ständig mit den übrigen Familienmitgliedern aus. Ein schmaler Flur führt weiter in die häusliche Labor-Werkstatt, die vollgestopft ist mit Werkzeugen und technischen Anlagen aller Art. Hier überkommt den handwerklichen Laien ein Gefühl der Hilflosigkeit, während die Nikitin-Kinder mit größter Lässigkeit mit dem Material hantieren. Hier gibt Boris Pawlowitsch seinen Kindern und ihren Freunden Werkunterricht, baut, bastelt, repariert – immer umgeben von Kindern, die mittun.

Die Familie schläft in den beiden Räumen im Obergeschoß, die zugleich den Eltern als Arbeitszimmer dienen. Jede Ecke in diesem Haus ist genutzt, überall sind Bücher verstaut. An den Wänden hängen Karten, Tabellen, Bilder. Es herrscht eine freie, ungezwungene Atmosphäre, eine Atmosphäre vor allem der Ruhe und Ausgeglichenheit, in der die angeblichen »Wunderkinder« sich ganz normal benehmen.

Das Wort »Wunderkinder« hören die Eltern allerdings nicht gern. Sie sind überzeugt, daß sie ganz gewöhnliche Kinder haben, mehr noch: daß alle Kinder sich so entwickeln könnten wie ihre eigenen, wenn sie nur *rechtzeitig* und *richtig, d. h.* so früh wie möglich und so allseitig wie möglich und dabei unbedingt auf spielerische Art *gefördert* und *gefordert* werden. Frühe und allseitige intellektuelle, körperliche und psychische Belastung ist nach Ansicht dieser Eltern, sofern sie nicht per Zwang, sondern per Angebot und Interesse erfolgt, nicht von Übel, sondern von Nutzen. Je früher und allseitiger nämlich die Entwicklung eines Kindes einsetzt, so meinen die Nikitins, desto mehr kommen sonst unbekannt bleibende Fähigkeiten und Qualitäten ans Tageslicht, desto größer werden Lernbereitschaft und Entdeckungsfreude, Neugier und Spieltrieb und der Drang nach verschiedensten Tätigkeiten – desto leichter fallen dem Kind Schuleintritt und Lernen, das an der Schwelle zum 21. Jahrhundert nicht zuletzt ständiges Neulernen und Umlernen ist. Die vielen scheinbaren Härten dieser Erziehung, an denen sich der Leser bei der ersten Lektüre der Nikitinschen Schriften vielleicht stoßen wird, erweisen sich so bei längerem Lesen und näherer Überlegung oft als notwendige Hilfen für später, die nur deshalb auf den ersten Blick belastend anmuten, weil sie bisher nicht praktiziert wurden. Sie bewähren sich jedoch auf lange Sicht als praktikable Methoden, um ein Kind unabhängig, ausdauernd, selbständig und in seinem Erfahrungsschatz und in seinen Aktivitäten reicher zu machen.

Bei der Frage aber, *wie* belastbar ein Kind ist, *wieviel* ihm zugemutet werden darf, setzt die Diskussion ein, die bis heute nicht abgeschlossen ist, weder in der UdSSR noch unter westlichen Pädagogen. Die »Wunderkinder« von Bolschewo spalteten die pädagogisch interessierte Laienöffentlichkeit und die Fachwelt in zwei Lager, denn die Nikitins sind auch in der Sowjetunion umstritten und treffen keineswegs auf einstimmige Anerkennung.

Umstritten sind sie immer noch, weil sie auf eigenes Risiko und gegen den Unwillen, das Unverständnis und die Ablehnung der Umwelt ein eigenes Konzept frühkindlicher Erziehung gleich siebenmal erfolgreich erprobt haben, das die einen für einen besonders schlimmen und verwerflichen Dressurakt und ein schlechtes Beispiel elitärer Erziehung halten, die anderen aber für den »Hebel des Archimedes« – wie die Moskauer *Literaturzeitung* ihren letzten Beitrag über die Nikitins nannte –, mit dem die herkömmlichen Prinzipien der frühkindlichen Erziehung und der Vorschulpädagogik nicht nur in der Sowjetunion, sondern international aus den Angeln gehoben werden können.

Die Laien behaupten, die Nikitins machten mit ihren Kindern Experimente wie mit Meerschweinchen, jagten sie nackt in den Schnee, gäben ihnen zu wenig zu essen usw. Das hört sich etwa so an: Die Nikitin-Kinder, sind das nicht diese kleinen Genies, diese altklugen kleinen Erwachsenen, diese Wissensautomaten, die schon mit fünf Jahren das Periodensystem auswendig lernen müssen? – Die sind ja nicht normal, denen fehlt doch etwas! – Unmöglich, grausam, herzlos, gefährlich! – Die Befürworter der Nikitinschen Methoden sind voller Bewunderung und dokumentieren dieses nicht zuletzt durch eine rege Reisetätigkeit in Richtung Bolschewo. Sie drücken sich etwa so aus: Phantastisch! – Das ist die Pädagogik der Zukunft! – So möchten wir unsere Kinder auch erziehen! – Schade, daß wir davon nicht früher gewußt haben!

Die Fachleute aus der Akademie der Pädagogischen Wissenschaften und aus der Akademie der Medizinischen Wissenschaften in Moskau kritisierten schon 1965 die angebliche »Systemlosigkeit« der Nikitins, die »allen theoretischen und praktischen Erfahrungen der Medizin und der Pädagogik« widerspreche. Die Wissenschaftler hätten, so hieß es später in dem teilweise in der *Literaturzeitung* ausgetragenen Streit, die Grenzen der kindlichen Belastbarkeit doch noch gar nicht festgelegt. Die Spätfolgen dieses Experiments seien nicht abzusehen, und deshalb sei es abzulehnen. Auch beweise das Vorgehen der Nikitins einen völligen Unglauben an die selbstentwickelnde Kraft der Kindheit, und die Eltern übten »antipädagogischen Druck« aus. Die Neuropathologen prophezeiten den Kindern gar die »Möglichkeit von Neurosen«, eine »Verarmung der emotionalen Sphäre« und andere schlimme Sachen. Auch hieß es, die Kinder würden sich in der Schule langweilen, nur das lernen, was ihnen Spaß macht, weil sie ja zuhause eine so große Freiheit in der Wahl ihrer Beschäftigung hatten, und überhaupt im Leben nicht zurechtkommen.

Nur wenige zustimmende Äußerungen aus der Fachwelt machten den Nikitins weiter Mut. Unter den Befürwortern dieses Experiments war Wassilij A. Suchomlinskij (1918–1970), einer der bekanntesten sowjetischen Pädagogen, der Boris Pawlowitsch kurz vor seinem Tod schrieb, daß er seine Ansichten völlig teile und nicht verstehe, warum die Familie so viele Gegner habe. Zustimmung kam vor allen auch aus der sibirischen Wissenschaftszentrale Akademgorodok, wo Boris Pawlowitsch 1968 einen Vortrag gehalten hatte. Anfang 1970 reiste Jurij I. Sokolowskij, Lehrstuhlinhaber für Pädagogik an der Universität Nowosibirsk, nach Bolschewo, hielt sich in der Familie auf und sprach vor allem mit den Kindern. Dabei gewann er, wie er berichtet, den »angenehmsten Eindruck« von ihnen. Defekte irgendwelcher Art hatte er nicht entdeckt. Im Gegenteil, Sokolowskij bescheinigte allen »viel kindliche Lebhaftigkeit, Naivität und Unmittelbarkeit entsprechend ihrem Alter«. Ihre Spiele, Beschäftigungen und Streiche seien aber überlegter, interessanter und inhaltsreicher als in »durchschnittlichen« Familien. Die Kinder der Nikitins seien »gut erzogen, fröhlich, freundlich-entgegenkommend, tatkräftig«, und jedes von ihnen habe seine eigene »unwiederholbare Individualität«. – Auch der Moskauer Mediziner Professor Ilja A. Arschawskij, der alle Nikitin-Kinder seit Jahren regelmäßig untersucht, kann keinerlei »Abnormitäten« in ihrer Entwicklung feststellen.

Die Geschichte der Nikitins begann Ende der fünfziger Jahre. Boris Pawlowitsch, Ingenieur von Beruf, aber Pädagoge aus Berufung, 1916 in einer Arztfamilie im Kaukasus geboren, hat nach der Schule zunächst Schlosser und Elektromonteur gelernt und Mitte der dreißiger Jahre das Polytechnische Institut von Nowotscherkask absolviert. Seit 1955 arbeitete er als Werklehrer in der Schule. Seine Begegnung mit Lena Alexejewna nennt er selbst das »glücklichste Ereignis meines Lebens«. Lena Alexejewna, 1930 als Tochter einer Mathematiklehrerin und eines Ingenieurs in Bolschewo geboren, hat eine Fachschule für Bibliothekare und eine Pädagogische Hochschule absolviert und arbeitete, als sie Boris Pawlowitsch kennenlernte, als Lehrerin für russische Literatur und war zugleich Direktorin ihrer Schule.

Die beiden gehörten zu einer Gruppe von zwanzig begeisterten Pädagogen, die versuchten, ein Stück Land mit einem Haus und Geld zu bekommen, um nach dem Vorbild des weltbekannten sowjetischen Erziehers Anton S. Makarenko (1878–1939) eine Kinderkolonie aufzubauen. Der Plan wurde nicht realisiert, und so mußten Boris Pawlowitsch und Lena Alexejewna ihre Vorstellungen in der eigenen Familie praktisch erproben. Es war eine faszinierende Aufgabe, und aus dieser Faszination haben die beiden vermutlich die Kraft geschöpft, ihr Familienexperiment zwanzig Jahre hindurch mit gleichbleibender Hingabe durchzuhalten – wobei beide Eltern immer voll berufstätig waren und ihre finanziellen Mittel mehr als bescheiden. Jahrelang mußten Boris Pawlowitsch und Lena Alexejewna in Schichten arbeiten und auf gemeinsame freie Tage verzichten, so daß einer von ihnen bei den Kindern sein konnte, allerdings beladen mit Hausarbeit. Es gab Zeiten, in denen das Einkommen nicht reichte und die ganze Familie sich mit Schürzennähen und Paketekleben etwas dazuverdienen mußte. Manchmal halfen ihnen Freunde und Unbekannte.

Boris Pawlowitsch ist seit zwei Jahren pensioniert, arbeitet allerdings noch als wissenschaftlicher Mitarbeiter der Akademie der pädagogischen Wissenschaften, die ihre anfängliche Zurückhaltung aufgegeben hat. Lena Alexejewna arbeitet seit der Geburt Alexejs als Bibliothekarin und leitet heute die Bibliothek von Bolschewo. Außerdem schreibt sie für die Jugendzeitung *Komsomolskaja prawda*, in der sie Hunderte Leserbriefe zu Erziehungsfragen beantwortet und den über zehn Millionen Lesern dieser Zeitung Rat und Auskunft erteilt.

Das erste Buch der Nikitins erschien 1963 in der für sowjetische Verhältnisse niedrigen Auflage von 60 000 Exemplaren unter dem Titel *Haben wir recht?* Es entstand aufgrund eines Tagebuchs, das die Eltern mit minutiöser Genauigkeit über die ersten drei Lebensjahre des im Juni 1959 geborenen ersten Sohnes Alexej (»Aljoscha«) geführt hatten, und beschreibt die ersten Versuche, experimentierend und einfühlend hinter die Entwicklungsmöglichkeiten des Kleinkindes zu kommen. Auch der zweite Sohn Anton (»Antoscha«) taucht schon als handelnde Person auf. Als die beiden geboren wurden, wohnte die Familie noch in einem Drei-Zimmer-Häuschen in Bolschewo ohne fließendes Wasser und Zentralheizung. Damals lebten noch die beiden Großmütter, die in dem Buch liebevoll »Babuschka Dina« und »Babuschka Sascha« genannt werden, obwohl sie sich nicht immer liebevoll den Ansichten ihrer Kinder gegenüber verhielten. Noch ganz den traditionellen Methoden der Kinderpflege in Rußland verpflichtet, wo die Kleinsten ganz besonders verwöhnt und verhätschelt werden und das vor allem von den Babuschkas, die in vielen jungen Familien wegen der Berufstätigkeit der Mütter und des Mangels an vorschulischen Einrichtungen einhüten und erziehen, müssen Babuschka Dina und Babuschka Sascha oft starr vor Entsetzen gewesen sein – was sich in ständiger besserwisserischer Einmischung äußerte.

Anders als heute noch in Rußland üblich, wurden die Nikitin-Kinder nicht bis zum Hals mit Windeln und Tücher vermummt, Arme und Beine eingeschlossen, sondern fast nackt oder relativ wenig bekleidet zu jeder Tageszeit und bei fast jeder Witterung der frischen Luft ausgesetzt. Eine Hautkrankheit Aljoschas, die auch bei den anderen Kindern auftrat und die mit starkem Juckreiz verbunden war, in der Kälte aber zurückging, bestärkte die Eltern in ihrer Ansicht, daß kühle Temperaturen heilen und abhärten. Im Haus liefen die Kinder nur barfuß herum, und im Winter sogar in den Schnee. Sie schliefen – auch im russischen Winter – nur bei offenem Fenster und blieben aufgrund dieser frühen Abhärtung von leidigen Erkältungskrankheiten verschont.

Die Eltern setzten die Kinder auch früher als gewöhnlich auf den Topf. Bei ihren jüngsten Kindern war Lena Alexejewna, wie sie im *Ersten Jahr, ersten Tag* schreibt, bereits so geübt, daß sie den bewußten Moment spürte und auf diese Weise den Kindern nasse Windeln ersparte.

Aljoscha und seine Geschwister mußten, teils aufgrund pädagogischer Überzeugungen der Eltern, teils weil die Lebensverhältnisse es erforderten, ziemlich früh mit einer Reihe von Aufgaben zurechtkommen und Pflichten übernehmen, die üblicherweise sonst noch jahrelang die Mütter erledigen. Die Nikitins beschreiben das sehr anschaulich in *Haben wir recht?* So wurden die Kinder früh daran gewöhnt, sich allein anzuziehen und selbständig zu essen. Zwar gab es Rückfälle in das berühmte »Kann ich nicht!«, wenn die Großmütter gegen den Willen der Eltern doch wieder geholfen hatten, aber diese setzten sich schließlich durch.

Das übliche und allen Eltern wohl sehr gut bekannte »Das kannst du noch nicht, dafür bist du noch zu klein« und das ebenso bekannte »Messer, Schere, Gabel, Licht sind für kleine Kinder nicht« haben die sieben Nikitin-Kinder wohl nie gehört – weil Selbständigkeit und Unabhängigkeit zu den wichtigsten Erziehungsaufgaben der Nikitins gehören. Unter der fürsorglichen, aber gelassenen Oberaufsicht der Eltern bekamen die Kinder Gegenstände des täglichen Gebrauchs in die Hand und konnten mit ihnen umgehen, auch wenn – natürlich in bestimmten Grenzen – die Gefahr bestand, daß sie sich verletzten. Die Folge war, daß die Kinder nach einer gelegentlich auch schmerzhaften Erfahrung gelernt hatten, wo häusliche Gefahren lauerten, was sie anfassen und benutzen durften und was nicht, und daß die Eltern nicht ständig aufzupassen brauchten. Laufgitter und Gehhilfen gab es im

Hause der Nikitins nicht. Die Kinder konnten, kaum daß sie zu laufen imstande waren, unbeschwert allein auf Entdekkungsreise gehen und im Haus die Welt erkunden.

Auch auf den kindlichen Drang zu helfen, mitzumachen, reagierten die Nikitins nicht mit dem üblichen »Dazu bist du noch zu klein, laß mich lieber schnell machen«. Sie ließen die Kinder ernsthaft gewähren und unterstützten diesen Drang bewußt und gezielt, auch wenn das Zeit und oft ein Übermaß an Geduld kostete. So konnten schon die Zwei- bis Dreijährigen beim Tischdecken und -abräumen helfen. Sie machten den Abwasch wie die Großen, holten Wasser und Holz, durften mit echtem, wenn auch kindgerechtem Werkzeug unter Anleitung des Vaters hämmern, sägen, bauen, basteln, Nägel einschlagen – mit einem Wort: richtig helfen und mitanpakken. Auf diese Weise lernten sie, Hilfe nicht als Zwang zu empfinden, während sie selbst nur ungern Hilfe in Anspruch nahmen. Die Kinder sollten eigene Initiative entwickeln, stolz auf eigene Erfolge sein und nicht durch vorschnelles elterliches Eingreifen und Vorsagen in der Entwicklung ihres Selbstwerts und in der Entwicklung ihrer schöpferischen Fähigkeiten behindert werden. Das ging so weit, daß die Eltern den Kindern nur selten aus schwierigen Situationen heraushalfen. Wenn sie überzeugt waren, daß die Kleinen stark genug waren, um sich selbst aus der Patsche zu bringen, schritten sie grundsätzlich nicht ein, auch wenn es Tränen und Geschrei gab. Diese Kinder hatten deshalb jede Chance, Selbständigkeit und Selbstwert durch Selbsthilfe zu gewinnen.

Natürlich rangen die Großmütter die Hände. Die Eltern aber ließen sich, obwohl sie glauben, viele Fehler gemacht zu haben – darauf kommt Lena Alexejewna in *Vom ersten Jahr bis zur Schule* zu sprechen – nicht beirren. Als 1962 die Tochter Olga geboren wurde, waren sie schon fest überzeugt, daß die intellektuellen, physischen und sozialen Möglichkeiten des Kleinkindes unter *entsprechenden* Bedingungen, die sie sehr anschaulich in *Vom ersten Jahr bis zur Schule* beschreiben, noch viel größer sind, als sie bis dahin geglaubt hatten. Die Frage »Haben wir recht?«, die am Anfang ihres Weges stand, haben sie seit langem mit »ja« beantwortet und demzufolge ihre Methoden bei den jüngeren Kindern mit noch größerer Intensität und Konsequenz angewandt:

Bisher haben die Erfolge der Kinder in der Schule und ihre allgemeine Entwicklung den Nikitins mehr recht gegeben als ihren Kritikern. Seit Beginn der siebziger Jahre hat sich die Diskussion um die »Wunderkinder« von Bolschewo merklich versachlicht, obwohl sie unvermindert anhält. Auf die anfängliche Ablehnung folgte zuerst jahrelanges Schweigen, dann Zustimmung und schließlich teilweise Anerkennung. Boris Nikitin konnte seine Methoden inzwischen in einigen Kindergärten und in einer (leider) wieder geschlossenen Experimentalschule erfolgreich auch bei anderen Kindern erproben.

Die Versachlichung dieser Diskussion hängt womöglich zusammen mit einer Reihe von Reformen Ende der sechziger Jahre, deren Gegenstand die sowjetische Grundschule und der Kindergarten waren und deren Ergebnisse zur Zeit ausgewertet werden. Im Zuge dieser Reform wurde die Grundschule von vier auf drei Jahre verkürzt, und der Kindergarten bekam stärker schulvorbereitende Funktion. Empirische Untersuchungen haben zudem ergeben, daß Vorschulkinder leichter lesen und schreiben lernen als Erstklässler, die in der Sowjetunion immerhin sieben Jahre und älter sind. Immer mehr ABC-Schützen kommen in die Schule, die schon lesen und schreiben können. Da eine frühere Einschulung nicht ernsthaft erwogen wird, hat die Frage, was der Kindergarten an Schulvorbereitung leisten kann oder sollte, zunehmende Bedeutung erlangt. Viele Pädagogen meinen, die »Bildungsreserven« des Vorschulalters sollten viel stärker genutzt werden, als das bisher der Fall ist. In allerjüngster Zeit haben angesehene Wissenschaftler in der sowjetischen Presse mehrfach dargelegt, daß Lesen- und Schreibenlernen im Vorschulalter später dem Schulkind nur nützlich sein kann.

Haben die Nikitins also recht? Stimmt es, daß jedes gesunde Kind, das ähnlich früh und allseitig gefördert und gefordert wird, überdurchschnittliche Fähigkeiten entwickeln kann? Ich kann diese Frage natürlich nicht beantworten, solange das Familienexperiment der Nikitins nicht tausendfach mit ähnlichen Ergebnissen nachvollzogen ist. Ebenso wenig kann ich die Frage beantworten, ob dieses Experiment übertragbar ist, ob alle Eltern sich zu »Nikitinianern« ausbilden können. Eines aber scheint mir sicher: Die Schriften der Nikitins sind für Eltern, die lernen wollen, auf ihre Kinder einzugehen und sie als Partner zu akzeptieren, eine wahre Fundgrube für Anregungen, Ideen, Kommunikationsformen. Wenn Eltern lernen wollen, ihre Kinder zu gesunden, aktiven, robusten, frohen und lebendigen Menschen heranzuziehen, sollten sie die Nikitins studieren und sich dabei nicht zu stark auf die frühen intellektuellen Hochleistungen ihrer Kinder konzentrieren. Hier wird schließlich auch ein Erziehungsmodell angeboten, das über die Ausbildung der Selbständigkeit ein hohes Maß an persönlicher Freiheit, an Widerstandsfähigkeit, an schöpferischer Leistungsbereitschaft erreichen will und das deshalb gegen die Widrigkeiten, die Anforderungen und den Druck der Schule wappnen kann – unabhängig von Intelligenztest-Ergebnissen. Viele Elemente dieser Erziehungspraxis sind gewiß nicht so neu, wie es in der relativen Abgeschlossenheit von Bolschewo aussehen mag. Aber die Konsequenz, mit der die Nikitins vorgegangen sind, ist eine Auseinandersetzung wert, und ihre praktischen Erfahrungen wie ihre theoretischen Überlegungen stellen einen Beitrag zur Begabungsdiskussion dar.

Die Schriften der Nikitins sind zwischen 1963 und 1977 erschienen. 1976 veröffentlichte Boris Nikitin sein Buch über die *Aufbauenden Spiele*, die er zusammen mit seinen Kindern und deren Freunden – teilweise ausgehend von den Montessori-Materialien – entwickelt hat und die nach seiner Ansicht besonders geeignet sind, die schöpferische Seite des kindlichen Verstandes im Vorschulalter, Eigenschaften wie Kombinationsgabe, Konzentrationsfähigkeit, selbständiges Problemlösen zu fördern. Im Mai 1976 lief in der Moskauer Zeitung *Moskowskij komsomolez* eine Serie in der Rubrik »Elternuniversität« unter dem Titel *Der erste Tag, das erste Jahr*, die Boris Pawlowitsch und Lena Alexejewna gemeinsam verfaßt haben und die nach *Haben wir recht?* den zweiten Teil dieses Buches bildet. Die Serie hatte eine so starke Resonanz, daß die Autoren eine Fortsetzung schreiben mußten, in der sie abwechselnd Antworten auf die ihnen am häufigsten gestellten Fragen geben und in der sie sich nicht immer einer Meinung zeigen. Bemerkenswert ist dabei, daß die Eltern ihre

Artikel stets in Absprache mit den Kindern schreiben, eine erstaunliche Anwendung praktischer Demokratie in der Familie. Dieses »Familiengespräch« ergab den dritten Teil dieses Buches: *Vom ersten Jahr bis zur Schule.* Er wurde im Oktober 1977 abgeschlossen.

Der vierte Teil schließlich ist Boris Nikitins wissenschaftliche Abhandlung *Hypothese von der Entstehung und Entwicklung der schöpferischen Fähigkeiten,* die 1969 in Nowosibirsk erschien und 1973 überarbeitet wurde. In dieser auch für den Laien weitgehend verständlichen Arbeit unternimmt Boris Nikitin den Versuch, seine These vom »unumkehrbaren Erlöschen der Möglichkeiten einer effektiven Entwicklung der schöpferischen Fähigkeiten« *(Nuwers)* zu begründen. Wir alle, so meint Boris Nikitin, werden mit einem großen Schatz an ausführenden und schöpferischen Fähigkeiten geboren, verbringen unser Leben aber dennoch auf einem viel zu niedrigen geistigen Niveau, weil unsere Eltern, Erzieher und Lehrer wohl unsere ausführenden Fähigkeiten hinreichend ausbilden, darüber aber aus Unkenntnis versäumen, auch unsere schöpferischen Fähigkeiten rechtzeitig, d. h. früh, zu entwickeln, weshalb diese bei den meisten Menschen noch vor der Einschulung wieder verkümmern, eben: »unumkehrbar erlöschen«.

Wir haben diese Abhandlung, obwohl sie älter ist, an den Schluß des Buches gestellt, weil die drei ersten Teile – obwohl sie in so großen Abständen erschienen sind – nahtlos und ohne Bruch die ersten sechs, sieben Lebensjahre der Kinder von Bolschewo beschreiben. Ursprünglich sollte auch das Spielebuch (an vierter Stelle) in diese Edition aufgenommen werden. Eine Kostenkalkulation ergab jedoch, daß das Buch dann zu teuer geworden wäre. Der Verlag hat sich deshalb entschlossen, die *Aufbauenden Spiele* eventuell zusammen mit dem von den Nikitins entwickelten Spielekasten getrennt herauszubringen.

Zum Schluß möchte ich nicht versäumen, Inna Rau, Reinhold Neumann-Hoditz und Prof. Dr. Bernhard Schiff zu danken, die mir bei der Übersetzung geholfen haben. Auch möchte ich vorsorglich darauf hinweisen, daß es mir nicht möglich war, *alle* Zitate zu verifizieren, bzw. alle von den

Autoren erwähnten westlichen Arbeiten korrekt nachzuweisen. Zum einen konnte ich nicht alle Zitate finden, weil sie teilweise aus mir nicht zugänglichen Aufsätzen stammen, zum anderen ist es in der Sowjetunion nicht üblich, in populärwissenschaftlichen Beiträgen auf Quellen zu verweisen. Ich habe mich aber sehr bemüht, die meisten dieser auch kommunikationsbedingten Hürden zu überwinden, und bedaure nicht zuletzt aus diesem Grund, daß ich die Nikitins nur einmal habe besuchen können. Ein zweiter Besuch kam – wiewohl lange geplant – aus organisatorischen Gründen nicht mehr rechtzeitig vor der Drucklegung zustande.

Aus Gründen der Verständlichkeit sind alle russischen Namen phonetisch umschrieben, d. h. sie sind etwa so auszusprechen wie sie geschrieben werden. Die Namen der Kinder tauchen des öfteren als Diminutive auf: Alexej = Aljoscha, Aljoschka, Aljoschenka; Anton = Antoscha, Antonik, Tonik; Olga = Olja, Oljenka; Anna = Anja, Anjotschka, Anjuta; Julija = Julja; Iwan = Wanja, Wanjuschka; Ljubow = Ljuba, Ljubascha, Ljubotschka.

Inzwischen ist in Bolschewo eine Hochzeit gefeiert worden. Alexej hat kurz vor der Einberufung zur Armee – nicht ohne lange Diskussionen mit seinen Eltern – geheiratet, und Lena Alexejewna bereitet sich darauf vor, ihrerseits die Babuschka-Rolle zu übernehmen. Aus Erfahrung klug geworden, hat sie sich vorgenommen, den jungen Leuten nach Kräften zu helfen, ihnen aber möglichst nicht »dreinzureden«.

Alexej und seine Frau Lena werden, so schreiben mir die Nikitins, ihre Kinder nicht nur nach den Methoden der Eltern erziehen, ,,sondern sie weiterausarbeiten«. Alle zusammen wollen neue Spiele für Ein- bis Dreijährige entwikkeln.

Ich bin gespannt auf weitere Nachrichten aus Bolschewo.

Hamburg, Pfingsten 1978 Marianna Butenschön

Zum Geleit

Bei mir, der ich mich mit der ausländischen Pädagogik professionell zu beschäftigen habe, löste die Lektüre der Nikitinschen Schriften, die in diesem Buch gesammelt vorliegen, Überraschung, ja, zum Teil Verblüffung aus. Das, was ich da las, paßte nicht in das vertraute Ordnungsgefüge der offiziellen sowjetischen Pädagogik, fiel irgendwie aus dem Rahmen des Gewohnten und zu Erwartenden heraus. Ausgerechnet in einer Gesellschaft, die der kollektiven Erziehung uneingeschränkte Priorität gegenüber der Familienerziehung einräumt, entsteht ein Modell der letzteren, das über eine erfolgreiche Praxis hinaus einen – als Hypothese formulierten – theoretischen Rahmen vorweist. Und während die sowjetische Schulmedizin durch laufende Kontrolluntersuchungen einer Überforderung von Kindern in öffentlichen Erziehungseinrichtungen vorbeugen will, setzen die Nikitins ihre eigenen Kinder körperlichen und geistigen Anforderungen aus, die in der öffentlichen Erziehung unvorstellbar wären. Die Reihe der Widersprüche zwischen der Erziehungspraxis Nikitins und den Erziehungsnormen ihrer sozialen Umwelt ließe sich fortsetzen.

Dennoch würde man fehlgehen, wollte man die Nikitins in Opposition zu der Gesellschaft, in der sie leben, sehen wollen. Sie bejahen diese Gesellschaft und stellen deren Werte nicht in Frage. Der Widerspruch, auf den sie zum Teil in der sowjetischen Öffentlichkeit stoßen, liegt auf einer anderen Ebene. Sie trauen den hergebrachten Erziehungsgrundsätzen nicht, sind kritisch im Sinne der wissenschaftlichen Kritik: Die überlieferten Erziehungsmaximen müssen einer objektiven Überprüfung standhalten; es gilt nur, was nicht widerlegt werden kann. Und Nikitins widerlegen durch ihre Erfolge eine Reihe traditioneller Erziehungsregeln, die sie auch theoretisch hinterfragen. So gesehen würde das Ehepaar Nikitin auch bei uns auf Widerspruch oder Zustimmung stoßen, die beide ihnen in der Sowjetunion entgegengebracht werden.

Nach anfänglicher Überraschung, die die Lektüre der Schriften Nikitins auslöst, möchte man nach Zusammenhängen fragen, in die ihr erzieherisches Werk gestellt werden könnte. Dabei werden zwei geistige Linien sichtbar, die zur russischen Erziehungsgeschichte und zur internationalen Diskussion aktueller lerntheoretischer Fragen führen, ohne daß Nikitins ausdrücklich auf diese Zusammenhänge hinweisen würden.

Nikitins Grundannahme, daß Kleinkinder früher als angenommen zu intellektuellen Leistungen auf hohem Abstraktionsniveau fähig sind, ist seit über eineinhalb Jahrzehnten Gegenstand einer intensivern lerntheoretischen Diskussion. Für die Bundesrepublik sei hier nur auf die Auseinandersetzungen um die Einführung der Mengenlehre in der Grundschule und um das Lesenlernen im Vorschulalter hingewiesen.

Die praktischen Erfolge der Nikitinschen Familienerziehung sind jedoch mit den neuen lerntheoretischen Erkenntnissen allein nicht erklärbar. Sie gehen auf das Konto der lernmotivierenden pädagogischen Grundhaltung der beiden Eltern, die ihre Wurzel in der tiefempfundenen Achtung vor der Würde des Menschen in der kindlichen Persönlichkeit hat. Was eine solche Erziehung, die unter Verzicht auf Strafen, Verbote und Hervorkehrung der Erwachsenenautorität, gepaart mit unerschöpflicher Geduld, zu leisten vermag, beweisen Nikitins mit ihren Erziehungserfolgen.

Durch diese Grundhaltung schimmert die goldene Ader der russischen Reformpädagogik durch, deren Ahnherr kein anderer als der große russische Dichter Leo Tolstoj war. Im Jahre 1849 gründete er auf seinem Gut Jasnaja Poljana eine Schule der Freien Erziehung, in der er zusammen mit einigen gleichgesinnten Lehrern Bauernkinder unterrichtete, die aus freien Stücken in diese Schule kamen und mitbestimmen durften, was unterrichtet wurde.

Tolstojs Erziehungserfolge, aber auch seine Polemik gegen das rückständige öffentliche Schulwesen des zaristischen Rußland, haben ihm seinerzeit viele Anfeindungen von seiten der Behörden eingebracht, anderseits aber eine reformpädagogische Bewegung, die der Freien Erziehung, in Rußland ausgelöst, die bis über die Revolution von 1917 hinaus wirksam war. Einer der Bewunderer von Tolstojs Pädagogik, der sowjetische Pädagoge S. T. Schazki, leitete noch bis in die späten zwanziger Jahre eine von ihm vor der Revolution gegründete Erziehungsstätte, in der Kinder und Erzieher als gleichberechtigte Partner gemeinsam lebten, arbeiteten und lernten.

Tolstoj selbst hat einmal mit der seiner Meisterfeder eigenen Klarheit seine Auffassung von der Erziehung wie folgt umrissen: ». . . unsere Grundüberzeugung besteht darin, daß die einzige Grundlage der Erziehung die Erfahrung und ihr einziges Kriterium die Freiheit ist«. Beides gehört auch zum pädagogischen Credo Nikitins.

Man wünscht diesem Buch, das für Eltern wie Berufspädagogen gleichermaßen anregend sein dürfte, zahlreiche Leser. Daß es in der Bundesrepublik Deutschland gelesen werden kann, verdanken wir Marianna Butenschön, die Nikitins für uns »entdeckt« hat. Wer die mühevolle Arbeit des Übersetzens kennt, weiß, wieviele ungezählte Stunden nötig waren, um dieses Buch dem deutschen Leser vorzulegen.

Walsrode, im Juni 1978 — Bernhard Schiff

Haben wir recht?

1963

Zuerst erschienen im Verlag der Akademie der pädagogischen Wissenschaften der RSFSR, Moskau 1963

Von den Autoren

Lieber Leser! In dem Buch, das Sie in den Händen halten, finden Sie keinerlei Ratschläge, Belehrungen und Aufforderungen, so zu handeln, wie wir handeln. Es ist vielmehr eine einfache Erzählung über uns und unsere beiden kleinen Söhne, über drei Babuschkas[1] und über endlose Streitigkeiten zwischen uns. »Erlauben Sie!« werden Sie sagen. –Wozu brauche ich ein solches Buch? Ich habe auch einen Jungen von drei Jahren, und meine Schwiegermutter und ich sind auch nicht in allem einer Meinung. Also nein, geben Sie mir lieber etwas in der Art »Ratschläge für junge Eltern«, damit man dort klar gesagt bekommt, was man darf und was man nicht darf; wie man es richtig macht und wie nicht.«

Und trotzdem, warten Sie, ehe Sie dieses Buch zur Seite legen: Blättern Sie es durch, schauen Sie sich die Bilder an. Es kann sein, daß Sie dann doch mehr über uns wissen wollen, und vielleicht werden Sie, wenn Sie das Buch zu Ende gelesen haben, sagen:

»Also, das stimmt, da ist etwas dran, worüber man nachdenken muß.«

Selten kann sich jemand, der unsere Kinder das erste Mal gesehen hat, mit erstaunten Ausrufen zurückhalten: »Und Sie erlauben so einem Kleinen, barfuß über den Fußboden zu laufen? Es ist doch kühl bei Ihnen! Haben Sie denn keine Angst, daß er sich erkältet?«

»Wie? Dieser Dreikäsehoch ißt schon allein? Und Sie brauchen ihm nicht zu helfen?«

»Und er räumt selbst sein Geschirr ab? Und Sie haben keine Angst, daß er ein Glas zerschlägt? Nein? Erstaunlich!«

»Sehen Sie doch, sehen Sie, er gießt selbst Wasser in den Teekessel! Und wie sorgfältig er das macht!«

»Von Aljoscha ist schon so lange nichts mehr zu sehen und zu hören? Kann er sich denn so lange allein mit seinen Bauklötzen beschäftigen?«

»Wieviele Buchstaben kennt er schon? Alle? Ist das nicht zu früh?«

»Nehmen Sie ihm bloß schnell die Säge weg, er wird sich noch schneiden! Sind Sie sicher, daß er sich nicht schneidet?«

»Er hat ein Reck im Zimmer? Und er hängt daran, mit dem Kopf nach unten? Wie leicht und geschickt er das macht!«

»Was für ein prächtiges Kerlchen! Zuerst hat er Mutter und Vater Bonbons angeboten, und erst dann hat er selbst genommen!«

»Wie alt ist er? Erst drei Jahre? Das kann doch nicht sein! Wie haben Sie das erreicht?«

Wie wir das erreicht haben – Wollen Sie wissen, wie? Hören Sie zunächst, was man über unsere Erziehungsmethoden sagt.

N. W., Lehrerin: »Also, prächtige Jungs. Wenn ich ein Kind bekomme, dann gebe ich es Ihnen zur Abhärtung.«

Babuschka Dina: »Ist das vielleicht Erziehung? Das ist doch Dressur, so dressiert man Tiere!«

Ein Passant: »Sieh mal, wie klug die sind: allein in den Mantel, und schon ist das Kind angezogen!«

Ein Kinderarzt: »Mutig, sehr mutig! Wie können Sie ein solches Risiko eingehen? Ich kann mich bei meinem Sohn überhaupt nicht entscheiden, aber ich fühle, daß ich mich entscheiden muß ... Sehr, sehr interessant.«

Ein anderer Kinderarzt (der in völliger Ablehnung den Kopf schüttelt): »Das ist wohl wirklich zuviel – das ist übertrieben.«

Und wieviel Prophezeiungen, zum größten Teil schreckliche, müssen wir uns anhören:

»Rheumatismus ist dem Kleinen sicher.«

»Morgen wird er eine Lungenentzündung haben.«

»Über kurz oder lang wird er sich etwas brechen.«

Aber etwas Positives sagt man uns selten voraus ...

Desungeachtet fahren wir fort, so zu handeln, wie wir es für richtig halten, obwohl das, sagen wir es gerade heraus, manchmal sehr schwer ist.

Unter einem Dach

Unsere Familie ist nicht groß. – Vater, Mutter und zwei kleine Söhne. Der älteste, Aljoscha, ist drei Jahre alt, und Antonik tut gerade die ersten Schritte in seinem Leben – er ist knapp ein Jahr alt. Wir sind Lehrer, und wir beide arbeiten. Im gleichen Haus mit uns leben unsere beiden Babuschkas. Babuschka Dina ist eine pensionierte Lehrerin. Sie ist in unserer Siedlung ziemlich bekannt – als Lehrerin und auch als Abgeordnete des Rajonsowjets[2]. Dutzende, wenn nicht Hunderte Besucher kommen zu ihr, um sich einen Rat zu holen, und man hört auf ihre Meinung. Nur wir handeln nicht selten ihren Ratschlägen und Ansichten entgegen.

»Es ist meine Pflicht zu warnen«, sagt die Babuschka in diesen Fällen, indem sie streng die Lippen kräuselt. »Tut, was ihr wollt, aber dann . . .«, und sie macht eine vielsagende Pause, »dann seid ihr auch selbst schuld.« Und wir tun, was wir für richtig halten. Aber das beleidigt und kränkt sie. Gut, daß das nicht auf unsere gegenseitigen Beziehungen abfärbt. Aber mit Babuschka Sascha sind unsere »diplomatischen Beziehungen« immer wieder gestört.

»Was seid ihr bloß für Menschen, was für Eltern, ihr setzt Kinder in die Welt, und dann laßt ihr sie wachsen wie Gras – keine Sorgen macht ihr euch!« empört sie sich, klappert in der Küche mit den Töpfen, und dann fährt sie, »um die Nerven zu beruhigen«, nach Moskau zu ihrer Schwester, zu Babuschka Olja.

Onkel Wolodja und seine Frau, Tante Tanja, arbeiten in Moskau, sie sind nur abends zu Hause und mischen sich gewöhnlich nicht in unsere Streitigkeiten ein. Eines ist jedoch klar: Sie haben nicht vor, ihre künftigen Kinder so zu erziehen.

»Das Wichtigste für ein Kind ist ein ruhiges Nervensystem«, urteilt philosophisch herablassend Onkel Wolodja, »es bringt nichts, wenn man es vorzeitig mit allen möglichen Prinzipien zerzaust.«

»Und ich möchte«, sagte Tante Tanja träumerisch, »daß mein Kind feinfühlig und poetisch wird, daß es Schönheit und Musik liebt und daß etwas Hochherziges in ihm ist.«

Der Aspekt Arbeit im menschlichen Dasein kommt in Tanjas Ideal überhaupt nicht vor.

Ungeachtet der so unterschiedlichen Charaktere derer, die unter einem Dach leben, sind alle sich in einem einig: Alle lieben unsere Kleinen und wollen nur das Beste für sie. Und ein bißchen sind sie sogar stolz auf sie.

Da kommt zu Babuschka Dina jemand von ihren zahlreichen Besuchern. Aljoscha fliegt ihm barfuß, nur in Turnhosen, entgegen.

»Ach, du meine Güte! Bei euch läuft das Kind ja barfuß und nackt herum. Es hat schon ganz blaue Füßchen. Komm nicht zu nah an uns heran, wir kommen aus dem Kalten, du wirst dich erkälten.«

»Überhaupt nicht, der ist abgehärtet«, sagt Babuschka Dina mit sichtlichem Stolz auf den Enkel.

»Und was ist das für ein Gerät?« fragen die Gäste und betrachten unser kleines Zimmerreck.

»Das ist ein Reck«, erklärt Mutter.

»Ljoschas«, fügt Aljoscha geschäftig hinzu und läuft geschwind zum Reck. Schon hängt er daran und schwingt leicht die Beine hinauf.

»Nun sieh mal einer an!« wundern sich die Gäste erneut. Und die Augen der Babuschka glänzen wieder vor Stolz. Wie uns in solchen Minuten die gemeinsame Freude vereint!

Und alles wäre gut, und wir würden in Frieden leben und die Kinder könnten wohlbehalten großwerden, wenn nicht . . . Und dieses »wenn nicht«, das sind wir, Vater und Mutter. Wir sind es, an denen das ganze Unglück liegt, bei uns liegt die ganze Not. In den Augen der Babuschkas sind wir nicht die leiblichen Eltern unserer Kinder, sondern der schlechte Stiefvater und die schlechte Stiefmutter oder etwas noch Schlimmeres. »Und doch ist es einfach seltsam, warum hängen die Kinder eigentlich so an euch?« wundern sie sich.

Die Kälte als Arzt, die Kälte als Freund

Es gibt natürlich genügend Gründe dafür, daß die Babuschkas sich aufregen. Unsere »unglücklichen« Kinder beginnen wir ja gleich von den ersten Lebenstagen an zu »quälen«.

Aljoscha wurde am 1. Juni 1959 geboren. Sein »Zuhause« wurde unsere Terrasse. Von den ersten Tagen an begann Mutter ihn abzuhärten: Sie zieht ihn aus und legt ihn nackt ins Bettchen, zuerst drei bis fünf Minuten, dann zehn, und dann immer länger und länger, bis er kalt wird. Und so machen wir es bei jedem Wetter. Mißbilligend verfolgten die Babuschkas all diese »unvernünftigen« Experimente. Babuschka Dina bemerkte gefaßt:

»Er ist doch schon halb erfroren. Binde ihm doch wenigstens die Windel um. Er ist doch noch zu klein für solche Geschichten.«

Babuschka Dina drückt sich noch entschiedener aus: »Was habt ihr eigentlich vor, wollt ihr ihn denn umbringen? Hat man so was schon gesehen, daß ein Neugeborenes nackt auf die Straße gehalten wird?«

Und wenn es Aljoscha nun auch noch einfällt zu weinen (wer weiß, wieviele Gründe ein so kleiner Mensch dafür hat!) und Mama kommt nicht sofort zu ihm (sie hat soviel zu tun), dann ist der Skandal perfekt! Und so entstanden unsere pädagogischen »Schlachten«.

»Er wird sich bestimmt erkälten«, prophezeiten die Babuschkas. Aber die Tage, Wochen und sogar Monate vergingen, Aljoscha lag sogar eine Stunde lang nackt, strampelte mit den Füßchen und den Händchen, und erkältet hat er sich den ganzen Sommer nicht ein einziges Mal. Und dabei hat Mutter ihn auch nachts noch »Luftbäder« nehmen lassen, obwohl die Sommernächte sogar im Juni und im Juli ziemlich kühl sind. Wickelt Mama den Kleinen dann aus, um ihm die Windeln zu wechseln, steigt Dampf von ihm auf.

»Du bist verrückt«, erklären ihr am nächsten Morgen die Babuschkas, »komm doch ins Zimmer, wenn du ihn wikkelst. Weißt du, bei unserer Nichte Marfa Petrowna, die neben diesen, wie heißen sie doch noch gleich, also neben diesen Iwanows wohnt, haben sie die Tochter sich so erkälten lassen, daß . . .«, und verschiedene schreckliche Geschichten werden erzählt.

Mutter schweigt oder macht schwache Ausflüchte.

Ihr ist ja selbst ängstlich zumute, aber in der folgenden Nacht macht sie es wieder so. Und wenn Aljoschas Füßchen an kühlen Tagen blau wurden, wirkte sich das überhaupt nicht auf seine Stimmung aus, er war fröhlich und munter. Mutter und Vater wehrten die »Attacken« der Großmütter freundlich ab, obwohl sie sich manchmal »auf früher nicht vorbereitete Positionen zurückziehen« mußten.

Es gab auch Kämpfe wegen der Sonnenbäder. Den zwei, drei Monate alten Aljoscha trug Vater nackt in die liebe Sonne und ließ ihn von allen Seiten ein bis zwei Minuten »braten«.

Die Frauen waren ständig in Sorge, aber Aljoscha wuchs normal auf, nahm zu, entwickelte sich schnell und rechtfertigte nicht eine einzige der traurigen Vorhersagen der Babuschkas. Es gab aber eine Unannehmlichkeit, der wir einfach nicht entgehen konnten. Aber sie hat uns wohl dazu veranlaßt, Aljoscha stärker abzuhärten, als wir es allein von uns aus beschlossen hätten.

Als Aljoscha zwei oder drei Monate alt war, erschienen auf seinem Köpfchen und auf dem Gesichtchen eigenartige durchsichtige Bläschen. Sie platzten, wurden naß und zogen sich zu einer dichten Borke zusammen. Die Haut juckte an diesen Stellen, Aljoscha zerkratzte sie, bis sie blutig wurde, und weinte. Die Ärzte nannten diese Krankheit »exsudative Diathese«, verschrieben Medikamente, Salben, Umschläge, Bestrahlungen, aber nichts half. Manchmal schien die Krankheit sich zu beruhigen, die Haut reinigte sich, und wir freuten uns, aber dann brach sie plötzlich mit neuer Kraft wieder auf, obwohl es dafür gar keine Ursachen zu geben schien.

Mutter aß streng Diät und nahm im Laufe eines Monats nichts Verbotenes in den Mund, aber ab und zu vergaß sie in ihrer Verzweiflung alle Ratschläge der Ärzte, aß alles ohne eingehende Prüfung und gab auch Aljoscha, was eben ging. Die Krankheit schien sich über uns und die Ärzte lustig zu machen, sie brach wieder auf und verschwand, wie es ihr paßte. Auch die Babuschkas, die das mit ansahen, quälten sich und besorgten irgendwelche Rezepte und Medikamente, die als einzig wahre Mittel empfohlen wurden. Aber auch sie halfen nicht. Wir brauchten ganz andere Hilfe. Und einen Feind der Krankheit haben wir dann auch gefunden. Er wurde unser und Aljoschas Freund. Folgende Eintragung findet sich im Tagebuch: »In der Wärme (über 15°) wird Aljoschas Haut rot und beginnt zu jucken. Aljoscha zerkratzt sich die Füßchen, die Händchen, die Stirn, wacht dabei auf, weint, schläft lange nicht wieder ein, und alle werden um ihren Schlaf gebracht, besonders Mutter. Aber in einem kühlen Zimmer fühlt er sich besser, der Juckreiz läßt nach. Aljoscha lebt richtig auf, krabbelt munter auf dem Fußboden herum, lacht und spielt. Aber sobald er wärmer angezogen werden muß, kann der Juckreiz wieder anfangen. Und das beste Mittel dagegen ist – Kälte.«

Wir zogen Aljoscha aus und trugen ihn nackt oder nur mit einem Hemdchen bekleidet in den Windfang oder sogar an die frische Luft (und das im Winter!). Anfangs hatten wir natürlich ein bißchen Angst und trugen ihn nur für zehn bis fünfzehn Sekunden hinaus, aber dann für eine Minute und länger. Und gegen Ende des Winters waren wir schon so kühn, daß wir bei zwei bis drei Grad Kälte hinausgingen, nachdem wir Aljoscha nur ein Hemdchen angezogen und ihn in einen Sack gesetzt hatten (Mama hat Aljoscha Säckchen mit einem Gummieinsatz statt Windeln genäht, sie sind sehr angenehm).

»Jetzt haben sie ganz und gar den Verstand verloren!« entrüsteten sich die Babuschkas. »Die haben vielleicht eine Heilmethode gefunden!«

Aber in der Kälte hörte das Jucken buchstäblich innerhalb weniger Sekunden auf. Nach einem solchen »Kältebad« hörte Aljocha auf zu weinen und sich zu kratzen und begann, ruhig zu krabbeln und zu spielen.

Mit neun Monaten war er schon sehr gut abgehärtet und krabbelte sogar bei 10° bis 12° nackt im Zimmer herum. Wir sahen ihn an, und uns selbst wurde manchmal ängstlich zumute. Aber Aljoschas fröhliche Miene und sein freudiges Hantieren mit den Spielsachen beruhigten uns. Und an die blauen Fersen gewöhnten wir uns alle.

Nur die Babuschkas ertrugen den Anblick mit Mühe, aber sie versuchten nicht zu widersprechen – Aljoscha war ja nicht krank geworden. Und trotzdem ging es nicht ohne Prophezeiungen: »Ihr laßt ihn sich erkälten. Ihr werdet schon sehen!«

Und wieder haben sich die Vorhersagen der Babuschkas nicht bewahrheitet. Deshalb haben wir den zweiten Sohn – Antonscha – schon ohne die geringsten Bedenken auf das kalte Regime gesetzt. Den ganzen Winter schlafen unsere Kinder auf der verglasten Terrasse. Und Mama hat dabei nur eine Sorge: »Hoffentlich packe ich sie nicht zu warm ein!«

Im Winter öffnen wir vor dem Einschlafen das Klappfenster, und manchmal lassen wir es die ganze Nacht offen. Gegen Morgen wird es ziemlich kühl, aber beide Söhnchen schnarchen leise vor sich hin, sie liegen in ihren Schlafsäcken oder unter ihren Bettüchern.

Wir wenden nie solche Wörter an wie »Zugluft«, »es zieht«, »Erkältung«, und nur von den Babuschkas kann man sie hören, und natürlich, wenn jemand von den Besuchern, sorgfältig die Tür schließend, sagt:

»Nehmen Sie den kleinen Krümel schnell auf den Arm: durch die Tür kommt doch Kälte herein!«

Wir beschwichtigen und erklären, daß dem Kleinen das nichts ausmacht, und als Beweis zeigen wir manchmal ein Photo, das wir an einem sonnigen Sonntag im Februar aufgenommen hatten. Einige Bekannte, die das Photo betrachten, können sich dann freilich nicht zurückhalten und fragen:

»Danach haben sie sicher beide eine Lungenentzündung gehabt?«

Und wenn wir dann antworten »nein«, schütteln sie ungläubig den Kopf. Man fühlt, wie schwer es ihnen fällt, das zu glauben. Aber da kommt Babuschka Dina zu Hilfe, die sich mit der Zeit von der Gefahrlosigkeit und sogar von der klaren Nützlichkeit kühler Temperaturen für Aljoscha hat überzeugen lassen.

Zu Hause, im Zimmer, wo es immer warm ist (18°–20°), und im Sommer auf der Terrasse und im Hof laufen die Kleinen gewöhnlich nackt und barbuß herum. Sie haben sich so daran gewöhnt, daß Aljoscha erst als fast Zweijähriger Hosen zu tragen begann. Und noch jetzt, wenn sich eine Gelegenheit ergibt, daß er sie nicht anzuziehen braucht, nutzt er das sofort aus. Der Kommentar der Babuschkas: »Es schickt sich nicht, ohne Hosen herumzulaufen« macht auf Aljoscha vorerst nicht den geringsten Eindruck.

Und Kascha hat hiermit nicht das geringste zu tun

»Du mußt Kascha[3] essen, dann wirst du stark«, sagen die Babuschkas zu Aljoscha. »Iß alles auf: sonst bleibt im Teller deine Kraft zurück.«

Reichliches und gutes Essen ist nach Meinung der Babuschkas die althergebrachte und einzig richtige Art, um die Kinder gesund und stark zu machen.

»Nicht umsonst sagt man von einem Schwächling: er hat zu wenig Kascha gegessen! Die Hauptsache ist, daß er satt wird, und alles andere kommt dann von allein.«

Aber wir finden, daß diese Methode nur zur Ansammlung von Fett gut ist. Und wir versuchen nie, den Kindern etwas gewaltsam in den Mund zu zwingen, weil wir Mutter Natur vertrauen: sollen sie doch so viel essen, wie sie wollen.

Und was das übrige angeht, das gleichsam zur Sattheit hinzugefügt wird – so gibt es hierbei, wenn Sie erlauben, allen Grund zum Zweifeln.

»Also, ich kenne keinen Sportler, der Kraft und Geschicklichkeit dadurch entwickelt hätte, daß er am gedeckten Tisch saß«, lacht Papa. »Dazu braucht man Training.«

Und zum ersten »Trainer« der Kinder wird Mutter. Antoscha ist erst drei Monate alt, aber er hält sich schon kräftig an den Fingern ihrer Hand fest, und Mutter zieht ihn zu sich. Antoschas Äuglein sind weit geöffnet vor Verwunderung. Aber Mutter hebt ihn hoch, dann läßt sie seine Hand wieder los, und wie sehr Antoscha sich auch anstrengt, wie sehr er auch versucht, sich an Mutters Finger anzuklammern, er kommt wieder auf dem Rücken zu liegen. Diese Übung gefällt ihm. Mit zunehmendem Alter des Kindes werden die Übungen schwieriger.

Als Aljoscha schon fest auf den Beinen stand, beschloß Vater:

»Es ist an der Zeit, daß wir zu ernsthaftem Training übergehen.« Und so erschienen neben dem väterlichen Reck im Hof noch zwei Recks: ein höheres und ein niedrigeres. Das kleinste ist für Aljoscha, das größere für die Nachbarskinder, die schon sechs oder sieben Jahre alt sind. Sie »verkehren« mit Aljoscha ungeachtet des großen Altersunterschiedes. Vater hat einfach keine Zeit, eine »Gymnastikgruppe« aus diesen »verschiedenkalibrigen Turnern« zu organisieren, aber er hat den heimlichen Wunsch, Aljoscha und Antoscha und gleichzeitig vielleicht auch ihre Freunde für den Sport zu begeistern. Vater, der selbst in Recks und in Aschenbahnen verliebt ist, weiß von sich, daß diese Leidenschaft der beste und sicherste Weg zu Kraft und Gesundheit ist. Und so macht er sich an solche »Tricks« wie den Bau von drei Recks gleichzeitig.

Die Kinder kommen im Hof zusammen, und schon läßt Vater alles stehen und liegen und läuft zu ihnen. Mal denkt er sich etwas Neues aus, mal frischt er alte Übungen auf. Für die Kinder ist ein solcher Anblick eine Seltenheit. Sie stehen mit offenem Munde da.

»Und jetzt zeigt ihr mal, was ihr könnt. Wer kann die Beine zum Reck hoch schwingen? Und wer kommt ganz hinauf?«

Und die Kinder fangen an, voreinander etwas zum besten zu geben. Jeder möchte glänzen. Aljoscha steht den Großen, obwohl er noch klein ist, in nichts nach. Sascha, ein großer, schüchterner Junge, kommt dieses Jahr in die Schule, aber er kann die Beine nicht zum Reck hochschwingen, und sich selbst hochziehen kann er auch nicht – er baumelt nur am Reck und lächelt gequält. Das ist beschämend für ihn – alle können es, sogar der kleine Aljoscha, nur er nicht!

»Bald organisieren wir einen Wettbewerb, um herauszufinden, wer der Beste ist«, verspricht Vater, »kommt häufiger zum Üben her!«

»Und dürfen wir jeden Tag?«

»Ihr dürft, bis euch die Handflächen wehtun, dann reicht es«, rät Papa.

Und die Kinder kommen. Sogar Sascha, der immer einen Augenblick abwartet, in dem niemand bei den Recks ist, zieht auch eifrig die ungehorsamen Beine nach oben.

Nun kam der Winter, und wir mußten die »Turnhalle« im Zimmer einrichten. Wir zogen ein Stahlrohr bis zur Decke hoch, und befestigten zwischen Wand und Rohr das Reck. Und auch in zwei Etagen – für die Kleinen und die Großen. Das kleine Reck kann man leicht abnehmen – man zieht einfach einen Nagel heraus und weg mit dem Querbalken – schon kann man auf dem oberen turnen.

Mutter hat eine große weiche Unterlage genäht, fast eine Sportmatratze. Sie liegt doppelt zusammengelegt unter dem Reck, aber man kann sie auch in die Mitte des Zimmers ziehen und sie ausbreiten, und schon ist Raum für Purzelbäume,

Kopfstände und Brücken da! Die Kinder sind sofort bereit, Purzelbäume sogar übereinander zu schießen, alle auf einmal wollen anfangen. Aber Vater oder eines von den älteren Kindern stellt eine »Reihe« auf. Das Vergnügen ist groß und selten. Wo gibt es das, und wer erlaubt schon, einen solchen »Zirkus« in der Wohnung zu veranstalten?

Und zusätzlich zu all dem hat Papa noch zwei Kraftmesser, mit denen die Kraft der Handfläche gemessen wird (auch ein großes und ein kleines). Die Kinder pressen das Kraftmesser um die Wette und vergleichen eifrig die Ergebnisse.

»Ach herrje«, hört man dann schon mal.

Aber die Kinder werden währenddessen immer kräftiger. Niemand steht hinter ihnen und fordert sie auf: »Jetzt turnst du aber!«, »Jetzt trainierst du!« Nur unsere aufrichtige Freude an den Erfolgen der Kinder und unsere Unterstützung im Falle eines Mißerfolges (und natürlich die Tatsache, daß die Turngeräte immer bei der Hand sind) stimulieren sie. Ihre Kräfte wachsen und wachsen. Und Vater läßt keine Gelegenheit aus, um den Söhnen bei ihren Übungen zu helfen.

Zwischen uns und den Babuschkas geht der Streit weiter.

»Renn doch nicht so, du fällst bloß hin!« hält Babuschka Dina Aljoscha an, der den Gartenweg entlangstürmt. »Langsamer! Langsamer, bist du denn verrückt geworden! Du wirst dir wehtun!«

»Braves Kerlchen. Ganz prima läufst du! Kannst du denn noch schneller?« stachelt Vater ihn aber bei dieser Gelegenheit weiter an.

»Aber er kann sich doch den Hals brechen! Hier beim Hügel liegt noch Schlacke!« beunruhigt sich die Babuschka.

»Und was kann ihm denn schon passieren? Überlegen wir doch mal, mit welcher Geschwindigkeit rennt er denn schon – ein Zweijähriger! Das Schlimmste, was passieren kann, ist, daß er sich die Nase stößt«, beruhigt Vater die Babuschka. Und schließlich kann er einfach meisterhaft fallen. Wir können das bei weitem nicht so gut wie er. Gestern sah Aljoscha, wie Mutter von der Arbeit kam – und wie ist er ihr entgegengestürmt! Auch dort am Hügel vorbei. Und den ganzen Sommer ist er nur dort herumgestolpert. Ich dachte: Er wird sich bestimmt die Nase zerschlagen. Aber er krümmte sich wie ein Schaukelpferd, rollte sich vom Bauch, auf die Brust und dann auf die Hände. Und die Nase hat er sich nicht einmal mit Staub schmutzig gemacht. Er sprang auf, als ob nichts gewesen wäre – und lief weiter. Und sehen Sie sich doch an[4], wie er vom Stuhl fällt: fährt Vater fort. Er beherrscht seine Sache wie ein Künstler. Wenn man Aljoscha beobachtet, könnte man ein Buch schreiben: »Wie man fällt und sich dabei nicht stößt«.

Aber kann man der Babuschka vielleicht etwas beweisen? Sie bleibt bei ihrer Meinung:

»Und wozu ist das nötig? Als ob man nicht ohne das auskommen könnte!«

Stellen Sie sich aber vor, daß das sogar auch jetzt noch notwendig ist! Wie oft haben Aljoscha und Antoscha die kräftigen und, was die Hauptsache ist, ans Greifen gewöhnten Hände geholfen? Da hat Mutter den Kleinen in die Karre gesetzt, ihm ein Spielzeug gegeben, während sie selbst mit einer Arbeit in der Küche beschäftigt ist. Plötzlich fängt Anton laut an zu weinen. Sie läuft zu ihm. Was ist los? Anton sitzt nicht mehr in der Karre, aber er hat es geschafft, sich mit seinen Händchen so fest am Wagenrand zu halten, daß er auf halbem Weg stecken blieb. Er hängt und fällt nicht zu Boden. Dann hilft Mutter ihm hoch. Wäre er auf den Boden gefallen, hätte er sich tüchtig den Kopf stoßen können.

Aljoscha liebt Züge leidenschaftlich. Er kann lange am Fenster stehen und warten, wenn ein Zug sich in der Ferne ankündigt. Aber das Fenster ist hoch, und Aljoscha benutzt ein Fahrrad als Untergestell. Mit den Händen klammert er sich am Fensterrahmen fest, und mit den Füßen steht er auf den Pedalen. Der Zug kommt und kommt nicht, das Stehen wird langweilig, und Aljoscha beginnt, auf den Pedalen hin- und herzuschwingen, hin und her. Plötzlich macht er eine ungeschickte Bewegung – beide Füße rutschen von den Pedalen, und Aljoscha hängt, hält sich aber am Fensterrahmen fest und stützt sich sogar mit dem Kinn ab. Die Füße suchen die weggeglittenen Pedale, aber die Hände halten ihn sicher am Fensterrahmen. Und Aljoscha findet die Pedale, stellt sich wieder hinauf, und fängt wieder an, hin- und herzuschwingen. Er ist nicht gefallen, weil er nicht nur fest hängt, sondern

weil er sich auch hochziehen kann. Er weiß nicht einmal, welcher Gefahr er entgangen ist, indem er nicht von oben auf das Zahnrad stürzte.
Ja! In vielen Lebenslagen können Kraft, Zähigkeit und Geschicklichkeit von Nutzen sein.

Die »schlechte« Mama und die »gute« Babuschka

Ein Berg von Geschirr türmt sich vor Mutter in der Küche. Ein Berg von Spielsachen türmt sich auf dem kleinen Klapptisch vor Aljoscha. Beide sind beschäftigt: Mutter wäscht singend das Geschirr ab, und Aljoscha ist in die gewohnte morgendliche »Besichtigung seiner Besitztümer« versunken. Jedes Spielzeug schaut er einzeln an, prüft es durch Klopfen, Beißen und Lutschen und wirft es dann, ohne daß er es noch einmal anschaut, auf den Boden, und nur manchmal beugt er sich über das Geländer und verfolgt mit den Augen, wie es aufschlägt und gegen den Boden stößt. Wenn die Spielsachen vom Tisch verschwunden sind, schiebt Mama Aljoscha mal einen Topf, mal einen Deckel, mal einen großen Löffel hin. Sobald er alles bis zur Genüge ausprobiert und auf den Boden geschmissen hat, fängt Aljoscha an, sich zu »langweilen«. Er streckt die Händchen nach Mama aus und beginnt, zuerst leise, aber dann immer lauter zu plärren. Aber Mutter hat keine Zeit.

»Warte, Aljoschenka, ich habe nicht mehr viel zu tun. Komm, wir wollen lieber miteinander reden«, beruhigt sie ihn.

Aber Aljoscha weint weiter statt sich zu beruhigen, allerdings nicht lange – eine halbe Minute, eine Minute. Mama kennt ihn und setzt die »Unterhaltung« mit ihm fort, nimmt ihn allerdings nicht auf den Arm. Aljoscha beruhigt sich und beginnt, ihr zu »antworten«.

»Tja, tja, tja . . . dja-dja.«

»Djadja, Katja, Aljoschenka«, redet Mutter im richtigen Ton mit ihm weiter[5].

»Ki, ki, ki«, piepst Aljoscha ein bißchen dünn.

»Ki-sa«, dehnt auch Mama ein bißchen dünn und lacht

selbst vor Freude[6]. Auch Aljoscha lächelt, schaut seine Mama an und fängt plötzlich an, sich auf komische Art halbtot zu lachen. Beide sind zufrieden.

Nachdem Mutter in der Küche fertig ist, trägt sie Aljoscha ins Zimmer und legt ihn ins Bettchen. Er stellt sich sofort wieder hin, hält sich am Geländer fest und beginnt eine »Reise« durch das Bettchen. Lange bleibt er beim Handtuch stehen: schließlich nimmt er es und wirft es sich auf die Füße; ächzend bückt er sich, stößt sich dabei mit der Stirn am Bettgeländer, schluchzt auf, aber er hebt das Handtuch wieder auf und – läßt es wieder fallen. Beim dritten und vierten Bücken blinzelt er schon mit den Augen und schaut vorsichtig auf das nahe Geländer, stößt aber nicht mehr mit der Stirn dagegen.

Mutter macht unterdessen das Zimmer sauber, schrubbt den Boden, bügelt Wäsche, und manchmal schreibt sie Aljoschas Erfolge ins Tagebuch.

Sobald sie etwas mehr Zeit hat, nimmt sie Aljoscha auf den Arm. Nun finden auf dem Diwan »Kämpfe« und »Zirkusnummern« statt. Aljoschka, der nackt ist, freut sich, lacht und springt vergnügt und lange auf dem Diwan herum, indem er sich an Mamas Fingern festhält. Und Mama singt im Takt der Sprünge:

»So springen wir,
und mit den Füßchen strampeln wir,
mit den Händchen wir schwingen,
wir tanzen und singen.«

oder:

»Aljoscha hat von Natur
eine Sportsfigur,
turnen muß er nun tüchtig,
denn Sport ist für Kinder wichtig.«

oder eine andere Ansammlung von Wörtern zu verschiedenen Motiven. Das bedeutet für Mutter 15 bis 20 Minuten Erholung, und für Aljoscha sind das »sportliche Übungen«.

Dann bekommt Aljoscha ein Fläschchen Kefir oder Kascha, das er ganz leerlöffelt, dann schläft er ein. Wenn er aufwacht, macht er sich wieder mit den Spielsachen in seinem Bettchen zu schaffen.

Mit all dem finden die Babuschkas sich noch ab, auch wenn

sie vor sich hin brummen, daß wir »uns viel zu wenig um unser Kind kümmern«. Aber wehe, sie hören Aljoschka weinen, dann, Mutter, nimm dich in acht!

»Siehst du denn nicht, daß das Kind überanstrengt ist? Es schreit bestimmt schon eine ganze Stunde!« fallen beide Babuschkas über Mutter her, obwohl eigentlich nicht einmal zwei Minuten vergangen sein können.

»Wozu ist es gut, das Kind zum Schreien zu bringen? Das Kind muß weniger weinen. Vom Weinen wird sein Nervensystem erschüttert«, begründet Babuschka Dina wissenschaftlich ihre Ratschläge.

Babuschka Sascha nimmt Aljoscha dann einfach auf den Arm und trägt ihn in ihr Zimmer. Als erstes »beruhigt« sie ihn. Und dabei klagt sie laut:

»Mein Armer! Mein Lieber! Und niemand nimmt dich auf den Arm. Alle haben Aljoschenka vergessen«, und sie trägt ihn zärtlich durch das Zimmer, indem sie sich wiegt und vor sich hin redet. Aljoscha ist sofort still, und sie beginnt, ihn zu bewirten. Sie hat immer irgend etwas Leckeres für Aljoscha vorrätig, und sie glaubt natürlich, daß er ewig hungrig ist. Sobald sie ihn gefüttert und ihm etwas zu trinken gegeben hat, ist sie beruhigt.

Dann beginnt die Babuschka mit ihm zu spielen: Sie setzt sich Aljoscha auf eine Handfläche und »tanzt« mit ihm, indem sie ihn mit der anderen an der Brust festhält, und hebt ihn im Takt eines Kehrreims hoch. Aljoscha schlafft in ihren vollen Händen selig ab, sein Köpfchen schaukelt hin und her – er ist zufrieden. Aber er braucht nur ein erstes Zeichen von Unzufriedenheit oder Überdruß zu geben, dann hört sie sofort mit dem Spiel auf. Dann legt sie ihn auf das große weiche Bett und spielt mit ihm »Ziege«. Sie macht mit den Fingern zwei »Hörner« und »stößt« ihn gegen das Bäuchlein, die kleine Brust und unter die Ärmchen, und Aljoscha kann sich vor Lachen nicht halten und bringt dadurch die Babuschka in hellste Begeisterung.

Solange Aljoscha sich bei Babuschka Sascha aufhält, befindet er sich im Zustand satter, ruhiger Untätigkeit. Wenn er liegt, dann liegt er auf dem weichsten Platz, den die Babuschka nur finden kann. Wenn er sitzt, dann so, daß sein

»schwacher« kleiner Rücken nicht überanstrengt wird. Und damit er sich nicht langweilt, tut Babuschka Sascha pausenlos etwas zu seiner Zerstreuung. Aber wenn sie genug hat, dann wiegt sie Aljoscha in den Schlaf und bringt ihn satt und schlafend der Mutter. Das aber soll heißen: »So und nicht anders muß man mit einem Kind umgehen!«

Und wenn Aljoscha danach nicht allein in seinem Bettchen oder auf dem Stuhl sitzen bleiben und häufiger als sonst auf den Arm genommen werden will und plärrt, dann gibt die Babuschka uns die Schuld daran.

Am Anfang haben wir noch versucht, uns zu »rechtfertigen« und etwas zu beweisen.

»Aljoscha wird doch daran gewöhnt, dauernd auf den Arm genommen zu werden. Wenn er bei Ihnen auf dem Arm sitzt, dann tut er gar nichts, aber wenn er allein spielt, dann muß er mit seinem Köpfchen und mit den Händen arbeiten. Und das ist nützlich und interessant für ihn.«

Wir beschlossen, unsere »Linie« in der Erziehung hartnäkkig durchzuhalten und dem Jungen beizubringen, daß er nicht dauernd die Erwachsenen mit seinen Bitten belästigt, sondern sich selbst interessante Beschäftigungen sucht.

Langsam wurde es leichter. Aljoscha konnte bald stundenlang auf der Terrasse herumkrabbeln (der Sommer ist doch eine Wohltat!). Er hält bei der Karre an und macht sich daran, das Rad zu »untersuchen«. Erst mit dem einen, dann mit dem anderen Händchen versucht er, es zu bewegen, aber das Rad gibt nicht nach. Der Kleine fängt an, böse zu werden, zu plärren, er faßt das Rad noch fester an und reißt daran, aber alles vergeblich. Wieviel Bewegungen, wieviel Schwierigkeiten, welch energische Tätigkeit das bedeutet! Wir vergleichen das unwillkürlich mit dem wohligen Liegen in den Armen der Babuschka oder mit den endlosen Belustigungen, wenn die Babuschkas mit dem Enkel beschäftigt sind oder der Enkel – mit den Babuschkas. Alle Tätigkeiten kommen zum Erliegen, denn die Babuschkas sind mit »Erziehung« beschäftigt. Wenn die Zeit für die »Erziehung« vorüber ist – man hat schließlich noch andere Dinge zu erledigen –, sagt Babuschka Dina zu Mama:

»Und jetzt nimm mir Aljoschka mal ab, ich habe keine freie

Sekunde mehr, aber er ist so anhänglich, ich kann mich überhaupt nicht vor ihm retten!«

Und Mutter nimmt Aljoschka zu sich. Sie fühlt sich nie durch das Kind gestört. Auch wenn es bei ihr ist, schafft sie die ganze Hausarbeit und sogar gesellschaftlich nützliche Arbeit, und dabei wendet sie doch keine besondere Zeit für die Erziehung auf, sondern empfindet ständig helle und klare Freude darüber, daß ihr kleiner Sohn immer bei ihr ist.

Manchmal sagt Babuschka Dina:

»Ich mag Kinder ja gerne, aber trotzdem ist Kinderhüten für mich Schwerarbeit. Mit den eigenen geht das ja noch, aber fremde sind mir wirklich zuviel. Immer diese Unruhe, diese ewige Verantwortung, und körperlich ist das natürlich auch schwer, den ganzen Tag ist man auf den Beinen, immer rennt man hinter ihnen her, man kommt ja ganz von Kräften, schlimmer als jede andere Arbeit.«

Mutter hört sich das an und wundert sich:

»Wozu all deine vernünftigen, wohlgeprüften, erfahrenen und vielseitigen Erziehungsmethoden, wenn sie das Leben mit den Kindern zu einer so schweren Last machen? Nein, für mich soll dieses Leben eine Freude sein!«

Und Vater ist mit ihr einer Meinung.

Ohne Gehilfen!

Aljoscha ist acht Monate alt. Vor drei Wochen hat er sich das erste Mal allein hingestellt, indem er sich am Bettgeländer festhielt, aber jetzt »reist« er schon ziemlich frei durch das ganze Bettchen.

Vater reicht ihm zwei große Finger, stellt den daran hängenden Aljoscha auf den Fußboden und versucht, mit ihm durch das Zimmer zu gehen. Die ersten Schritte sind erfolglos. Ein Bein tritt häufig auf das andere, und dann kann der zweite Schritt nicht ausgeführt werden. Aljoscha hängt an Papas Fingern, zieht die Beinchen hoch und stellt sie wieder auf den Fußboden, aber schon nebeneinander, und nicht eines nach dem anderen. Diese »Spaziergänge« gefallen ihm, und sobald Papa sich Aljoscha nähert, hebt der schon beide Händchen hoch: Nimm mich doch an die Hand!

Im Zimmer steht ein niedriges Klappbett. Papa hat es in ein richtiges »Trainingsgerät« für das Gehen verwandelt. Nun stellt Papa Aljoscha an das Bett, läßt ihn sich daran festhalten, geht selbst ans Fußende und streckt alle zehn Finger aus: »Komm, Aljoscha, und halt dich fest, an welchem Finger du willst!

Der Kleine möchte sehr gerne gehen, und so streckt er das Händchen nach Papas Fingern aus, aber sie sind weit weg, und er greift nur in die Luft. Dann faßt er wieder mit beiden Händen nach dem Klappbett und macht wieder einen kleinen Schritt zu Papa hin. Aber auch jetzt kann er Papas Finger noch nicht erreichen, wie sehr er auch seine Händchen nach ihnen streckt. Aljoscha wird traurig, er jammert kläglich und fängt an zu weinen.

Mutter sieht Aljoschas »Leiden« und zeigt ihm ihr Mitgefühl.

»Soll ich dich vielleicht ein bißchen näher zu ihm hinstellen?« sagt sie.

Aber Vater fühlt, daß Aljoscha »noch Pulver zu verschießen hat«, und gibt nicht nach. Und Aljoscha macht noch einen Schritt, versucht die Finger zu ergreifen – wieder ein Mißerfolg, wieder hält er sich am Bett fest, und wieder macht er einen winzig kleinen Schritt in Richtung dieser so stark ersehnten väterlichen Finger.

Und dann, welche Freude auf Aljoschas Gesichtchen, wie sehr lachen auch Vater und Mutter, wenn es Aljoscha endlich gelingt, sich zuerst mit dem einen Händchen, dann mit dem anderen an Vaters Fingern festzuhalten und wenn er dann als Belohnung eine lange Reise durch das ganze Zimmer machen darf.

Sehr schwer sind diese ersten Schritte und ersten Unterrichtsstunden. Es ist für Aljoscha schwer, und auch für Vater und Mutter, aber jedesmal gelangt er schneller zu den Fingern, und nach zwei Tagen heult er schon nicht mehr, sondern tapst mutig das Klappbett entlang, indem er mit sich selbst redet – »tja-tja-tja«, und läßt sich dabei so hinreißen, daß er ein Händchen losläßt und manchmal dabei ist, das Gleichgewicht zu verlieren. Um nicht zu fallen, stellt er ein Bein nach hinten wie ein Gewichtheber und greift, während er die Augen zusammenkneift (es ist ja möglich, daß er auf den Fußboden plumpst) verzweifelt mit der anderen Hand nach dem Bett. Aber . . . das Gleichgewicht ist wiederhergestellt, Vaters und Mutters Herzen heben sich wieder an ihre Plätze, und Aljoscha fährt fort, sich siegessicher und gelassen vorwärtszubewegen.

Nach weiteren drei Tagen läuft Aljoscha – und das ziemlich schnell! – um das ganze Bett herum. Es wird im wahrsten Sinn des Wortes zu einer »durchlaufenen Etappe«.

Dagegen liebt Aljoscha es sehr, sich beim Reisen durch die anderen Zimmer wie früher an Papas Fingern festzuhalten. Und dann plötzlich – was hat das zu bedeuten? – hört einer der Finger auf, Aljoscha als Stütze zu dienen. Wohin Aljoscha ihn auch zieht, der Finger bewegt sich sogleich wieder weg. Was nun? Nach einigen Minuten gibt er ihn auf und hält sich nur noch am zweiten Finger fest, der so fest und beständig ist wie das Klappbett. So gehen wir zum Wandern durch das Zimmer mit nur einer »Stütze« über, und nach zwei oder drei Wochen, als Vater fühlt, daß Aljoscha genügend Kraft hat, beginnt auch diese einzige »feste Stütze« immer weniger beständig zu werden. Aljoscha muß sich immer mehr auf seine Kräfte verlassen, und die wachsen schnell. Als er etwa neun Monate alt ist, ist Papas oder Mamas Finger fast nur noch eine bedingte Stütze, für den Fall eines Falls, und mit zehn Monaten kann Aljoscha schon allein laufen.

Zuerst ist das, was dabei herauskommt, noch schlecht: unsicher, schwerfällig. Aljoscha fällt ziemlich häufig; dann gibt es manchmal Geschrei. Die Babuschkas wissen Rat:

»Kauft doch »Laufriemen« oder noch besser – ein Gehgestell, das ist doch etwas sehr Schönes! Habt ihr das noch nicht gesehen? Das ist so ein Rahmen mit Rädern, das Kind wird von Gurten gehalten, es kann sich sogar daran hängen, und es gibt überhaupt kein Risiko. Man setzt es in das Gehgestell, und es wandert für sich herum – es stößt nirgends an, es fällt nicht hin. Irgendein kluger Mann hat sich das ausgedacht . . .«

»Klug? Ich würde diesen Klugen gerne selbst den ganzen Tag in ein Gehgestell setzen. Er darf dann auch gegen nichts stoßen, sich nicht setzen, nichts in die Hände nehmen. Das

Gleichgewicht zu halten, ist nicht erforderlich, vorsichtig zu sein, ist nicht nötig. Das ist doch keine ›Gehhilfe‹, sondern die beste Methode, um die Entwicklung des Kindes zu bremsen«, wendet Papa entrüstet ein. »Das Kind wird nicht lernen zu fallen und, was die Hauptsache ist, es wird nicht lernen, vorsichtig zu sein! Und dann wird jeder Sturz schrecklich für es sein. Warum könnt ihr das nicht verstehen? Nein! Erspart Aljoscha doch diese ›Erfindung‹. Er soll fallen lernen, und das muß man schließlich im Leben können.«

Und Aljoscha lernte wirklich innerhalb von wenigen Tagen, leicht zu »landen«. Wenn er das Gleichgewicht verliert und nach hinten zu fallen beginnt, dann klappt er sich sofort zusammen und plumpst weich hin, wenn er nach vorne fällt – dann geht er in die kleinen Knie und stellt die Händchen nach vorn. In den ersten Tagen gelang das natürlich nicht immer, und manchmal hat der Kopf etwas abbekommen. Bald aber fing er an, das mit einer solchen Leichtigkeit zu machen, daß er aufhörte, Stürzen auch nur die geringste Beachtung zu schenken.

Nach 8 bis 10 Tagen, als Aljoscha selbst begann, sich ohne jede Stütze und ohne irgendwelche Hilfe auf die Füßchen zu stellen, wurde erst recht alles gut. In den Zimmern ist nur zu hören, wie die nackten Füßchen »tapp, tapp, tapp, tapp!« machen. Und dann ein Plumpsen und Stoßen! Das heißt, das Aljoscha zwar »gelandet« ist, aber nicht sehr erfolgreich und daß er sich den Kopf gestoßen hat. Meistens herrscht danach Stille – dann aber steht Aljoscha wieder auf, und nach einigen Sekunden hört man wieder häufige und muntere Töne: tapp, tapp, tapp, tapp!

Es gibt viel weniger Geschrei – und wenn, dann bedeutet das, daß der Stoß fühlbar war. Aber nach wenigen Sekunden hört das Geschrei auf, und wieder ist das geschäftig-eilige »tapp, tapp, tapp, tapp« zu hören.

Nur einmal hat Aljoscha sich beim Fallen tüchtig gestoßen, aber schuld daran waren die Babuschka und Vater. Vater brachte ihn von der Babuschka, bei der er den halben Tag gewesen war, nach Hause und ließ ihn, wie gewöhnlich, allein im Zimmer loslaufen. Aljoscha war nur ein paar Schritte gelaufen, als er auch schon umkippte und hinfiel, aber so seltsam und ungewöhnlich, daß Vaters Herz stehen blieb. Statt sich hinzusetzen, fiel er flach auf den Rücken und bog sich sogar noch rückwärts. Papa stürzte auf ihn zu, schaffte es aber nicht mehr: Aljoscha schlug mit dem Hinterkopf so stark auf den Boden, daß er einige Sekunden tonlos das Mündchen öffnete und dann in verzweifeltes Weinen ausbrach. Papa hielt ihn schon auf dem Arm und konnte gar nichts verstehen. Was war geschehen? Warum war er so seltsam gefallen? Was war los mit Aljoschas Fähigkeit, sicher zu »landen«?

Des Rätsels Lösung ergab sich am Abend, als Babuschka Sascha zu uns ins Zimmer kam. Aljoscha saß bei ihr auf dem Schoß, und als er auf den Boden glitt, um loszulaufen, ging sie hinter ihm her, indem sie ihn vorsichtig mit einer Hand am Kopf festhielt. Wenn er plötzlich nach hinten gekippt wäre, dann wäre er mit dem Kopf in Babuschkas Hand gefallen.

Alles wurde sofort ganz klar: Den halben Tag war die Babuschka hinter Aljoscha hergelaufen und hatte ihn am Hinterkopf festgehalten, und er hatte dabei »vergessen«, wie man nach hinten fallen muß.

»Schmeckt ein Ziegel?«

Der erste Frühling im Leben eines Menschen ist kein kleines Ereignis, besonders wenn dieser Mensch zum ersten Mal mit nackten Füßchen die Erde prüft. Das Haus hat einen glatten Boden, auf ihm zu laufen bereitet großes Vergnügen, aber hier piekt etwas die Sohlen, und man kann nicht drauf loslaufen! Und bei jedem Schritt gibt es etwas Neues zu sehen, und alles muß man ansehen, anfassen und natürlich probieren: Schmeckt das?

Das Gras ist noch nicht nachgewachsen, denn es ist ja erst Mitte April, und die Bäume tragen noch keine Blätter. Dafür liegen Steinchen auf dem kleinen Weg, die vom Frühlingsregen saubergewaschen und gut zu sehen sind. Und Aljoscha betrachtet aufmerksam die schwarzen glänzenden Kohlestückchen, die grauen Kiesel und die roten Ziegelscherben. Ein hell-orangenes Stückchen hatte es ihm besonders angetan, er nahm es, hielt es in der Hand, sah es an, klopfte damit auf die Erde und – steckte es in den Mund. Papa steht dabei und schaut ruhig zu. Denn der Kleine soll doch das Wesen der Dinge kennenlernen. Von den Erwachsenen sagt man ja auch: »Er traut seinen Augen nicht, er muß das erst anfassen« – und Aljoscha muß natürlich auch noch beißen und schmecken – andere Untersuchungsmethoden kennt er ja nicht.

»Aljoscha, das schmeckt doch nicht«, warnt Papa das Söhnchen trotzdem und wartet ab. Aljoscha schmeckt es tatsächlich sehr schnell nicht mehr, und er spuckt, sich vorbeugend, den Ziegel auf die Erde. Im Mund ist ekelhafter Sand zurückgeblieben. Aljoscha verzieht unzufrieden die Lippen und stürzt endlich mit Tränen in den Augen zu Papa.

Die ganze Szene beobachtet aus ihrem Fenster Babuschka Sascha, die nun empört auf die Treppe hinausgelaufen kommt.

»Jetzt hat er ihn mit Ziegeln gefüttert! Steht da und schaut zu, wie das Kind Ziegel in den Mund steckt! Anstatt ihm den wegzunehmen, ermuntert er den Kleinen auch noch!«

Während die Babuschka ihre Entrüstung zum Ausdruck bringt, gelingt es Vater, Aljoscha den Mund vom Sand zu reinigen und ihm die Nase zu putzen. Dann versucht er, der Babuschka sein Verhalten zu erklären.

»Nun, und wenn wir nicht hier gewesen wären, hätte er es auch probiert. Wenn ich es ihm jetzt nicht erlaube, wird er den Ziegel in den Mund nehmen, wenn ich nicht dabei bin.«

»Aber dafür sind doch die Augen da, daß man nach dem Kind sieht!«

»Nein doch«, wendet Vater entschieden ein, »er soll selbst wissen, was er darf und was nicht. Das ist zuverlässiger als Vaters und Babuschkas Augen. Glauben Sie, daß er jetzt noch einmal einen Ziegel in den Mund nehmen wird? Sie werden ihn nicht einmal dazu zwingen können. Versuchen Sie's doch mal!«

Papa reicht Aljoscha ein Stück Ziegel, aber der verzieht die Lippen und lehnt ab. Ziegel schmeckt also nicht!

Nachdem er auf diese Weise ein Stück Seife, eine Kerze, Sand und andere »nicht schmeckende« Sachen »probiert« hatte, wurde Aljoscha so vorsichtig, daß er es ablehnte, sogar eßbare Dinge, die neu für ihn waren, ohne weiteres in den Mund zu nehmen.

Was ist also dabei! Vorsicht,die er mit eigenen Händen und Zähnen erworben hat, wird ihm nicht schaden. Und Vater und Mutter brauchen sich nicht dauernd über Aljoscha aufzuregen.

Ein heißer Teekessel in der Rolle des Lehrers

Wenn man beim Kinderarzt im Wartezimmer sitzt, was kann man da nicht alles hören!

»Ihr Kleiner kann ja schon laufen«, seufzt eine junge Mutti neidisch, während sie ihre zwei Monate alte Tochter wickelt, »aber wann wird meine soweit sein – ich kann es kaum erwarten. Den ganzen Tag muß ich mich mit ihr abgeben, aber wenn sie schon laufen könnte, dann hätte ich viel weniger Sorgen.«

»Sei nicht neidisch, Liebe«, entgegnet ein altes Mütterchen im Kopftuch, »wenn das Kind noch nicht läuft, solltest du dankbar sein, denn wenn es erst läuft, mußt du immer auf der Hut sein. Es wird alles anfassen und in den Mund stecken, du mußt immer mit irgendeinem Unglück rechnen. Da liegen Nähnadeln, da Stecknadeln und wer weiß, was sonst noch alles. Kann man denn auf alles aufpassen?«

»Richtig, richtig«, stimmt die Mutter eines zweijährigen Knirpses zu, jene, die von der jungen Frau beneidet wurde, »und was Sie auch sagen: Er hört einfach nicht. Ich verstecke ja schon alles vor ihm: Streichhölzer, Nähnadeln und Schere – also, einfach alles, aber abends sehe ich – woher hat er die bloß wieder! –, wie er eine Sicherheitsnadel in den Mund steckt.«

»Ach, du Schreck! Sowas! Und weiter?«

»Ich hab sie ihm natürlich weggenommen, er fängt an zu schreien, streckt die Hand nach ihr aus und will immer nur die Nadel. Ich hab sie noch weiter weggelegt. Was soll man auch sonst machen?«

Aljoscha und ich warten auch, bis wir an der Reihe sind, und hören dieser Unterhaltung zu.

»Und wie soll er lernen, daß eine Nadel spitz ist, daß sie wehtut?« halte ich es nicht mehr aus.

»Wieso, soll man ihm die Stecknadel vielleicht in den Mund stoßen?« staunt die Frau.

»Natürlich nicht, aber soll er denn nicht merken, daß die Nadel piekt?«

»Und dann?«

»Er muß sich wenigstens einmal pieken, so sollte man es machen.«

Darauf antworten alle Frauen auf einmal:

»Ja, aber wer bringt das fertig?«

»Mein Gott, was erzählst du da!«

»Wie kann man denn bloß dem eigenen Kind wehtun? Sie sind vielleicht einer.«

»Kann man das denn? Das bringt doch keiner über sich.«

»Wer wird denn so einen Unsinn faseln, Lieber«, bringt das alte Mütterchen im Kopftuch die allgemeine Meinung zum Ausdruck. »Nicht umsonst steht doch hier an den Wänden geschrieben, daß man das Kind vor allem schützen muß.«

Und tatsächlich, von den Wänden schreien Plakate fordernd:

»Bringen Sie Streichhölzer vor den Kindern in Sicherheit!«

»Schützen Sie die Augen des Kindes!«

»Lassen Sie Kinder nicht mit Feuer allein!«

Worüber soll man jetzt noch streiten? Und noch dazu beim Kinderarzt! Zu Hause machen wir es anders.

Aljoscha ist also schon allein durch die Zimmer gelaufen. Wieviele neue Dinge und wieviele Gefahren das für ihn bedeutet! Sogar ein harmloser Stuhl kann gefährlich werden, wenn Aljoscha ihn auf sich kippt. Und er kann ihn schon so bewegen, besonders von der Rückenlehne aus, daß der Stuhl ins Schwanken kommt. Streichhölzer und Nähnadeln kann man natürlich etwas weiter weglegen, aber was ist mit dem Ofen, der elektrischen Kochplatte und dem heißen Teekessel? Ja, und schafft man es denn, Streichhölzer, Nadeln und Schere lange zu verwahren? Die Erwachsenen brauchen diese Dinge so oft, daß sie dem Kind früher oder später doch in die Hände fallen. Und wenn dann die Erwachsenen nicht in der Nähe sind? Dann kann ein Unglück passieren, und vielleicht sogar ein nicht wieder gutzumachendes!

Und wie, wenn man das Kind mit all diesen Gefahren »bekanntmacht«? Und zwar dann bekanntmacht, wenn es das erste Mal in seinem Leben mit ihnen zusammenstößt? Wenn es eine Gefahr kennt, wird es vorsichtig werden. Außerdem entwickelt sich dieses »Bekanntwerden« vor unseren Augen, und ernste Folgen wird man vermeiden können. Sogar der sechs Monate alte Antoscha, der sich mit der Rassel die Stirn gestoßen hat, beginnt sie zu meiden. Er nimmt die Rassel mit der Hand auf, verzieht aber vorher die Augen – denn die Rassel könnte ihn ja plötzlich wieder stoßen.

Und so haben wir beschlossen: Gefahren werden nicht verborgen. Einmal hatten wir uns zum Frühstücken hingesetzt. Aljoscha ist schon zwei Jahre alt, und er sitzt auf seinem Hochstuhl. Mutter hat den heißen Teekessel auf den Tisch gestellt.

»Der Teekessel ist heiß! Siehst du den Dampf?« hört Aljoscha von Vater. Was ein »Teekessel« ist, weiß Aljoscha. Wenn Mutter fragt: »Wo ist der Teekessel?«, dann zeigt Aljoscha mit dem Fingerchen auf ihn. Aber was »heiß« ist, das weiß er nicht. Einmal hatte er den Deckel vom kalten Teekessel genommen, und nun ist er entschlossen, das noch einmal zu machen ...

»Au-u-u!« und der heiße Deckel rollt über den Tisch, Aljoscha aber streckt beide Händchen Mama entgegen. In allen Nöten seines kleinen Lebens findet er bei ihr Trost.

»Du darfst den Teekessel nicht anfassen! Der ist heiß!« beruhigt Mutter Aljoscha, indem sie ihn auf den Arm nimmt. Aber jetzt bringt das Wort »heiß« das Söhnchen noch mehr als vorhin zum Heulen. »Heiß« – das tut also weh. Und Aljoscha wendet sich vom Teekessel ab, indem er sein Näschen vor ihm in Mamas Schulter versteckt.

»Was für brutale Eltern!« werden einige Leser denken. Unsere Babuschka Sascha hat das so ausgedrückt:

»Sind das vielleicht Eltern? Sie haben doch tatsächlich dem Kind die Hand verbrannt!«

Die Babuschka hat natürlich stark übertrieben. Eine Brandwunde gab es nicht. Aber jetzt versuchen Sie einmal (und inzwischen ist schon ein Jahr vergangen), Aljoscha zu veranlassen, sich an etwas Heißes zu machen. Wenn die Kascha oder der Tee dampfen, nimmt der Junge nicht einmal einen Löffel in die Hand und schiebt die Untertasse oder den Teller weit von sich.

»-eiß, pus-en, umrüh-en!« sagt Aljoscha. Und erst, wenn Vater oder Mutter selbst probiert haben und sagen: »Nein, es ist nicht heiß, wir haben schon gepustet und umgerührt. Jetzt ist es gerade richtig«, erst dann macht er sich ans Essen.

Aljoscha erhielt auch »kalte« Lektionen. Da steht auf der Bank neben dem Eimer ein großer Krug. Dieser Krug ist meistens leer, mit ihm schöpfen wir Wasser aus dem Eimer in die Waschschüssel oder in den Teekessel. Doch jetzt ist er fast voll. Aber Aljoscha kann das nicht sehen, und er reißt ihn wie sonst auch von der Bank: ein klägliches Geschrei, eine große Lache auf dem Boden und ein kaltes Bad für Aljoschas nackten Bauch und die Füße. Er muß den großen Wischlappen in die Küche schleppen, diese ganze Lache vom Boden wegwischen und den Lappen wieder an seinen Platz im Korridor bringen. Wenn man erst zwei Jahre alt ist, wissen Sie, dann ist das schon eine große Unannehmlichkeit! Babuschka Sascha zieht schon wieder über uns her:

»Da ist ihnen die Idee gekommen, einen vollen Krug hinzustellen – und prompt hat das Kind ihn ausgekippt!«

Sie selbst hat den Krug bis jetzt immer nur leer auf der Bank stehen lassen. Aber Vater und Mutter organisieren eine »Verschwörung«.

»Wir müssen etwas Wasser im Krug lassen! Wir sollten auch noch zwei kleine Krüge auf den Küchentisch und auf die Bank stellen. Dann wird er aufpassen.«

Und Aljoscha rechtfertigt unsere Hoffnungen. Zwischen all diesen »Wasserfallen« läuft er trocken herum. Nur noch zwei Krüge hat er über sich ausgekippt (und zwar nicht hintereinander, sondern im Abstand von einigen Tagen), und jetzt räumt er nicht nur Krüge, sondern auch Gläser, Tassen und Kochtöpfe vorsichtig, mit beiden Händen, weg, weil er glaubt, daß aus jedem Gefäß etwas auf ihn geschüttet werden kann.

Allmählich konnten wir uns immer mehr davon überzeugen, daß es besser ist, »Schutzimpfungen« zu machen, daß es besser ist, dem Kind eine kleine Unannehmlichkeit zu bereiten, ihm aber beizubringen, vorsichtig zu sein, anstatt es in Unkenntnis über die Gefahren zu belassen, die ganz unerwartet über es hereinbrechen können. Es wird ja sonst nicht einmal wissen, aus welcher Richtung es mit Gefahren zu rechnen hat.

Ganz besonders hat uns davon die lehrreiche Geschichte mit dem Feuer überzeugt. Sie hat Vater, Mutter und Aljoscha viel gelehrt. Und die Sache war so.

Alle waren zum ersten Aufräumen in den Garten hinausgegangen. Wir harkten trockene Blätter, Zweige, Papier und Abfall zusammen. Ein großes Feuer loderte in der Mitte des Hofes, und eine Rauchsäule stieg ziemlich hoch in den Himmel hinauf. Babuschka Dina hatte auch Aljoscha in den Garten geführt. Aber da im Garten war doch plötzlich etwas ganz Seltsames aufgetaucht. So eine hohe, weiße Säule, die sich noch dazu bewegt und leise wiegt. Aljoscha hat sie sofort bemerkt, und nun kann er seine Augen nicht mehr von ihr abwenden. Er hat seine Schritte verlangsamt, und die Babuschka muß ihn am Händchen ziehen.

Aber da ist das Feuer schon ganz nahe, die Flammen züngeln nach oben, kleine Funken blitzen über ihnen, und manchmal knistert und knackt etwas. Und wenn Papa einen Arm voll trockener Blätter hinzuwirft, dann strömt dichter weißer Rauch aus dem Feuer. Wie kann man sich denn von einem solchen Anblick losreißen?

Aljoscha, förmlich verzaubert, schaut zuerst nur auf den Rauch, die Funken, die Zweige mit den kleinen Flämmchen, dann aber möchte er näher herangehen.

»Nicht nahe herangehen, Aljoschenka! Paß auf, du verbrennst dich!« zieht ihn die Babuschka weiter vom Feuer weg.

Aber wie kann man vom Feuer weggehen, von dieser angenehmen Wärme?

Aljoscha versucht, Widerstand zu leisten, er macht sich steif und beginnt sogar zu heulen, aber die Babuschka ist unerbittlich. Sie hält Aljoscha fest an der Hand und führt ihn immer weiter den Gartenweg hinauf.

Aber wie gerne möchte er fortlaufen! Er bewegt kaum die Beinchen vorwärts, hängt förmlich an Babuschkas Hand und dreht das Köpfchen bald nach rechts, bald nach links, um wenigstens mit einem Auge noch einmal das erstaunliche Wunder zu sehen.

Vater sieht all das und versteht, wie traurig Aljoscha zumute ist. Vater selbst steht auch gerne in der Wärme des Feuers und schaut in die Flammen. Es ist etwas Lockendes in ihnen. Er überlegt: Soll er der Babuschka sagen, daß der Junge zugucken kann? Nein! Besser nicht – dann könnte sie wieder denken, daß man ihr etwas beibringen will, und dann ist sie beleidigt. Papa schaut nur ab und zu auf das sich entfernende weiße Hemdchen Aljoschas und fährt fort, mit den Harken zu hantieren.

Unterdessen erzählt die Babuschka Aljoscha etwas, reicht ihm einen kleinen Stock und läßt, da sie glaubt, daß er das Feuer vergessen hat, seine Hand los. Aljoscha macht sich vielleicht zwei Minuten bei ihr zu schaffen, hockt sich hin und bohrt mit dem Stöckchen in der Erde, dann macht er sich unbemerkt von der Babuschka auf den Weg zu diesem geheimnisvollen Feuer hin.

Die erste Hälfte des Weges schafft er glücklich, aber dann bemerkt die Babuschka das Verschwinden des Enkels und rennt ihm nach:

»Aljoscha, geh nicht dorthin! Da darfst du nicht hin!« schreit sie ihm laut hinterher. Aber ihr Schreien beschleunigt nur Aljoschas Schritte. Er muß ja schließlich sehen, daß er zum Feuer kommt, bevor die Babuschka ihn wieder zu fassen kriegt. Und er geht schon nicht mehr, sondern er läuft, was das Zeug hält, und dabei kommt er ein bißchen ins Watscheln und Tapsen. Schneller, schneller! Zum Feuer sind es nur noch ein paar Schritte, und es ist so leicht, den Hügel hinabzulaufen.

Als Vater ihn bemerkte, waren es nur noch zwei, drei Schritte bis zum Feuer, aber Aljoscha dachte nicht daran, stehenzubleiben oder seinen Lauf zu verlangsamen. Noch ein, zwei Sekunden – und er wird im Feuer landen. Da wirft Vater sich auf ihn und fängt ihn genau vor den Flammen ab.

Papa preßt den kleinen Körper des Sohnes an die Brust und fühlt nur noch, wie stark sein Herz schlägt. Denn wäre er nicht so nahe gewesen, dann wäre etwas Furchtbares geschehen. Vor seinen Augen wäre der Kleine ins Feuer gelaufen. Vaters Einbildungskraft malt ihm alle möglichen Schrecken aus – schlimme Brandwunden auf dem Gesichtchen und den Händchen, Qualen für den Kleinen und vielleicht – der Tod!

»Was tun?« überlegt er fieberhaft. »Ihn von hier fortbringen und ins Zimmer sperren? Das würde bedeuten, daß er ein anderes Mal doch in so ein Feuer oder ein anderes stürzt. Ihn nicht von sich fortlassen? Aber die Arbeit wartet, und das Feuer wird davon nicht weniger schrecklich.«

Aljoscha ahnt nicht, was in seinem Vater vorgeht. Er ist nur erstaunt. Warum preßt Papa ihn so fest an sich? Mit den Augen sucht er wieder das Feuer, und er streckt auch sein Händchen nach der immer noch so geheimnisvollen Wärme aus.

Und da hat Papa eine Entscheidung getroffen. Er setzt Aljoscha vorsichtig auf die Erde, gibt ihm seinen kleinen Finger, an dem er sich gewöhnlich festhält und geht langsam zum Feuer. Das Feuer lodert schon nicht mehr, sondern geht langsam aus. Eine angenehme Wärme geht von ihm aus, und Vater und Aljoscha hocken sich vor ihm hin. Babuschka Dina ist auch näher gekommen: Was hat der Vater sich jetzt wieder ausgedacht?

Aljoscha bleibt ein bißchen sitzen, schaut einen Augenblick zu, und dann streckt er das Händchen nach dem glühenden Ende des Feuerhakens aus. Papa fühlt den gequälten Blick der Babuschka hinter seinem Rücken, aber er schweigt still. Da dreht Aljoscha schon den Haken um, an dessen Ende hell ein Stückchen Kohle glänzt, und versucht, es mit dem freien Händchen anzufassen. Seine Händchen gehorchen ihm noch nicht gut, und es vergehen ein paar Sekunden, ehe das Kohlestückchen seine Hand berührt.

»Au-u-u!« heult Aljoscha los, er verschluckt sich vor Scham und Schmerz und wirft sich Papa an den Hals.

»Was geht hier bloß vor?« kann die Babuschka sich vor Empörung nicht mehr zurückhalten. Aber Vater tut so, als ob er sie nicht hört, und sieht zusammen mit dem weinenden Aljoscha nach, wo »das Feuerchen ihm wehgetan hat«. Die Brandwunde ist ganz klein, halb so groß wie ein Fingernagel, und nur an einem Fingerchen. Aljoscha beruhigt sich nach ein oder zwei Minuten, aber Papa beschließt, ihn zu »überprüfen«:

»Gehen wir wieder zum Feuerchen?« fragt er. Aljoscha aber wendet sich ab und sagt hastig, wobei er sich kaum beherrschen kann, um nicht wieder loszuweinen:

»N-nein!«

Die Babuschka hört all das, aber denkt ganz anders als Papa. Sie quält die »Herzlosigkeit« des Vaters, der »dem Kind absichtlich die Hand verbrannt hat«. Aber Papa ist nicht nach Babuschkas Gemütsbewegungen, er befürchtet, daß Aljoscha in Zukunft nicht vorsichtig sein wird. Und so nimmt er noch eine »Überprüfung« vor. Er bringt Aljoscha an das andere Ende des Hofes, stellt ihn auf den Weg und schlägt ihm vor:

»Gehen wir zu Mama!«

Aber um zu ihr zu gelangen, muß man am Feuer vorbei. Der Weg führt an einer Stelle ganz nahe am Feuer vorbei, und Aljoscha, der seine ein wenig erschrocken blickenden Augen nicht von dem Feuer abwendet, geht an dieser Stelle langsam und ängstlich, indem er sich soweit wie möglich von dem »Feuerchen« weghält. Und erst, nachdem er dem »gefährlichen Ort« entronnen ist, läuft er los, als ob er Angst hat, daß das Feuer ihn einholen könnte.

Die nervliche Anspannung dieser Minuten läßt endlich nach. Vater ist jetzt davon überzeugt, daß Aljoscha weiß, welche Gefahr ein Feuer in sich birgt, und daß er sich nicht mehr aus vollem Lauf hineinwerfen wird. Man kann ihn im Garten nun auch allein herumlaufen lassen.

Was soll man sagen, der Erfolg stellte sich nicht von allein ein: da waren Aljoschas Tränen, der verbrannte Finger und die Entrüstung der Babuschka. Diese war nämlich mit den Repliken im Garten nicht zu Ende. Darüber wurde noch am Abend und am nächsten Tag gesprochen. Nur die Hauptsache hatte die Babuschka nach wie vor nicht begriffen: Sie war von Vaters »Brutalität« aufgebracht, aber die Tatsache, daß Aljoscha jetzt von der Gefahr wußte, die ein Feuer in sich birgt, und daß er vorsichtig sein würde, die interessierte sie fast gar nicht.

In den ersten beiden Lebensjahren Aljoschas traten viele gefährliche Gegenstände in der Rolle seines »Lehrers« auf. Dafür kennt Aljoscha jetzt alle häuslichen »Gefahren« gut. Er weiß, daß man sich mit einer Nähnadel blutig stechen kann, daß man einen brennenden Ofen nicht anfassen darf, daß Aljoscha nur seine kleine Säge nehmen darf und daß es besser ist, sich der großen Quersäge mit den scharfen Zähnen nicht zu nähern. Auch die elektrische Kochplatte, die so harmlos aussieht, kann sehr heiß werden, und Aljoscha probiert vorsichtig mit der Handfläche, ob sie sich nicht warm anfühlt, bevor er sie berührt.

Überhaupt hat Aljoscha begonnen, sich neuen Sachen mit einiger Vorsicht zu nähern. Wer weiß, mit wieviel Unannehmlichkeiten man dabei rechnen muß!

»Habt ihr nie gesehen, wie Tiere sich unbekannten Gegenständen gegenüber benehmen?« fragt Vater eines Abends. »Ich habe heute einen Dokumentarfilm gesehen: Zwei Bärenjunge begegnen zum ersten Mal in ihrem Leben einem Frosch. Das ist ein Anblick! Er ist komisch und lehrreich zugleich.«

»Was ist denn daran lehrreich?« fragt Babuschka Dina.

»Also, hört zu. Der Frosch sitzt mitten auf dem Weg und in ehrerbietiger Entfernung von ihm die beiden neugierigen Bärenschnäuzchen. Die Bären drehen die Köpfe, schnuppern in der Luft herum, strecken dem Frosch die Tatzen entgegen, obwohl es noch gut zwei Schritte zu ihm hin sind. Sie streichen um ihn herum, ohne sich ihm zu nähern. Versteht ihr? Ohne sich zu nähern! So entscheiden sie anscheinend die Frage: Was ist das da? Ist das vielleicht ein gefährliches Tierchen? Vorsichtig muß man mit ihm sein, wer weiß, was passieren kann! Nur allmählich nähern sie sich ihm auf einen Schritt. Aber die Augen wenden sie nicht ab, die Ohren stehen hoch. Die Tatzen sind jeden Augenblick zum Sprung bereit. Plötzlich macht der Frosch einen Satz! Es war, als ob irgend etwas die kleinen Bären im gleichen Augenblick hochgeworfen hätte. Sie setzten sich mit einer Geschwindigkeit von dem Frosch ab, die man nur schwerlich von ihnen erwartet hätte.«

Mama und die Babuschka brachen in Lachen aus.

»Wirklich eine sehr komische Szene«, stimmte die Babuschka zu, »aber was ist daran lehrreich?«

»Wieso was?« wunderte sich Vater. »Wieviele Unfälle mit Kindern könnten verhindert werden, wenn unsere Kleinen auch nur den zehnten Teil der Vorsicht dieser Bärenjungen hätten!«

»Aber wie kannst du denn Kinder mit Tieren vergleichen?« wendet die Babuschka entrüstet ein. »Tiere haben ihren Instinkt, aber Kinder . . .«

»Haben einen Kopf auf den Schultern. Versuchen Sie doch mal, auf der Unfallstation herauszubekommen, unter welchen Umständen die meisten Unfälle mit Kindern passieren? Und Sie werden zwei hauptsächliche Ursachen feststellen: *Unwissen* darüber, was gefährlich ist, und *Mangel an Vorsicht.* Und wer ist schuld?« erhitzt sich Vater. »Solche mitfühlenden Mamas, Babuschkas, Tanten und Kinderfrauen wie ihr, die das Kind nicht einen Schritt alleine tun lassen! Ist das denn nicht einzusehen?!«

Doch die Babuschka ist beleidigt, aber nicht überzeugt, und wieder gehen wir auseinander und sind unzufrieden miteinander.

Kurz nach der »Lektion mit dem Feuer« fand Vater in einem Buch einen Ausspruch Gandhis, des indischen Philosophen und Humanisten: »Weise Eltern erlauben ihren Kindern, Fehler zu machen. Den Kindern nützt es, wenn sie sich von Zeit zu Zeit die Finger verbrennen.«

Vater konnte es kaum erwarten, von Moskau nach Hause zu kommen, und lief sofort zu Mutter:

»Sieh mal, sieh bloß, was ich gefunden habe!«

Mutter las und lachte auf:

»Du willst also sagen, daß wir zu den weisen Eltern gehören?«

»Natürlich, ein bißchen möchte ich das schon«, gab Vater zu, womit er Mutter endgültig zum Lachen brachte.

»Warte«, hielt Mutter plötzlich inne, »weißt du, eigentlich ist das sehr ernst gemeint. Im Grunde genommen ist das sogar richtig treffend gesagt. Erinnerst du dich an unseren Streit beim Kinderarzt? Eigentlich müßte dort ein Plakat mit diesem Ausspruch hängen.«

Geschafft!

Aljoscha hat eine schwierige Aufgabe vor sich: Er möchte ein Kissen aus Antoschas Bettchen herausziehen, aber es ist dick und geht nicht durch die Stäbe. Was ist da zu tun? Aljoscha versucht es mal so und mal so . . .

»Ge-e-ht nicht!« ärgert sich Aljoscha und zieht das Kissen mit Kraft um die Ecke herum zu sich hin. Dabei gleiten seine Händchen ab – und Aljoscha plumpst auf den Boden!

»Au-u-u!« heult er laut und gekränkt los.

Babuschka Dina eilt ihm zu Hilfe, aber Vater hält sie auf halbem Weg an.

»Er soll sich allein helfen!«

Und Aljoscha, der merkt, daß die »Erste Hilfe«, zu der er oft Zuflucht nimmt, zum Halten gebracht ist, hört auf zu plärren und findet schnell einen Ausweg. Er stellt einen Hokker an Antoschas Bett, klettert blitzschnell hinauf und zieht das unheilbringende Kissen von unten nach oben heraus.

»Ges-s-a-aft!« wiederholt er zufrieden Papas Lieblingswort und stürmt mit dem Kissen zur Babuschka ins Zimmer.

»Na also! Sehen Sie!« kann Vater sich ein Lächeln an die Adresse der Babuschka nicht verkneifen.

Diesmal hat sie keine Einwände zu machen. Sie lächelt schweigend und läuft hinter Aljoscha her.

Tags darauf schickt Mutter Aljoscha mit einem Topf voll Kascharesten in die Küche. Aljoscha blieb vor der geschlossenen Tür stehen und weiß nicht weiter.

»Kann ich nich!« sagt er mit Gefühl. Der Topf in seinen Händen stört ihn. Babuschka Dina hört Aljoschas kummervolles »kann ich nich« und eilt ihm zu Hilfe. Aber Vater ist auf der Hut und schneidet ihr den Weg ab.

»Das ist eine Aufgabe, wie sie oft im Leben vorkommt. Er muß versuchen, sie selbst zu lösen.«

»Aber er weiß doch noch nicht, wie sie zu lösen ist. Beim ersten Mal muß man ihm alles zeigen, erklären und beibringen. Du aber forderst das Unmögliche von ihm«, protestiert Babuschka Dina energisch.

»Und wer hat beim ersten Mal erklärt, wie man einen Sputnik startet? Oder ein Raumschiff?« gibt Vater nicht nach.

»Denken denn die Menschen ihre Ideen immer ganz zu Ende? Und das erste Mal erklärt ihnen doch ohnehin niemand etwas.«

Aljoscha wartet das Ende dieser Auseinandersetzung nicht ab, sondern stellt den Topf auf den Boden, greift mit dem Händchen nach der Tür und öffnet sie. Das ist natürlich nicht die Entdeckung Amerikas, aber das ist eine mögliche Lösung dieser Aufgabe.

»Da haben Sie also das Unmögliche!« freut Vater sich über Aljoschas neuen Sieg. Und die Babuschka muß stillschweigen. Sie hatte ja gerade erst bewiesen, daß das beim *ersten Mal* unmöglich ist.

Tatsächlich denkt Aljoscha natürlich nicht darüber nach, ob er diese »Aufgabe« das erste oder das fünfte Mal löst. Das berühmte »Das kann ich selber!« ist ja noch nicht zu ihm durchgedrungen. Er geht viel einfacher an alles heran. Die Babuschkas tun alles für ihn, sowohl wenn er sie bittet als auch wenn sie selbst es für nötig halten, ihm zu helfen, und Aljoscha nutzt das gehörig aus.

Vater und Mutter machen es nicht so. Und wozu auch! Er muß es allein schaffen. Und er »stellt« sich schnell je nach den Umständen um. Nach ein, zwei Stunden kommt er schon ins Gleis der Dinge und benimmt sich, wie Erwachsene sich benehmen.

Da geht Vater Wasser vom Brunnen holen. In einer Hand trägt er zwei Eimer und ein chinesisches Tragejoch (ein kleines, mit Stricken), und an der anderen hält er Antoscha. Aljoscha ist mit der Babuschka im Garten. Er läuft den kleinen Weg entlang und begießt mit seiner kleinen Gießkanne Steinchen, Kienspäne und manchmal sogar die kleinen Beete. Die Babuschkas kommandiert er forsch herum:

»Klein bißchen Wassa gießen!« und eine der Babuschkas gießt ihm aus dem Eimer Wasser ein.

»A-josa 'töckchen geben!« und die andere Babuschka reicht ihm ein Stöckchen.

Vater paßt diese Bereitschaft der Babuschkas, Aljoscha gefällig zu sein, überhaupt nicht, und er fordert ihn auf, mit ihm zu kommen.

»Gehen wir Wasser holen!«

Aljoscha denkt nicht lange nach und flitzt mit seiner Kanne zur verschlossenen Pforte, die auf die Straße führt.

»Papa, aufma-en!« bittet er, indem er vor der Pforte stehenbleibt.

»Mach sie selbst auf, Aljoscha«, schlägt ihm Vater vor.

»Ka-a-nn ich nicht!« versucht Aljoscha Papa weich zu machen.

Aber das führt zu nichts. Da stellt Aljoscha seine Gießkanne zur Seite und öffnet mit beiden Händchen die Pforte. Vater geht mit Antoscha hindurch, und Aljoscha läuft hinterher, aber – ohne seine Kanne.

»Wohin soll ich dir denn das Wasser gießen? Wo ist die Kanne?« fragt Vater, indem er den Wasserhahn aufdreht.

»'loren«, sagt Aljoscha niedergeschlagen und läuft zurück zur Pforte. Vater beobachtet ihn.

Aljoscha öffnet aus dem Lauf heraus mit einem Stoß die Pforte, läuft an der Gießkanne vorbei und direkt der »Ersten Hilfe« in die Arme:

»Babus-ka, die Kanne!«

»Wo hast du sie denn hingetan?« läßt die Babuschka ihr Beet sein und eilt ihm entgegen.

»'loren«, wedelt Aljoscha betrübt mit den Händchen.

»Dann komm, wir suchen sie!« nimmt die Babuschka Aljoscha an die Hand und führt ihn zur Pforte, bei der die »verlorene« Gießkanne steht.

»Und was ist das?« zeigt die Babuschka auf die Kanne.

»Das Kännchen!« fällt Aljoscha ihr freudig um den Hals und bittet die Babuschka auch prompt, indem er mit einer Hand die Pforte festhält:

»Aufma-en!« Und diese öffnet ihm gerne die Pforte. Lächelnd flitzt Aljoscha zu Papa.

»Muß das so sein?« denkt Vater. Aljoscha hat doch gerade die Pforte allein aufgemacht, und nun hat er die Babuschka gebeten. Er hätte die Kanne selbst finden können, aber das tat die Babuschka für ihn. Und wenn es immer und überall so ist? Wenn keinerlei Umstände ihn je dazu zwingen, selbst »eine Aufgabe zu lösen«? Wenn dafür immer eine »Babuschka« in der Nähe ist?

Über Höschen

Als Aljoscha ungefähr anderthalb Jahre alt war, nähte Mama ihm mehrere Höschen, kurze, mit Gummizug, und auf jedes Paar nähte sie vorne ein kleines rotes Dreieck.

»Komm, jetzt wollen wir das kleine rote Dreieck suchen!« schlug Mama morgens Aljoscha vor, legte aber (listig, nicht wahr!) die Höschen so hin, daß nichts Rotes zu sehen war. Aljoscha begann, das kleine rote Dreieck zu suchen. Er hob die Höschen hoch, aber unter ihnen auf dem Bettchen war auch nichts zu sehen.

»Wo ist es denn hin?« fragte Mama erstaunt und mitfühlend Aljoscha. Und Aljoscha grabschte in die Höschen. War das kleine rote Dreieck vielleicht hineingeschlichen? Aber auch da war nichts. Auf Aljoschas Stirn bildete sich vor Anspannung sogar ein kleines Fältchen. Und plötzlich zerfloß Aljoschas rundes Gesichtchen in einem Lächeln.

»'funden!« reichte er Mama die Höschen, indem er sie fest am roten Dreieck hochhielt.

»Jetzt versteckt es sich nicht mehr vor uns«, lächelt auch Mama. »Wir legen es jetzt so hin«, sagt sie und packt die Höschen mit dem Zeichen nach oben hin. Die Beinchen kann Aljoscha schon allein hineinstecken, um Mama zu helfen, ihm die Höschen anzuziehen, aber jetzt zieht Mama sie ihm nicht mehr hoch, sondern sagt zu Aljoscha:

»Los, ziehen wir die Höschen hoch! Faß am Gummizug an! Eins, zwei! Und fertig!« Aljoscha zieht den Gummizug gewichtig über das Bäuchlein.

»Wo haben wir nun das kleine rote Dreieck?« fragt Mama.

»'nöpfchen (auf dem Knöpfchen)«, – die Babuschka bezeichnet Aljoschas Bauchnabel nämlich als »Knöpfchen«. Aljoscha hat sich gemerkt, daß das kleine rote Dreieck auf das »Knöpfchen« gehört, und am nächsten Tag saß er am Morgen lange auf dem Bett und drehte seine Höschen hin und her. Aber schließlich zog er die Höschen allein an. Um die Wahrheit zu sagen, danach zog er es noch häufig vor, nackt herumzulaufen und die Höschen lieber nicht anzuziehen, und wenn man ihn mit dem »Zieh dich an!« ärgerte, dann bat er jemanden von den Erwachsenen, das zu tun. Es war ja doch am Anfang schwierig, mit den Höschen klarzukommen. Mal landen beide Beinchen in einer Öffnung, mal weiß Aljoscha nicht, wohin mit dem anderen Bein. Aber nach anderthalb Monaten wurde es für Aljoscha zur reinsten Kleinigkeit, sich nicht nur die Hosen auszuziehen, sondern sie auch anzuziehen.

Und in Ruhe essen lassen sie ihn auch nicht

Ein Sonntagmorgen vergeht im allgemeinen mit gewöhnlichen Alltagssorgen: Vater und Aljoscha haben ihre Betten gemacht, Wasser geholt und noch andere »Haushaltsarbeit« erledigt. Auf dem Weg sind sie bei den Recks stehengeblieben und haben ein, zwei Minuten an ihnen geturnt. Nach einer solchen Übung zu frühstücken ist nicht übel. Und Aljoscha ist schon bei Mutter in der Küche.

»Gleich sind die Kartoffeln fertig, und dann werden wir frühstücken«, sagt Mutter[7]. »Du kannst schon den Schmelzkäse auspacken!«

Aljoscha krabbelt auf den Stuhl und macht sich konzentriert an die Arbeit. Schon ist die Verpackung abgemacht, und der Käse liegt auf dem Teller, wohlriechend und lecker. Aljoscha kann der Versuchung nicht widerstehen und steckt den Käse in den Mund.

»Warte, Aljoschenka, wir wollen den Käse zusammen mit Papa essen. Und zuerst wollen wir doch Kartoffeln essen«, unterbricht Mutter ihn.

Aljoscha hält eine Sekunde inne, legt den Käse unwillig auf den Teller zurück, rutscht ein wenig ärgerlich auf den Boden und läuft zu Papa.

»Papa, komm, gehen wir!« ruft er Vater und zieht ihn an der Hand in die Küche.

Aber die Kartoffeln sind noch nicht fertig, und Vater und Aljoscha können noch die Butter bringen, Brot schneiden und Mutter etwas helfen.

Babuschka Dina bereitet auch gerade das Frühstück für ihre »großen Kinder« – für Onkel Wolodja und Tante Tanja – und beobachtet Aljoscha. Aber Aljoscha sitzt schon wieder auf der Bank beim Schmelzkäse und wendet den Blick nicht von ihm ab.

»Mama, ein k'eines 'tückchen?« und Aljoscha legt zwei Fingerchen fast zusammen. Das Wort »k'ein« spricht er mit einem so rührenden, dünnen Stimmchen aus, daß die Babuschka es nicht mehr aushält:

»Lena!« wendet sie sich an Mutter. »Die Kartoffeln sind noch nicht gar, und das Kind wird warten und dabei nervös werden. Gebt ihm zu essen, und es wird sich beruhigen.«

»An fünf Minuten Hunger ist noch niemand gestorben. Nicht einmal die Medizin kennt solche Fälle«, erwidert Mutter, »man muß doch fünf Minuten leiden können ...«

Endlich sind die Kartoffeln fertig, Mama stellt die Bratpfanne auf den Tisch und füllt Aljoscha einen Teil auf den Teller. Jetzt ist keine Zeit für Streit. Aljoscha bläst die Backen auf, kühlt pustend seine Kartoffeln, nimmt ein Stück mit der Gabel und führt sie vorsichtig an die Lippen. Die Kartoffeln in der Pfanne werden zusehends weniger. Alle haben sichtlich Appetit. Als er mit seiner Portion fertig ist, nimmt Aljoscha Vater und Mutter »ins Schlepptau«, und die Bratpfanne wird schnell leer.

Der Tee ist noch kochendheiß, und während er abkühlt, streicht Mama Butter aufs Brot, aber Aljoscha richtet sich auf und versucht, über den ganzen Tisch zum Gebäck zu gelangen. Dabei hat er mit seinem Bäuchlein seine Tasse umgekippt: eine Lache auf dem Tisch, eine Lache auf dem Boden – welch ein Unglück! Unser Aljoscha steht unter Tränen.

»Warum habt ihr nicht aufgepaßt? Das Kind hat die Tasse zu nahe an den Rand gestellt, ihr hättet sie beiseite schieben müssen!« macht die Babuschka sich erregt bemerkbar.

»Nein, er muß selbst aufpassen«, antwortet Vater und bringt die Babuschka damit ganz und gar außer sich.

Aber das war nur der Anfang einer Schlacht, ein leichtes Vorgeplänkel. Die richtige Bataille beginnt erst, nachdem Papa gesagt hat, daß Aljoscha keinen Tee mehr bekommt. Nun kann auch Aljoscha sich nicht mehr beherrschen, der tapfer den Lappen geholt und die Lache aufgewischt hatte. Obwohl er sich schon beruhigt hatte, fängt er erneut an heftig zu weinen, und das gibt der Babuschka das Recht, zum Angriff überzugehen.

»Aber er möchte doch noch etwas trinken, zumal nach den Kartoffeln! Gebt ihm Tee!«

»Er hat seinen Tee verschüttet. Also kann er jetzt Wasser trinken«, gibt Vater nicht nach.

Aljoscha, der sich der großmütterlichen Unterstützung bewußt wird, heult jetzt erst richtig los.

»Der Teufel mag wissen, was hier los ist«, knallt Onkel Wolodja hinter sich die Tür zu.

Die Schlacht ist in vollem Gang. Alles wird uns übel vermerkt, die schlimmsten Vermutungen und Vorhersagen werden gemacht.

Unser Tee ist schon lange kalt, und Aljoscha hat aufgehört zu weinen, während er seinen Kummer ohne Tee in Gebäck ertränkt, aber die Babuschkas fahren fort, sich aufzuregen. Und der wunderbare, sonnige Sonntagmorgen ist matt und trübe geworden . . .

»Vielleicht ist das alles gar nicht nötig?« zweifelt Mutter manchmal. »Vielleicht ist das wirklich ein nutzloser Nervenaufwand für alle und in erster Linie für Aljoscha?«

Aber wenn wir dann beim Mittagessen und auch am folgenden Tag sehen, wie vorsorglich Aljoscha sein Glas vom Tischrand wegschiebt, wie vorsichtig er die Tasse mit Milch an einen anderen Platz stellt, dann schwinden jegliche Zweifel: Es muß so gemacht werden, wie wir es machen.

Jetzt, wenn jemand sich über die Freiheit und Ungezwungenheit in Aljoschas Benehmen bei Tisch wundert, erklärt Vater:

»Oh! Er ist jetzt ein erfahrener Mensch, er weiß, daß man ein Glas leicht umkippen und daß man sich mit Kascha verbrühen kann. Jetzt liegen schon alle Schwierigkeiten hinter uns, und wir ›ernten nur die Früchte‹.«

Tatsächlich, Aljoscha hat schon vor langer Zeit angefangen, Erfahrung zu sammeln. »Selbständig« zu essen begann er mit acht Monaten, als Mama ihm zum ersten Mal eine Flasche mit Kefir in die Hände gab. Und mit ungefähr elf Monaten machte er schon die ersten Versuche, Kascha mit dem Löffel zu essen. Und jedesmal »störten« Vater und Mutter ihn (die Babuschkas hatten wahrhaftig Grund sich aufzuregen): Mal hielt er den Löffel nicht richtig, mal kleckerte er mit der Kascha auf das Wachstischtuch.

»Gib den Löffel her! Du kannst es noch nicht!« sagten wir,

und er mußte den Löffel wieder hergeben. Das war ziemlich ärgerlich für ihn!

Aber als Aljoscha ein Jahr alt wurde, brachte Papa ihm drei leichte Teelöffel mit.

»Halt sie so wie Papa!«, und Aljoscha hält sie fast richtig. Vater verbessert ihn nur ganz wenig.

Nach drei Monaten bewältigt Aljoscha nicht nur mit dem Löffel, sondern auch mit der Gabel Kartoffeln und Makkaroni. Man kann ihn schon allein an das kleine Tischchen setzen, und die Kascha landete aus dem Teller direkt im Mund und nicht auf dem Boden und nicht auf dem Tischchen.

Und nun ist es wirklich angenehm, Aljoscha am Tisch sitzen zu sehen – so geschickt geht er mit Gabel und Löffel um. Er ißt schnell, geschäftsmäßig, sogar ein bißchen ernst, bis er satt ist. Dann sagt er:

»Danke, satt«, und schlüpft vom Tisch.

Auf seine Sauberkeit bei Tisch können wir sogar stolz sein. Einmal setzt Mutter zusammen mit Aljoscha seine sechs- bis siebenjährigen Freunde an den Tisch. Sie aßen Kascha. Fast alle wurden gleichzeitig fertig. Die Kinder bedankten sich bei Mutter und rannten aus dem Haus, während Mutter und Aljoscha den Tisch abräumten. Aljoscha schaute dabei unter den Tisch.

»Mama, K'ümel!«

Es stellt sich heraus, daß sie nicht so sehr auf dem Tisch als vielmehr unter dem Tisch wischen mußten: Da lag Kascha, sie lag unter allen Stühlen – außer unter Aljoschas.

Einmal hat Aljoscha sogar Mutter kritisiert.

Zum Frühstück hatte sie Makkaroni gekocht. Aljoscha ißt sie mit der Gabel, und nur in »schwierigen« Fällen hilft er mit den Händchen nach. Die Makkaroni sind lang. Er ist sehr konzentriert. Aber Mama ißt »unaufmerksam« und hat Makkaroni auf den Tisch fallen lassen.

»Mama, beug 'ich vor!« rät Aljoscha ihr ernst und schiebt den Teller näher zu ihr hin. Mutter lächelt gequält und beugt sich über den Teller, führt dabei die Gabel zum Mund.

»Ich beuge mich vor, Aljoschenka, ich beuge mich schon vor!« sagt sie zu Aljoscha und sieht Vater an. Der verbirgt nur mit Mühe ein Lächeln, aber dann sagt er:

»Da gibt unser Aljoscha also schon sachkundigen Rat!«

Fürsorglich ist unser Söhnchen

Einmal hatte Mutter beim Frühstück früher als die anderen ihren Tee ausgetrunken und ihre Tasse wieder auf den Tisch gestellt. Aljoscha sah in sie hinein, aber sie war leer. Schweigend nahm er Mamas Tasse, goß die Hälfte aus seiner hinein und stellte sie wieder vor sie hin.

»Mamchen, t'ink Tee!«

»Danke, mein Guter!« sagte Mutter gerührt. »Danke!«

Sieh mal einer an, freuen wir uns, unser Söhnchen sorgt sich also schon um uns, und wir bemühen uns, diese wertvollen Keime der Aufmerksamkeit anderen Menschen gegenüber zu erhalten und zu entwickeln.

Mama beendet ihre Arbeit erst spät – um neun Uhr. Darum gehen ihr alle drei »Männer« immer entgegen. Antonik sitzt auf Papas Arm, während Aljoscha läuft und sich an Papas kleinem Finger festhält. Aber sobald er Mama in der Ferne erblickt, läßt er den Finger los und eilt ihr entgegen.

»Ma-ma-a! Mamilein!« schreit er so laut und fordernd, daß Mutter schon nicht mehr geht, sondern ihm fast entgegenläuft.

Wenn beim Abendessen Bonbons oder Schokolade auf dem Tisch liegen, dann bewaffnet Aljoscha sich mit einem Messerchen und teilt sie in drei gleiche Teile. Das erste Stückchen von diesen leckeren Sachen gibt er Mama, das zweite Papa, und erst das letzte steckt er sich selbst in den Mund. So war es schon zu der Zeit, als Aljoscha gerade erst anfing, etwas zu verstehen. Einmal buk die Babuschka Plinsen und wollte das Enkelchen natürlich bewirten:

»Hier, Aljoscha, eine Plinse! Le-e-cker!«

»N-n-ein, 'sammen«, antwortet Aljoscha der Babuschka entschieden, indem er seine Händchen hinter dem Rücken versteckt. Sein ganzer Blick und seine etwas gerunzelten Brauen sprechen von der Unerschütterlichkeit seiner Absicht.

»Mit wem zusammen?« fragt die Babuschka, die nicht gleich versteht, zurück.

»Mit Papa und Mama!« erklärt Aljoscha genauso ernst.

»Ach so! Mit Papa und Mama willst du die Plinse essen?

Na, gut!« lächelt die Babuschka und gibt ihm die Plinse auf das Tellerchen. Und Aljoscha bringt sie uns feierlich. Ist diese Plinse für Vater und Mutter nicht das leckerste Essen von der Welt?

»Bist ein gutes Kerlchen, Aljoschenka!« lobten sogar die Babuschkas das Enkelchen, aber . . . wie oft müssen wir uns mit diesem »aber« auseinandersetzen!

Da kommt Babuschka Sascha aus Moskau zurück. Aljoscha wartet schon auf sie.

»Und was ich dir mitgebracht habe! Schon gut, schon gut, komm zu mir, schau mal her!« sagt die Babuschka, die sich noch gar nicht ausziehen konnte, »also, das ist für dich, Aljoscha, Bonbons! Iß, mein Lieber!« und Aljoscha versteht das aufs Wort genau – wenn schon einer sagt: »für dich«, dann heißt das auch: »für mich«, und also muß man essen. Ja, aber wird denn die Babuschka auch Vater Bonbons anbieten?

Die Nachbarin kommt und bringt natürlich für Aljoscha mal eine Pirogge, mal einen Pfefferkuchen, mal einen kleinen Apfel mit.

»Also, wo ist denn mein Aljoschenka? Schneller, willst du wohl schneller zu mir kommen! Du magst doch so gerne Pfefferkuchen, das weiß ich«, sagt sie langgedehnt und drückt Aljoscha das Mitbringsel in die Hände. »Iß, iß nur, werd groß und stark!

Aljoscha versucht, auch ihr anzubieten, aber sie lacht gutmütig und lehnt ab:

»Danke, danke, Aljoschenka. Die Tante hat schon genug Pfefferkuchen gegessen, iß selbst«, und sie legt die Betonung auf das letzte Wort.

Und Aljoschenka ißt allein.

Einmal kam Aljoscha, der bei der Babuschka gerade Bonbons genascht hatte und sich noch die Finger leckte, zu Mutter.

»Was hast du denn da gefuttert, Aljoschenka?« fragte Mutter.

»Bongbong«, teilt Aljoscha bereitwillig mit.

»Und hast du auch Papa und Mama angeboten?«

In Aljoschas Augen sind Verlegenheit und Schrecken. Wie das, er hat Bonbons gegessen und dabei nicht an Papa und

Mama gedacht? Aljoscha blinzelte mehrmals mit den Augen und brüllte plötzlich aus aller Kraft los.

»Ma-maa! 'aus-sssiehen!« bat er Mama unter Tränen und riß das Mündchen weit auf.

»Nein, Aljoscha, jetzt kann man die Bonbons nicht mehr herausziehen. Sie sind schon in deinem Bäuchlein.« Und Aljoscha heulte noch mehr als vorher: Das Unglück war nicht wiedergutzumachen.

Aber die Sache wird nicht einfacher. Da steckt sich Aljoscha in aller Ruhe schon wieder Bonbons in den Mund und denkt an niemanden sonst.

»Aljoschenka, mußt du denn niemandem etwas anbieten?« fragt Mama.

»N-nein«, hören wir zur Antwort, »Ajosja ißt 'leine.«

Und wir fangen fast wieder von vorne an. »Große Gespräche« mit den Babuschkas zeitigen diesmal allerdings Ergebnisse: Babuschka Dina ist mit uns einer Meinung und sagt nun, wenn sie Aljoscha etwas anbietet:

»Geh, Aljoschenka, geh, gib Papa und Mama etwas ab.«

Aber Babuschka Sascha brummt:

»Was haben die sich nur wieder ausgedacht! Bonbons mit dem Kleinen zu teilen. Eine Laune – und nichts weiter.«

Aber danach wird Aljoscha wieder unser fürsorglicher kleiner Sohn. Wenn er Bonbons angeboten bekommen hat, bringt er sie Mama:

»Mama, nimm! Papa ...« aber Papa ist nicht zu Hause, und Aljoscha sagt entschlossen: »Papa Bongbong üb'glassen!«

Vater kommt erst abends nach Hause. Aljoscha hatte bis dahin ausgeschlafen und sich satt gespielt und gelaufen. Aber sobald Vater erscheint, läuft er ihm entgegen.

»Ajosja hat Papa Bongbong üb'ig-lassen!« teilt er frohlokkend mit.

Ernsthaft helfen, nicht nur zum Spaß

Niemand glaubt uns, daß die Kinder schon mit einem Jahr helfen können. Aber in unserem Tagebuch beginnen die Eintragungen über »Aljoscha als Helfer« schon am 5. Mai 1960, als unser Sohn gerade elf Monate alt war.

Mama hat zu Hause immer sehr viele verschiedene Dinge zu erledigen. Aljoscha weiß das schon und will nicht auf ihren Arm. Aber fast immer ist er in ihrer Nähe und beschäftigt sich mit seinen Sachen. Heute hat Mutter Wäsche, und Aljoscha steht neben ihr: er zeigt mit dem Fingerchen auf die feuchte Wäsche, versucht lange, den Seifenschaum hochzuheben, guckt zu und steckt sogar ein Stück Seife in den Mund...

»So, Mama ist mit dem Waschen fertig! Was werden wir zwei jetzt tun?« Und Mutter schaut in Aljoschas wartende Äuglein. »Wir werden etwas sehr Interessantes machen – wir werden Kartoffeln schälen. Wo sind denn unsere Kartoffeln? Hm?«

»Da-a-a!« sagt Aljoscha, geht zur Kiste und holt eine große Kartoffel heraus.

»Danke, Aljoschenka! Los, gib sie Mama, und Mama wird sie gleich schälen – und ins Wasser mit ihr, plumps! Und du hast noch welche geholt? Und noch mehr? Du treibst Mama ja richtig an!«

Und Aljoscha läuft strahlend zwischen der Kiste und dem Tisch hin und her und bringt Mama eine Kartoffel nach der anderen.

»Papa! Papa!« berichtet Mutter dem Vater, der von der Arbeit heimkehrt. »Weißt du, was heute passiert ist?! Heute hat Aljoschik mir geholfen... Wirklich geholfen, ganz richtig geholfen!«

Dieser Abend schien uns richtig ein bißchen festlich. Denn schließlich hatten wir eine Hilfe bekommen.

Seit dieser Zeit haben wir begonnen, Aljoscha richtige kleine Aufträge zu geben. Mutter wäscht, und Aljoscha reicht ihr die kleinen Stücke, die Seife, gießt Wasser zum Spülen in ein Schüsselchen. Vater gräbt im Garten – Aljoscha sammelt Steinchen auf und trägt sie auf einen Haufen. Man kann ihn nach dem Hammer oder nach der kleinen Bank schicken. Und nach einem Monat erschien im Tagebuch folgende Eintragung: »Der erste Arbeitsunfall«.

Diesmal hatte niemand Aljoscha gebeten, sondern er kam von allein zu Vater und begann ihm zu helfen, eine kleine

Mauer aus Ziegelsteinen aufzuschichten. Die Ziegel waren zerbrochen: in kleine Hälften und Viertelchen – und lagen zwei Schritte von der Mauer entfernt. Vater trägt einen Stoß Ziegel heran, schichtet sie auf und holt dann den zweiten Stoß. Aljoscha hockt sich auch hin und versucht, einen ganzen Ziegel aufzuheben, aber der rührt sich nicht. Er heult sogar ab und zu los, weil er es nicht schafft, er ächzt, aber er gibt nicht auf. Mal keucht er über dem einen, mal über dem anderen Ziegel, mal versucht er es mit einem, mal mit beiden Händchen. Endlich hat er ein Viertelchen in den Händen und trägt es schweigend zu Vater.

»Tüchtig, Aljoschenka! Du bist mir ja eine richtige Hilfe!« freut sich Vater.

Und Aljoscha hebt eine Hälfte nach der anderen auf und reicht sie weiter und all das mit ernstem, konzentriertem Blick. Jetzt gelingt ihm alles schon wesentlich leichter als beim ersten Mal, und Vater dankt ihm noch zärtlicher:

»Danke, du bist mir ja ein richtiger Werktätiger!« und er wundert sich: wieviel Geduld braucht das Kind für diese eintönige Arbeit! Aber Aljoscha reicht ihm eine Hälfte nach der anderen, es sind schon über zwanzig, und es ist schwer zu sagen, wie lange das noch so weiter gegangen wäre, wenn nicht ein Unfall passiert wäre. Aljoscha hatte sich entschlossen, mehr Ziegel zu nehmen und – konnte sie nicht halten. Ein Ziegel fiel herunter und quetschte dabei dem Jungen ein Fingerchen. Bitterlich weinend »kündigt Aljoscha die Arbeit«, um sich von Mutter verbinden zu lassen.

Die Babuschkas jammerten einträchtig mit, als sie den sich rötenden und anschwellenden Finger sahen.

»Wieder so ein Extrem, wieder irgendwelche Experimente«, kanzelt Babuschka Dina Mutter ab, während diese Aljoschenkas Finger einen kalten Umschlag macht, »da ist doch Staub, Dreck und Zement. Denk doch mal selbst nach, ist das vielleicht ein Platz für ein Kind? Dieser Unfall hätte sich wirklich vermeiden lassen.«

»Macht nichts, das nächste Mal wird er vorsichtiger sein«, stimmt Mutter ihr nicht zu. »Dafür hat er aber Papa so schön geholfen. Nicht wahr, Aljoschenka?« Und Aljoscha lächelt – schön hat er geholfen!

Neben einer Menge meistens zufälliger Aufträge hat Aljoscha mit zwei Jahren schon viele ständige Pflichten: Mutter deckt den Tisch, und Aljoscha ist mit von der Partie: er holt das Geschirr aus dem Schrank. Zuerst brachte er nur den Salzstreuer, die Löffel und seinen Emaillebecher. Dann begann Mutter, ihm auch die Butterdose, den Zuckertopf, die Tassen und den Brotteller anzuvertrauen. Und all das trägt er glücklich herbei und stellt es, indem er sich manchmal auf die Zehenspitzen erhebt, auf den Rand des Tisches.

Morgens hilft Aljoscha beim Bettenmachen, er klappt (ohne jede Hilfe!) Papas Klappbett zusammen und bringt Mama die Kissen. Sich selbst bedient er im wesentlichen allein: er zieht sich die Höschen, Sandalen und Söckchen allein an und aus, wischt Lachen verschiedener Herkunft hinter sich auf und räumt seine Spielsachen weg: er packt die Bauklötze in ihre Schachteln und sammelt die Einzelteile des Spiels »Konstrukteur-Mechaniker« zusammen[8]. Zwar sagt er auch manchmal: »Ich will nicht!«, aber dann vergeht eine halbe Minute, und er tut doch, was getan werden muß. Manchmal müssen wir ihn auch an seine Pflichten erinnern. Wir versuchen, das zu vermeiden, und streben danach, daß Aljoscha sich selbst an sie erinnert. Und hier beginnt wieder der endlose Streit mit den Babuschkas.

»Was wollt ihr denn bloß noch alles! Daß ein zweijähriger Junge behält, was er zu tun hat! Ihr verlangt Unmögliches von Aljoscha!«

»Und warum soll er sich nicht an seine Pflichten erinnern? Warum soll er uns nicht helfen? Im Leben ist doch alles möglich. Das eine ist – ich tue, was ich will oder auch nicht, aber das andere ist – ob ich will oder nicht, tun muß ich es trotzdem. Warum soll Aljoscha das nicht erfahren? Und schließlich ist diese Hilfe keine Belastung, sondern eine Freude für ihn.«

Aber den Babuschkas scheint es, als ob Aljoscha – was er auch den ganzen Tag über macht – immer nur seine »Pflichten« erfüllt. Aber der Kleine denkt gar nicht darüber nach. Von morgens bis abends ist er sehr stark beschäftigt und erledigt schon viel ohne Ermahnungen und Forderungen von seiten der Eltern.

Da sitzen wir beim Essen, und Mutter fragt ganz beiläufig: »Und wer bringt mir die kleine Bank?« (Sie hat Antoscha auf dem Arm).

Und Aljoscha rutscht im gleichen Augenblick, ohne daß er ein Wort verliert, von seinem Hochstuhl, läuft in die Küche und bringt Mama die kleine Bank. Wie sollen Vater und Mutter sich darüber nicht freuen?

Antoscha hat ein Spielzeug auf den Boden fallen lassen, und schon ist Aljoscha aufgesprungen, hat es aufgehoben und es seinem Brüderchen wieder in die Hände gelegt. Und darum hatte ihn keiner gebeten.

Vater ist von der Arbeit nach Hause gekommen, hat sich zum Umziehen auf das Sofa gesetzt und schon bringt ihm Aljoscha die Turnschuhe.

Mit Vater Wasser zu holen, ist für Aljoscha ein großes Vergnügen. Einmal konnte Aljoscha sein Eimerchen nicht finden, und Vater ging allein los.

»Jetzt konnte er nicht einmal auf das Kind warten und hat es zum Weinen gebracht«, warf ihm Babuschka Sascha nach. Sie selbst wartet in solchen Fällen immer, bis Aljoscha soweit ist.

Aljoscha fing natürlich an zu weinen, aber er suchte sein Eimerchen und wartete damit zu Hause auf Papa.

»Gehen . . . Waaassa . . . 'sammen«, war das erste, was er Papa sagte, als der mit vollen Eimern zurückkam.

»Nein, Aljoschenka, Wasser holen wir erst morgen wieder.« Und um den Kummer zu lindern, schlug Vater vor, einen Platz zu suchen, an dem Aljoschas Eimer von nun an immer stehen würde. Jetzt holt Aljoscha den Eimer von diesem Platz, und wenn er nicht da steht, sucht er ihn schnell, weil er sich erinnert, wohin er ihn gestellt hat. Wenn Vater sagt: »Gehen wir Wasser holen!« – ist Aljoscha sofort mit seinem Eimerchen zur Stelle. Vater wird nämlich nicht warten wie die Babuschka, sondern allein losgehen. Aljoscha muß also auf der Hut sein. Mit welcher Freude antwortet Aljoscha dafür auf Mamas Frage:

»Wer hat denn Wasser ins Waschbecken geschüttet?«

»Ajosja«, und er zerfließt in einem Lächeln.

Und hier noch diese Eintragung im Tagebuch:

»Heute hat Papa wie gewöhnlich gleich vier Eimer Wasser gebracht. Zwei hatte er schon auf die kleine Bank in der Küche gestellt, und dann ging er in den Korridor, um die beiden anderen zu holen. Er trug sie also herbei, aber Aljoscha lief ihm voraus. Er flog förmlich in die Küche und direkt zur Bank. Dort nahm er einen Topf von der Bank, stellte ihn auf den Boden und schlug dann mit der Handfläche auf die leere Stelle: »Hier stell den Eimer hin, Papa!«

Aber die beiden Babuschkas und Mutter, die sich zur gleichen Zeit in der Küche aufhielten, waren nicht auf die Idee gekommen, den Platz für den Eimer freizumachen.

»Wie scharfsinnig mein Aljoschenka ist! Mein Helfer! Papa ist sehr zufrieden.«

Und einige Tage weiter ist da noch diese Eintragung:

»Mama hat den kleinen Antoscha zum Schlafen auf die kalte Terrasse hinausgetragen und ist dann in die Küche gegangen, um das Essen vorzubereiten. Plötzlich kommt Aljoscha zu ihr gelaufen und sagt ein wenig aufgeregt:

»Tonik ... weeeint ... t'östen!« und läuft ins Zimmer. Mutter läuft schnell hinter ihm her, aber er ist schon bei der Terrassentür, wo er sich auf die Zehen stellt, damit er durch das Türglas sehen kann. Auf der Terrasse ist Antoscha aufgewacht und weint bitterlich in der Kälte! Gut, daß Aljoscha das gehört und Mama Bescheid gesagt hat.

»Mein kluges Kerlchen«, kann Mutter sich nicht zurückhalten und küßt Aljoscha auf beide Backen, ehe sie Antonik hochnimmt. Aljoscha lächelt zufrieden und stellt sich vor Vergnügen auf die Zehenspitzen eines Füßchens.«

Einmal hat uns Aljoschas Aufmerksamkeit vor großen Unannehmlichkeiten gerettet.

Vater sitzt und tippt auf der Schreibmaschine. Mutter ist noch weg zur Arbeit, Aljoscha ist mit seinen Sachen beschäftigt, und Antonik spaziert in seinem Bettchen herum. Plötzlich ertönt ein »tapp, tapp, tapp« ...

Aljoscha kommt zu Vater gelaufen und versucht ein wenig erschrocken, auf seine Knie zu krabbeln.

»Papa ... 'auch ... We'kstatt ... gehen!«

Vater nimmt Aljoscha auf den Arm und geht mit ihm, ohne daß er etwas versteht, in die Werkstatt. Da ist etwas Seltsames passiert. In der Luft ist weder Dampf noch Rauch, aber es riecht nach verbranntem Gummi.

»Wo ist denn der Rauch, Aljoscha?«

Der Junge zeigt mit dem Finger unter die Werkbank. Vater versteht wieder nicht und geht in die Küche zu Babuschka Sascha. Aber bei ihr brennt nichts, und in den Ofen hat sie auch nichts geworfen. Da springt Aljoscha vom Arm und läuft zurück in die Werkstatt. Papa hinter ihm her. Und plötzlich gluckert es unter der Werkbank, wohin Aljoscha gezeigt hatte, und plötzlich steigt starker Dampf auf! Alles war klar. Wir haben den Warmwasserkessel überheizt, und das Wasser hat angefangen zu kochen. Das ist sehr unangenehm, besonders wenn man es nicht sofort bemerkt.

Vater eilt nun in die Küche zurück, schließt das Zugloch in der Ofenleitung und steigt mit einem Eimer kaltem Wasser auf den Boden. Dort steigt Dampf in Schwaden aus dem Behälter, das kochende Wasser lärmt im Rohr und spritzt siedend heraus. Vater hat den tobenden Kessel kaum bändigen können. Zum Gück hatte Aljoscha das Ganze rechtzeitig bemerkt, und alles ging gut.

Wer wird danach noch bezweifeln, daß Aljoscha uns nicht nur zum Spaß, sondern ernsthaft geholfen hat?

Im »Babuschka-Paradies«

Manchmal kommen den ganzen Sonntag auch die dritte Babuschka, Babuschka Olja, und ihre erwachsene Tochter Lelja zu uns zu Besuch. Beide haben einen Narren an Aljoscha gefressen und bringen ihm aus Moskau Spielsachen und Süßigkeiten mit. Babuschka Sascha ist oft bei ihnen zu Besuch und erzählt dann natürlich vom »unglücklichen« Leben unseres Aljoscha.

Sie kommen zu uns herein und fragen als erstes:

»Wo ist Aljoscha?«

In ihren Augen ist so viel aufrichtige Sorge um ihn, so rührend umarmen und küssen sie ihn und geben sich mit ihm ab, daß wir nicht genug Mut haben, sie zurechtzuweisen. Wir schauen uns nur verständnisvoll an und können den Mund nicht wieder zubekommen. Mit schwerem Herzen sehen wir, wie sich ein ganzer Strom von Liebe und Zärtlichkeit, Spielsachen und Süßigkeiten über Aljoscha ergießt und wie dieser Strom Aljoscha förmlich umwirft. Wenn Aljoscha in den ersten Minuten auch noch versucht, sich zu widersetzen, vom Arm will, irgendwohin läuft, etwas erzählt oder den Gästen zeigt, etwas selbst zu machen versucht, so ist er am Ende des Tages doch nur schwer wiederzuerkennen. Und die Babuschka und die Tante tun offenbar nichts Besonderes. Sie haben nur einen Wunsch – Aljoscha so viel wie möglich Gutes zu tun. Und sie geben sich Mühe.

»Möchtest du spazierengehen?« fragen sie den Kleinen. Wenn Aljoscha zustimmend antwortet, dann kleiden sie ihn an, ziehen ihm die Schuhe an und führen oder tragen ihn in den Hof.

»Gehen wir auf die Straße? Sollen wir dich auf den Arm nehmen? Willst du Bonbons? Sollen wir dir ein Blümchen pflücken?« und so geht das die ganze Zeit. Aljoscha »entscheidet« nur noch, und die Babuschka und die Tante führen aus. Er schlüpft schnell in die Rolle des Gebieters, weil alle seine Wünsche unverzüglich ausgeführt werden und keiner auch nur daran zu denken wagt, ihm zu widersprechen, und ihn zu zerstreuen, nehmen sich alle drei Babuschkas und noch die Tante Lelja dazu vor.

Für Aljoscha hat nun endlich die »glückliche Kindheit« begonnen. Abends, wenn alle am Tisch Platz genommen haben, befindet sich Aljoscha im Zentrum der Aufmerksamkeit. Ja, wie kann es auch anders sein, wenn um ihn herum nur acht liebende Erwachsene sind. Aljoscha wird als erstem der Hochstuhl gebracht, er wird als erster hingesetzt. Alle Babuschkas bieten ihm um die Wette an:

»Möchtest du Fisch?«

»Soll ich dir eine Konserve geben?«

»Willst du noch mehr Käse?«

Aber Aljoscha hat schon die Schachtel mit der Torte bemerkt, und deshalb will er nichts essen. Nachdem er ein bißchen an dem Käse gekaut hat, kommandiert er:

»To'te Ajitschka geben!« Und Lelja schneidet ihm sofort ein Stück in kleine Teilchen, während Babuschka Sascha in die Küche eilt und ihm die erste und derzeit noch einzige Tasse Tee auf den Tisch stellt. Aljoscha verschlingt gierig die Torte, trinkt sich mit Tee satt, bemerkt aber sogar in diesem seligen Zustand noch, wie Tee auf den Boden fließt. Er ist bereit loszuplärren und will auch aufstehen, um den Lappen zu holen, aber da wischt schon Babuschka Sascha flink die Lache neben ihm weg, und die anderen Babuschkas trösten ihn eifrig, indem sie ihn nicht einmal aufschluchzen lassen.

Kann man denn diese glücklichen Minuten mit dem »schweren Leben« bei Vater und Mutter vergleichen, bei denen Aljoscha vom Tisch gehen, in der Küche den Feudel holen, die Lache aufwischen und den Feudel wieder an seinen Platz bringen muß?

Aljoscha ist wieder fröhlich, und wir beobachten traurig, wie die unaufhaltsamen Ströme der großmütterlichen Liebe unsere und Aljoschas Errungenschaften schonungslos hinwegspülen. Und sie haben uns doch nicht wenig Zeit und große Kraftanstrengungen gekostet. Wahrhaftig, recht haben die weisen Chinesen, die sagen: »Um fleißig zu werden, braucht man drei Jahre, aber um faul zu werden, braucht man nur drei Tage.«

Nachdem Aljoscha sich sattgegessen hat, fängt er an, unartig zu werden. Er verzieht die Lippen und fällt in die Babysprache zurück: Das finden alle lustig, nur wir sehen das mit Kummer.

»Babka, Badjapka!« schreit Aljoscha Babuschka Sascha an, und er schreit so ungut, als ob er schimpft. Aber die Babuschka bringt das in Begeisterung. Sie lacht und sagt:

»Ach, du bist mir ein Räuber!« und sie »stößt«, indem sie mit zwei Fingern eine »Ziege« macht, Aljoscha »mit den Hörnern«. Er freut sich natürlich über den erreichten Effekt und schreit noch lauter und noch unangenehmer.

Das freut alle anderen noch viel mehr, und wir denken mit Bitterkeit daran, daß wir eine unverzeihliche Dummheit begangen haben, indem wir das Söhnchen den ganzen Tag in dieses Meer unvernünftiger Liebe warfen. Was wird morgen sein?

Wir müssen die Suppe auslöffeln

Es wird Morgen, Aljoscha öffnet die Augen und räkelt sich wohlig. Vater reicht ihm wie immer seine Höschen und sagt:

»Zieh dich an! Wir wollen unsere Betten wegräumen.«

Doch Aljoscha benimmt sich ungewöhnlich. Er hebt faul und langsam ein Beinchen in die Höschen, aber das zweite findet absolut nicht den richtigen Weg. Er ist auch nicht in Stimmung, um ihn zu finden. Er strampelt mit einem Bein, schaut fast nicht auf seine Höschen und plärrt:

»Kann ich nicht! Papa, 'össchen ansss-iehn!«

»Aljoscha! Die Höschen kannst du doch schon schnell und gut allein anziehen. Du wirst dich allein anziehen«, erwidert Vater ruhig.

»Wiiilll ich nich!« dehnt Aljoscha schon unter Tränen und stimmt ein Geschrei an. Ist das etwa nicht beschämend: gestern wurden jede seiner Forderungen und jede beliebige Bitte erfüllt, nicht nur seine Höschen wurden ihm an- und ausgezogen, sondern auch die Söckchen, die Stiefel und das Hemdchen. Und jetzt soll er sich am Ende doch tatsächlich wieder allein anziehen! Das ist unverständlich und beschämend. Er ist so daran gewöhnt zu kommandieren, er ist so sehr in die neue Rolle hineingeschlüpft, daß er, das ist auch ganz natürlich, dieses für ihn so angenehme Recht des »Gebieters« verteidigen wird.

Aber wir müssen uns jetzt bei Aljoscha die »Gleichberechtigung« zurückerobern. Wegen der Hosen gibt es den ersten und daher wichtigsten »Kampf«. Wir müssen unbedingt gewinnen. Dann wird es leichter sein: Aljoscha beginnt nach der ersten »Niederlage«, »Positionen aufzugeben«. Vater macht die Betten allein, klappt sein Klappbett zusammen und trägt es in die Werkstatt. Als er das sieht, bricht Aljoscha erst recht in Tränen aus und brüllt noch fordernder und launischer.

Vater und Mutter ist das Herz schwer, aber sie verziehen keine Miene. Dann geht Aljoscha in den Flur, plumpst auf den Boden, während er in einer Hand die Hosen hält und dabei noch mehr als vorher heult. Er rechnet sichtlich auf die Unterstützung der Babuschkas. Zum Glück ist nur Babuschka Dina zu Hause, und die ist in der Küche. Aber in der Küche bereitet Mutter gerade das Frühstück und erlaubt ihr nicht, ihm aus der Patsche zu helfen.

Aljoscha, der auch im Flur keine Unterstützung erhalten hat, ist bereit zu »kapitulieren«. Er nimmt die Hosen und läuft langsam in die Küche. Und plötzlich sieht er hier ... die Babuschka! Er springt zu ihr hin, wie ein Ertrinkender zum Strohhalm greift.

»Na, was ist denn los? Was ist denn?« sagt die Babuschka und hilft ihm, auf den Stuhl beim Fenster zu steigen (und das Aljoscha, der mit ungewöhnlicher Schnelligkeit und Leichtigkeit auf jeden Stuhl oder jede Bank klettert). »Na, na, nun hör bloß auf zu weinen, dann rede ich auch mit dir ...« Und dann fährt sie fort, nicht abwartend, daß er wirklich aufhört: »Ei, wo sind denn die Hühnchen? Wie machen sie denn? Dock, dock, dock! Und wo ist die liebe Kuh? Muh, muh, muh. Und was macht der Onkel da? Da, da ist er ja!«

Die Unterhaltung am Fenster dauert ziemlich lange. Die Babuschka führt eine psychologische »Bearbeitung« des Enkels durch, während Aljoschas weggeworfene Hosen einsam auf dem Fußboden liegen. Wir regen uns auf: Die »Schlacht« war fast gewonnen, aber jetzt fängt alles wieder von vorne an.

Endlich hat die Babuschka entschieden, daß sie Aljoscha jetzt genug von der Ursache der Aufregung abgelenkt hat und daß er nun die Höschen anziehen wird. Weit gefehlt! Sie braucht nur das Wort »Höschen« auszusprechen, als Aljoscha auch schon wieder mit neuer Kraft zu brüllen anfängt, vom Stuhl rutscht und wieder auf den Boden plumpst. Die »Schlacht« ist von neuem voll entbrannt.

Als die Babuschka ihren Mißerfolg bemerkt, hebt sie die Höschen vom Boden auf und geht mit der Absicht zu Aljoscha, sie ihm anzuziehen. Aber da kann Vater sich nicht mehr zurückhalten:

»Lassen Sie Aljoscha sich selbst anziehen!« hält er die Babuschka an.

Die Babuschka gibt nach und reicht Aljoscha die Hosen. Aber der wirft sie wütend auf den Boden und heult noch lauter.

Wir setzen uns frühstücken. Der Bissen bleibt uns förmlich

im Mund stecken. Der Babuschka auch, sie nimmt ein Büchlein, sieht hinein und schweigt.

Es vergehen noch ein paar quälende Minuten. Jetzt beachtet schon niemand mehr den weinenden Aljoscha. Er beruhigt sich ein bißchen, dann steht er auf und geht zu Vater. Er geht langsam und fast zögernd, aber die Höschen hält er in der Hand. »Papa, Näschen pussen!« bittet er schon in friedlichem Ton.

Papa nimmt ein Taschentuch, putzt ihm zärtlich die Nase und wischt ihm die tränennassen Augen ab. Wie gern möchte Vater Aljoscha jetzt auf den Arm nehmen, ihn an sich drükken und die lieben verweinten Augen küssen, aber Vater tut das nicht.

»Komm her!« lädt er Aljoscha zärtlich auf seinen angestammten Platz ein. Aljoscha klettert hinauf und stöhnt und schnauft dabei leise durch das Näschen.

»Und jetzt zieht Aljoscha sich die Höschen an, und dann wird er mit uns essen«, sagt Vater ruhig und wartet gespannt: Wird plötzlich wieder alles von vorne anfangen?

Aber Aljoscha wird direkt vor unseren Augen wieder er selbst. Er setzt sich an seinen Platz, breitet die Höschen aus, steckt geschickt ein Beinchen hinein, dann das zweite, indem er die Höschen ein wenig zur Seite dreht, und zieht sie, indem er aufsteht, bis zum Gürtel hoch. Seine Bewegungen sind wieder schnell, geschickt und genau. Was ist aus seinem »Kann ich nicht« geworden! Er kann wieder alles und bringt wieder alles fertig.

Nur beim Tee machen sich die Spuren der gestrigen »Glückseligkeit« noch einmal bemerkbar:

»Sucka in'n Tee tun! Löffel umrüh'n! Pus-en!« bittet nicht, sondern kommandiert Aljoscha fast. Aber bisher hat er sich immer selbst Zucker in den Tee getan, er hat ihn selbst mit dem Löffelchen umgerührt und selbst gepustet. Wir schauen uns schweigend an:

»Du nimmst jetzt das Löffelchen und rührst selbst um! Mama hat schon Zucker in den Tee getan«, sagt Papa so ruhig wie möglich zu ihm. Aljoscha langt nach dem Löffelchen und beginnt, langsam den Tee umzurühren.

Uns wird endlich leichter ums Herz: Das erste und wichtigste »Gefecht« haben wir durchgehalten. Aber das ist noch nicht alles. Noch zwei oder drei Tage lang werden wir für das sonntägliche »Babuschka-Paradies« bezahlen müssen, Aljoscha wird noch mehr Tränen vergießen, und Vater und Mutter werden noch Nerven brauchen, aber das Schwerste haben wir schon hinter uns.

»Wie soll man es bloß machen?« zerbrechen wir uns den Kopf. Es ist unmöglich, Aljoscha vor den Babuschkas zu verbergen, aber die Resultate ihrer allzu liebevollen Erziehung sind für uns alle drei sehr schwer zu bewältigen.

Den Babuschkas darf man auch nicht die Schuld daran geben. Sie lieben ihre Enkel sehr. Aber sie lieben sie anders als wir. Es ist so, daß zwei verschiedene Arten von Liebe miteinander ringen, aber die »Kämpfe« sind deshalb nicht weniger heftig. Manchmal weint Mutter sogar. Aber die Babuschka belehrt sie weiter:

»Die Zeiten der spartanischen Erziehung sind vorbei, aber euer Aljoscha hat überhaupt keine Freiheit, immer muß er seine Wünsche zurückhalten. Enden wird das alles damit, daß er euch haßt.«

Babuschka Dina sagt das alles in dem müde-belehrenden Ton, in dem Lehrer mit aufsässigen Schülern umgehen.

Mutter hört sich das an und sagt dann zu Vater:

»Welch eine ungeheuer sinnlose und beschämende Ungerechtigkeit ist in diesen Worten! Aber das zu beweisen, ist unmöglich.«

»Das brauchen wir vielleicht auch nicht zu beweisen. Die Zeit wird das besser können als wir.«

Nachwort

Seit der Zeit, in der dieses Buch geschrieben wurde, ist ein ganzes Jahr vergangen.

Im Leben solch kleiner Kinder wie Aljoscha und Antonik ist das kein kleiner Zeitraum, und vieles hat sich in dieser Zeit geändert. Daran daß die Söhne gewachsen sind, haben wir sicher kein Verdienst, aber an etwas anderem vielleicht schon.

In ihrer Entwicklung haben sie ihre Altersgenossen beträchtlich überholt. Und je größer sie werden, desto deutlicher wird das.

Aljoscha läuft leicht und frei und dabei so schnell, daß Mutter ihn nur schwer einholen kann. Einen ganzen Kilometer zu laufen, macht ihm gar nichts aus. Schon Mitte April, als er das erste Mal nur in Hosen in den Hof sprang und zwar nicht für ein, zwei Minuten wie im Winter, sondern für eine ganze halbe Stunde, lief er mit großem Vergnügen nicht nur einmal oder zweimal um den Hof, sondern zehn-, zwölfmal. Vater hat eine Stoppuhr geholt und gemessen, daß Aljoscha hundert Meter in 42 Sekunden läuft. Und das ohne Anstrengung, ganz leicht. Mutter läuft ihm fünfzig Meter nach und fängt schon an zu keuchen, aber ihm macht das gar nichts aus.

Aljoscha springt gut, und zwar nicht nur auf der Stelle wie ein Häschen, sondern er kann ohne Anlauf über den Rand der Sandkiste springen, er springt von den Stühlen auf den Fußboden, von der Leiter, vom Reck, d. h. aus einer solchen Höhe, daß die Babuschka pausenlos jammert und unentwegt prophezeit: »Er wird sich bestimmt noch die Beine brechen!« Aber ihre Vorhersagen bewahrheiten sich wie auch früher schon nicht. Und Antonik versucht, den Bruder in allem nachzumachen, obwohl er gerade zehn Wörter sagen kann. Wenn Aljoscha sich an den Ringen hochzieht (und wir haben jetzt auch Ringe, eine Leiter und zwei Recks im Zimmer), dann ist auch Antonik dabei. Er kann sich natürlich noch nicht an den Händen bis zum Kinn hochziehen, aber er ist schon in der Lage, an den Ringen zu hängen, zu schwingen und die Beinchen bis an die Ringe hochzuheben.

Wenn Aljoscha anfängt, vom Stuhl auf den Boden zu springen, krabbelt auch Antonik auf den Stuhl. Aber während Aljoscha springt und versucht, so weit wie möglich zu springen, schaut Antonik nach unten, schätzt die Höhe, denkt sich: Schrecklich – und rutscht gewöhnlich auf allen Vieren wieder hinunter. Danach macht er sich daran, von einem kleinen Köfferchen, das auf dem Boden liegt, zu springen, genauer gesagt »herunterzuschreiten«. Die Kinder kennen ihre kleinen Kräfte genau und werden nichts tun, was über ihre Kräfte geht. Wahrscheinlich haben sie sich aus diesem Grund ein ganzes Jahr lang nicht ein einziges Mal ernsthaft gestoßen oder verletzt – kleine Schrammen zählen ja nicht. Wir haben keine Angst, daß die Jungen irgendwohin laufen, wohin sie nicht dürfen oder fallen und sich tüchtig stoßen.

Aber die Kinder sind nicht nur physisch gut entwickelt. Im Alter von zwei Jahren und acht Monaten hat Aljoscha das erste Wort gelesen, und jetzt bewältigt er schon ganze Sätze, Aufschriften auf Einmachgläsern, Schachteln, Autos, Überschriften in Zeitungen und Buchtitel. Bis jetzt schreibt er nur in Druckbuchstaben, und einige davon macht er noch falsch, aber er tut alles mit großer Begeisterung. Er kennt den Stunden- und Minutenzeiger auf der Uhr, und wenn Mutter ihn fragt: »Lauf, Aljoscha, schau nach, wie spät es ist!« dann kommt er zurück und verkündet: »Zehn Uhr, zwei Minuten.« Das bedeutet, daß es schon zehn nach zehn ist. Und Vater und Mutter verstehen das.

Aljoscha zählt bis zwanzig, und er mag gerne zählen: Er zählt die Waggons der Züge, die an unserem Haus vorbeifahren, er zählt, wieviele Bonbons er nehmen muß, um allen anbieten zu können usw. Und all das lernt er im Spiel. Die Buchstaben hat Aljoscha sich deshalb gemerkt, weil sie auf den Bauklötzen und auf den Ausschneidebildern mit dem Alphabet in dem schönen bunten Lesebuch waren, und manchmal fragen Vater und Mutter:

»Und wo ist hier der Buchstabe »o?«

Und natürlich lobten wir Aljoscha für seine Erfolge.

Wohl versucht man wieder, uns zu erschrecken: »Die frühe Entwicklung ist gefährlich!« Aber wir erhielten kürzlich einen Brief aus Kiew von der Mutter Aljoscha Tolstygos. Dieser Aljoscha hat eine so glänzende mathematische Begabung, daß er von der 7. Klasse gleich in die 10. versetzt wurde. Und er konnte schon im Alter von vier Jahren frei lesen. »Wenn der Kleine sich selbst schnell entwickelt und niemand ihn dazu zwingt, dann soll er weitermachen, bremsen Sie ihn nicht«, schrieb uns Aljoschas Mutter. Sie hatte man seinerzeit auch mit den »Gefahren der frühen Entwicklung« erschreckt.

Im ganzen gesehen war dieses Jahr ein Jahr großer Erfolge für die Kinder und ein Jahr der Freude für uns. Die Kinder sind nicht nur gesund, stark, geschickt und selbständig für ihr

Alter, sie entwickeln sich auch geistig sehr schnell, und die Angriffe auf uns, sogar von seiten der schärfsten »Gegner« unserer Ansichten, werden immer schwächer. Babuschka Dina ist mittlerweile in vielem mit uns einverstanden, und sie beginnt, sich so zu verhalten, wie wir uns verhalten, und nur Babuschka Sascha verurteilt uns nach wie vor. Aber wir hoffen, daß nach einem oder zwei Jahren nicht nur sie, sondern auch viele andere unserer »Gegner« mit uns einer Meinung sein werden.

Freilich ist ein Jahr oder zwei ein zu kurzer Zeitraum, um die Frage zu beantworten: Haben wir recht? Viele möchten gerne wissen, ob sich unsere Hoffnungen auch in der Zukunft erfüllen. Nun, das ist leicht zu machen. Kommen Sie uns besuchen und sehen Sie selbst, wie unsere Kinder jetzt sind, sprechen Sie mit ihnen, wir haben jetzt schon drei. Und wenn Sie uns schreiben wollen, antworten wir Ihnen gerne. Unsere Adresse: St. Bolschewo Moskowskoj sch.d., Schkolnaja ploschadka, Haus Nr. 51[9].

Das erste Jahr, der erste Tag

1976

Das Folgende ist die Urfassung des Manuskripts, das mit leichten redaktionellen Änderungen im *Moskowoskij komsomolez* erschien.

1. Glück oder ... (statt eines Vorworts)

»Sie hatten Glück, sie haben begabte Kinder ...«, das hören wir oft, und wir können dieser Ansicht nicht zustimmen.

Wir sind nicht damit einverstanden, daß wir Glück hatten, sondern nur damit, daß sie begabt sind. Hier können wir freilich nicht streiten. Was die Auffassungsgabe anbetrifft, so fangen sie alle schon mit zehn Jahren oder auch früher an, Vater und Mutter und andere Erwachsene hinter sich zu lassen. Wir selbst hören nicht auf, uns darüber zu wundern. Stellen Sie sich bitte folgendes Bild vor.

Lena und ich kommen mit vier Freunden mit der abendlichen Vorortbahn aus Moskau nach Bolschewo zurück. Noch sind die Leidenschaften der vorangegangenen Konferenz über die Entwicklung der schöpferischen Fähigkeiten nicht abgekühlt, noch zählen wir die Argumente auf, die wir zur Unterstützung der frühen Entwicklung anzuführen vergaßen, als ich mich an die »Aufgabe für die Auffassungsgabe« erinnere. Der Wissenschaftler, der sie uns nach der Konferenz stellte, sagte: »Mathematische Kenntnisse erfordert sie nur im Umfang der ersten Klasse, aber die Auffassungsgabe ist bei den Erwachsenen gleichsam geknebelt, nur sehr wenige können sie schnell lösen.« Auch wir versuchen es, alle sechs, aber es gelingt uns nicht auf Anhieb. Dann denkt jeder für sich nach, und wir besprechen sie alle zusammen, wir stellen sie zurück, lenken uns mit irgend etwas ab und kehren dann zu ihr zurück. Es geht nicht! Es vergeht ungefähr eine halbe Stunde mit fruchtlosen Bemühungen. Erst als wir schon in Bolschewo sind und uns dem Haus nähern, sagt uns Lena zögernd die Lösung der Aufgabe. Und wir lachen und freuen uns. Wie einfach war das doch! Aber wir – fünf Männer, das starke Geschlecht und befrachtet mit höherer Bildung – hatten so lange ergebnislos versucht, sie zu lösen. Und da taucht auch schon der Gedanke auf: wie lange werden unsere Kinder brauchen, um sie zu lösen?

Ausgerüstet mit einer Stoppuhr wende ich mich an den 13jährigen Aljoscha. Sorgfältig und wie ein Lehrer genau formuliere ich ihm die Bedingungen der Aufgabe:

»Und nun löse sie!« und ich schalte die Stoppuhr ein. Nach drei Minuten und achtzehn Sekunden bekomme ich die richtige Antwort. Der 12jährige Anton findet die Lösung nach ... acht Sekunden!

Wir könnten viele solcher Fälle anführen. Vielleicht ist das nur ein Zufall? Aber uns war das Buch *Intelligenz-Test* von Hans J. Eysenck in die Hände gefallen, und unverzüglich beschlossen wir da, uns mit unseren Kindern in psychologischen Tests zu messen. Eigentlich sind diese Tests »für Erwachsene zwischen 18 und 50 Jahren mit mittlerer Bildung« bestimmt, aber wir riskierten es trotzdem. Und was kam dabei heraus? Im allgemeinen schafft ein Erwachsener zwischen 90 und 110 Punkte (50 Prozent) und nur drei Prozent der Erwachsenen schaffen mehr als 130.

Und hier die Ergebnisse unserer Familie:

Vater	– 110 Punkte
Mutter	– 122 Punkte
Aljoscha, 15 Jahre	– 147 Punkte
Anton, 13,5 Jahre	– 149 Punkte
Olja, 12 Jahre	– 132 Punkte
Anja, 10 Jahre	– 135 Punkte
Julija, 7,5 Jahre	– 104 Punkte

Es ist also so, daß unsere Kinder schon mit 7 oder 8 Jahren das Niveau eines durchschnittlichen Erwachsenen erreichen. Wenn man uns das vor 15 Jahren gesagt hätte, hätten wir es nicht geglaubt. Wie die Mehrheit der Eltern dachten wir damals, daß die Fähigkeiten des Kindes und seine Talente am allerwenigsten von uns abhängen. Damit stattet die Natur sie aus, sie ist es, die gewisse »Anlagen« in das Kind hineinlegt, und wir müssen achtgeben und beobachten, welche Neigungen sich bei ihm zeigen und dann vorsichtig mit diesen Neigungen umgehen. Das heißt, wenn wir Glück haben – sind Fähigkeiten da, wenn wir kein Glück haben – kann man nichts machen: »Wer zum Kriechen geboren ist, wird nie fliegen.« Nicht wahr?

Aber welche Eltern träumen nicht davon, daß die Natur ihr Kind mit Fähigkeiten ausgestattet hat, damit ihm das Lernen leicht fällt und es viel im Leben erreicht? Wir müssen bekennen, daß wir dem auch nicht entgangen sind, aber außer

Träumen hatten wir eine gewisse Lebenserfahrung, vor allem Erfahrung als Lehrer, die uns über vieles nachzudenken veranlaßte. Dutzende und Hunderte Kinder gingen jedes Jahr an uns vorbei – begabte und nichtbegabte, eifrige und faule, »leichte« und »schwere«. Und ganz deutlich zeichnete sich folgendes ab: Unter denen, die nur schwer lernen, die Vieren nicht aus Faulheit schreiben, sondern weil ihnen das Schulwissen nicht in den Kopf will, die ein Jahr wiederholen müssen, trifft man oft Kinder, die älter sind als ihre Klassenkameraden. Und umgekehrt findet man unter den Begabten, die alles, was der Lehrer sagt, förmlich im Vorbeigehen begreifen, oft Kinder, die ein Jahr oder zwei Jahre jünger sind als die anderen in der Klasse. Warum?

Auch dies war erstaunlich: Warum wurde zur Zeit Peters I.[10] mit dem Unterricht erst im Alter von 13 bis 14 Jahren begonnen, als sich der erste Bartflaum auf der Oberlippe zeigte? Obwohl Peter selbst schon im Alter von 4 Jahren Unterricht erhielt. Aber dann begann man, die Kinder immer früher und früher in die Schule zu schicken, mit 9 Jahren, mit 8 Jahren, und in unserer Zeit mit 7, wobei man seit einigen Jahren viel darüber spricht, daß schon im Alter von 6 Jahren mit dem Schulunterricht begonnen werden sollte. Womit ist diese historische Tendenz zu erklären? Sie ist schließlich noch nicht zum Stillstand gekommen: Im Alter von 6 Jahren beginnen die Kinder bereits in 58 Ländern mit dem Lernen, und in einigen Ländern sogar mit 5 Jahren. Mehr noch, in Tokio gibt es eine »Schule für begabte Kinder«, in die auch Vierjährige aufgenommen werden, und in New York gibt es eine Schule für Dreijährige und sogar für Zweijährige.

Aber das wichtigste »Warum« lieferten die Biographien großer Menschen. Marie Curie war, so zeigt sich, zwei Jahre jünger als ihre Freundinnen im Gymnasium. Norbert Wiener, der Vater der Kybernetik, wußte mit 7 Jahren nicht weniger als ein Student, und mit 13 Jahren studierte er gleichzeitig in zwei Colleges. N. W. Gogol schrieb mit 3 Jahren schon Wörter, und mit 5 begann er, Gedichte zu schreiben, und so ist es mit allen Großen, wen man auch nimmt – Musiker oder Dichter, Schachspieler oder Künstler. Warum? – überlegten wir wieder und wieder.

Aber die Kinder warten nicht, bis die Eltern ihre Probleme gelöst haben und Antworten auf ihre »Warum« finden. Sie wachsen und wachsen ... Anderthalb Jahre nach Aljoscha wurde Anton geboren, es kamen noch mehr Sorgen hinzu und nicht nur, was die Erziehung anbetrifft. Wir lebten in einem kleinen Holzhaus, wir hatten alles selbst installiert, wir heizten selbst den Ofen, wir holten Wasser vom Hydranten und mußten eine Menge Haushaltsarbeiten erledigen. Und die Kinder waren immer da. Aber da sieht Aljoscha, daß ich Nägel einschlage, und schon fängt er an, für sich auch ein Hämmerchen zu fordern; Mutter fegt den Fußboden – er greift nach dem Handfeger oder nach dem Besen. Und da haben wir offenbar den ersten richtigen Schritt auf dem Weg zu unseren weiteren pädagogischen Entdeckungen gemacht: Wir ließen die Kinder in die Welt unserer erwachsenen Sorgen und Beschäftigungen eintreten und bemühten uns, ihnen breiten Raum für ihre eigene Tätigkeit zu geben.

Wir schafften nicht nur kleine Hämmerchen, Sägen, Beile, Besen und viele andere Instrumente an, sondern wir gaben den Kindern auch die Möglichkeit, selbständig das Wesen der Dinge und Erscheinungen zu begreifen. Sogar gefährliche Dinge – Streichhölzer, Stecknadeln, Nähnadeln, Scheren usw. – versteckten wir nicht vor ihnen, sondern machten die Kinder mit ihnen bekannt. Die Kleinen lernten früh, daß ein Plätteisen heiß ist und eine Nähnadel spitz und daß man sich mit Streichhölzern die Finger verbrennen und mit dem Messer schneiden kann usw. Zuerst leitete uns nur der Wunsch, daß das mit einer Sache beschäftigte Kind nicht dauernd auf den Arm will, daß es nicht ständig »anrückt«, uns nicht am Arbeiten hindert, dabei selbst aber doch vorsichtig bleibt. Denn wir hatten überhaupt keine Zeit, ständig ein Auge auf sie zu haben, weil wir beide arbeiteten. Und erst sehr viel später erkannten wir, wie groß die Entwicklungsmöglichkeiten der Kinder bei einer so selbständigen Erforschung der Umwelt sind.

Mit der Zeit bekamen Aljoscha und Antonik einen ganzen Satz Tischler- und Schlosserwerkzeug, Baukästen aus Metall und Holz, Plastikmaterial und Papier, Draht und Nägel. Auf ebenso natürliche Weise hielten Buchstaben auf Bauklötzen und Buchstaben auf kleinen Kartons, das Alphabet an der Wand, eine Kasse mit Buchstaben, Bleistifte und Papier Einzug in die Welt der Kinder. Aljoscha und Anton bauten aus den Bauklötzen nicht nur Züge und Türme, sondern schwammen auch frei in diesem »Buchstaben- und Zahlenmeer« herum, schrieben Buchstaben und ahnten nicht einmal, daß das etwas Abstraktes ist. Aber Lena und ich machten keinen Unterschied zwischen Sachen und Buchstaben und baten stets: Bring *drei* Löffel, such *zwei* Buchstaben »M«, teil den Apfel in *vier* Teile ... Erst dann erkannten wir, daß wir offenbar einen »antipädagogischen« Schritt getan und unseren Kindern »Tätigkeiten, die dem jüngeren Vorschulalter nicht wesensmäßig sind«, zugemutet hatten. Aber für uns kehrte sich diese Tatsache in eine freudige pädagogische Entdeckung um.

Das Alphabet und die Zahlen, die aus der Höhe der »erwachsenen Unerreichbarkeit« herabsteigen und in das kindliche Leben in der gleichen Art eindringen wie Spielsachen und Instrumente, werden, so hat sich erwiesen, ebenso leicht und einfach und ohne jegliche Unterrichtsstunden erlernt wie die Wörter »Löffel«, »Brot«, »gib« und »Milch«. Was sind auch drei Dutzend Buchstaben und Zahlen unter den vielen Hundert Wörtern, die die Kinder in den beiden ersten Lebensjahren lernen? Für uns war das eine richtige Entdeckung. Und als Aljoscha mit 2 Jahren und 8 Monaten das erste Wort las, kamen wir aus dem Staunen nicht heraus. Noch ein Jahr zuvor hatten wir damit nicht gerechnet. Im Heft der »Vorhersagen«, das ich gleich nach der Geburt Aljoschas zu führen begonnen und in das ich all die finsteren Prophezeiungen der Umgebung eingetragen hatte, die sich über unsere Mißachtung der pädagogischen Traditionen aufzuregen pflegte, war auch diese meine Prognose eingetragen: »Aljoscha wird bis zur Einschulung lesen und bis 100 zählen können« (d. h. etwa mit 7 Jahren). Weiter reichte meine Phantasie damals nicht und plötzlich diese ... 2 Jahre und 8 Monate! Uns erschreckte das nicht, sondern es freute uns. Vielleicht aus diesem Grund strebte Aljoscha mit großem Vergnügen danach, seine Lesefertigkeit unter Beweis zu stellen, wo immer das möglich war: auf den Aufschriften von Konserven und Bon-

bonschachteln, in den Zeitungen und auf den Ladenschildern. Und nach ein paar Monaten war er bei kleinen Büchern angelangt.

Und wir freuten uns mit Aljoscha, während die Umwelt erschrak. »Er wird von dieser Belastung verrückt werden. Das kann doch nur ein Siebenjähriger schaffen« – versicherte unsere Babuschka. Sie hatte eine fünfzigjährige pädagogische Erfahrung hinter sich, und wir – hatten gerade das erste Kind bekommen, wie konnte man hier also streiten? Vielleicht war es ja wirklich gefährlich. Hier half die Notiz aus der *Komsomolskaja prawda*[11]: »Ein Neunjähriger in der 7. Klasse« – über Sascha Dworak. Wir schrieben Saschas Mutter in Kiew und stellten ihr nur eine einzige Frage: Ist es gefährlich, daß Aljoscha so früh anfing zu lesen?

»Es ist nichts Gefährliches daran«, antwortete Sinaida Grigorjewna, »alle unsere drei Kinder haben so früh angefangen: Sascha, Tanja und Wolodja.«

Das beruhigte uns, und wir hatten schon keine Angst mehr, als Anton mit 3 Jahren und 3 Monaten allein lesen gelernt hatte. In der gleichen Zeit hatten wir schon erfahren, daß die Kinder der Familie Uljanow[12] auch mit 4 oder 5 Jahren zu lesen begonnen hatten.

So kam es, daß auch die anderen Kinder zwischen 3 und 4 Jahren zu lesen anfingen, und Bücher wurden für sie sowohl eine Quelle des Wissens als auch ein Mittel der Erziehung und ein Genuß in der Freizeit. Wir begrenzten und kontrollierten ihre Lektüre überhaupt nicht, sondern fügten zu den gewöhnlichen Kindermärchen und -erzählungen populärwissenschaftliche Bücher, eine Kindernenzyklopädie, Lehrbücher für die Grundschule, klassische und phantastische Literatur u. a. hinzu. Mutter war Leiterin einer Bibliothek und vergaß ihre häuslichen Leser natürlich nie.

Die Fertigkeit zu lesen und zu rechnen weckte das Interesse nicht nur für Bücher, sondern auch für Landkarten, Tafeln, Rechenbretter und Meßgeräte. Es gelang uns bloß nicht, all das anzuschaffen. Unser einziges Zimmer bekam große Ähnlichkeit mit einem Laboratorium, einer Turnhalle, einer Schulklasse, einer Werkstatt und einem Lesesaal zugleich. Natürlich mußten wir dabei auf moderne Rühr-mich-nichtan-Möbel verzichten, Klapp- statt Stelltische anfertigen und noch andere Vervollkommnungen in unserer häuslichen Einrichtung anbringen.

Dafür überzeugten wir uns von Jahr zu Jahr mehr, daß das alles für die normale Entwicklung des Kindes einfach notwendig ist. In dieser Umgebung bekamen sogar gewöhnliche kindliche Spiele einen tiefen Erkenntnissinn. Nehmen wir an, die Kinder fahren im Raumschiff (ein Gestell aus dem Klappbett, das an Gummistricken von der Decke herabhängt und das Gefühl der »Schwerelosigkeit« vermittelt) auf die Venus oder auf den Mars, dann wußten sie schon vorher, wo es warm und wo es kalt sein würde, wo sie leicht würden herumhüpfen können wie auf dem Mond und wo es schwer sein würde. Sie konnten eine Programmankündigung für das Hauskonzert schreiben und Einladungskarten drucken und die Plätze im »Zuschauersaal« durchnumerieren usw.

Und dabei wuchs unsere Familie. Und obwohl wir natürlich keine besonderen pädagogischen Ziele verfolgten – wir beide lieben einfach Kinder! –, machten wir bald noch eine für uns erstaunliche Entdeckung: Unsere »Altersleiter« erwies sich auch als vortreffliche Bedingung für die stürmische Entwicklung der Fähigkeiten der Kleinen. Wenn ein Schwesterchen und ein Brüderchen geboren wurde, gingen ja nicht nur die Älteren, sondern auch der zweijährige Knirps in die Gruppe der »Großen« über und fingen ganz natürlich an, die Rolle des Kindermädchens und des Lehrers zu spielen, um dann zum Spielkameraden und Freund zu werden. Es entstand eine so reiche Palette an Charakteren, Geschmacksrichtungen, Interessen und natürlich ein so unterschiedliches Niveau an Kenntnissen und Fertigkeiten, wie man sie in einem gleichaltrigen Kollektiv nie finden wird. Und am allermeisten gewannen dabei die Kleinsten – denn sie hatten ja so viele Lehrer!

Kürzlich spielte ich mit dem sechsjährigen Wanja ein Spiel mit dem Grundriß unseres Hause – ich stellte Fragen: wo ist unser Sportzimmer, wo steht das Klavier, und er zeigte alles auf dem Plan. Hinter meinem Rücken hatte sich ganz leise die vierjährige Ljubotschka eingerichtet. Sie schaute mir nur über die Schulter, sah unsere Finger auf dem Plan und hörte unsere

Unterhaltung. Wanjuschka hatte Geschmack an dem Spiel gefunden und gab keine Ruhe: Frag noch mehr! Noch mehr! Aber als wir im Haus schon fast alle Möbel, Turngeräte, Tische, das Tonband durchgenommen hatten und mein Fragenschatz erschöpft war, fragte ich: »Und wo gehen wir ins Haus?« Wanja zögerte eine Sekunde mit der Antwort, und da streckte sich plötzlich ein Händchen hinter meinem Rücken hervor, und Ljubotschkas kleiner Finger zeigte geradewegs auf die nördliche Eingangstür des Hauses.

»Hier sind die Stufen!« fügte sie hinzu, indem sie das Fingerchen zur Treppe hin verschob, die auf dem Plan eingezeichnet war.

»Hurra!« freuten Wanja und ich uns. »Hurra! Ljuba hat es allein herausgefunden!«

Und sofort änderten sich die Rollen. Jetzt begann Wanja schon, Ljuba mit dem Plan zu »prüfen« und ihre Antworten zu präzisieren.

Und ich – ich gab dem neuen »Lehrer« den Platz frei und beeilte mich, alles in Ljubas Tagebuch einzutragen. Schon viele solche Eintragungen haben sich angesammelt.

Die gemeinsamen Beschäftigungen und Spiele, das gegenseitige Lernen der Großen und der Kleinen lehrten uns, die »pädagogischen Rosinen« aus den verschiedensten Sachen und Beschäftigungen herauszuholen, und so entstanden, keineswegs geplant, unsere aufbauenden Spiele. Das erste entwickelte sich aus dem Test »Die Würfel von Koss«. Ich hatte sie angefertigt, um das Entwicklungsniveau der Kinder messen zu können, aber sie entwickelten eine solche Anziehungskraft, daß wir sie in ein Spiel verwandeln mußten, und dann begann das Spiel sich vor unseren Augen zu verändern, die Kinder fingen an, selbst neue Muster auszudenken, und es wurde zu einer Art schöpferischen kindlichen Schaffens. Dann stellte sich heraus, daß man derartige Spiele nicht nur aus Würfeln machen kann, sondern auch mit Bausteinen, Stöckchen, Zeichnungen und sogar mit Baukästen. Und es zeigte sich, daß die eigentliche schöpferische Tätigkeit bei uns in der Familie auch nach der Altersskala in der Vorschulkindheit abgestuft war. Und so haben wir zum ersten Mal feststellen können, daß 6- und 7jährige Kinder in ihrer schöpferischen Entwicklung schon das Niveau eines Erwachsenen erreichen können.

Aber vor uns lag die Schule. Wie würden die Kinder sich fühlen, wo sie doch schon sei drei, vier Jahren Bücher lasen, zählen konnten und viel wußten? Die Prognosen der Erwachsenen in unserer Umgebung waren trostlos:

Ihre Kinder werden sich in der Schule langweilen, sie werden faul werden und schlecht lernen; sie werden sich der Schulordnung und -disziplin nicht unterordnen können, weil es bei Ihnen zu Hause übermäßige Freiheit gibt, aber keine Pflichtstunden und keine Aufgaben: Will ich etwas tun, dann tue ich es, will ich nicht, dann tue ich es auch nicht; sie werden beim Schreiben Fehler machen, denn Sie haben ja gar kein System usw.

Aber die Befürchtungen bewahrheiteten sich auch diesmal nicht, vielleicht weil wir einige Gegenmaßnahmen ergriffen hatten. Wir baten darum, daß der siebenjährige Aljoscha gleich in die zweite Klasse eingeschult wurde. Dieser Bitte gegenüber verhielt man sich sehr zurückhaltend, aber man kam uns trotzdem entgegen. In der Mitte des Schuljahres wurde Aljoscha in die dritte Klasse versetzt und Anton sogar in die vierte, so daß der kleinere Bruder den größeren einholte und die Grundschule in nur einem Jahr schaffte[13].

»Was tun Sie bloß?« wandte die Direktorin ein. »Er wird kein System in seinen Kenntnissen haben. In der ersten und dritten Klasse hat er überhaupt nicht und in der zweiten und vierten hat er auch nur je ein halbes Jahr gelernt.«

Aber in der Mathematik-Olympiade[14] der fünften Klasse erreichte der achtjährige Anton den ersten Platz, und ich ließ das »System« – System sein. Wir freuten uns über die erstaunliche Leichtigkeit, mit der die Jungen sich die Schulweisheit aneigneten. Wenn sie sich hinsetzten, um Hausaufgaben zu machen, dann in der Regel nur die schriftlichen, und ich erinnere mich nicht, daß sie je mündliche vorbereitet hätten, um so mehr, als wir sie fast nie nachgeprüft haben. Nur manchmal fragt Mutter:

»Anton, hast du heute deine Aufgaben schon gemacht?«

»Nein!« antwortet der unbekümmert.

»Habt ihr denn nichts aufbekommen?«

»Doch, aber nur ein kleines Gedicht«, und schon sagt Anton das Gedicht auswendig her.

»Wann hast du es denn gelernt?« wundert sich Mutter.

»Aber ich habe es nicht gelernt«, lacht Anton, »die Lehrerin hat es aufgegeben, ich habe es einmal durchgelesen und gleich behalten.«

Und so war es nicht nur mit den Gedichten, sondern auch mit ziemlich schwierigem Unterrichtsmaterial, und zwar auch in den höheren Klassen.

Nach den Brüdern gingen auch die Mädchen eine nach der anderen in die Schule. Ihre schulischen Schicksale verliefen unterschiedlich. Oljenka hat keine Klassen »übersprungen«, aber sie wurde schon mit sechs eingeschult. Jetzt beendet sie die 8. Klasse und beklagt sich manchmal, daß es ihr nicht gelungen ist, ein Jährchen oder zwei einzusparen. Aber Anjotschka wurde in drei Jahren leicht mit sechs Klassen fertig und beendet mit elf Jahren schon die 7. Klasse.

Erstaunlich ist ihre Fähigkeit, neuen, sogar sehr schwierigen Stoff schnell zu erfassen. Einmal führte Dozent J. I. Sokolowskij, Lehrstuhlinhaber für Pädagogik an der Universität von Nowosibirsk, der unsere Kinder viele Jahre aufmerksam beobachtet und gründlich kennengelernt hat, mit Anjuta folgendes Experiment durch: Im Laufe einer halben Stunde erzählte er ihr über die Gesetze der Vererbung (nach dem Lehrplan der 10. Klasse) und stellte ihr sodann eine Reihe von Aufgaben zur Genetik. Und die 10jährige Anjuta kam ohne weiteres mit den Aufgaben zurecht, obwohl dieser Stoff sogar für 17jährige als schwierig gilt.

Auch die 9jährige Julija steht den Schwestern in nichts nach. Sie ist in der fünften Klasse und setzt uns mit ihren Gedichten, Erzählungen und sogar mit Liedern in Erstaunen. Bei den Mädchen geht nicht immer alles glatt, aber die Hauptsache ist: Auch ihnen fällt, wie den Brüdern, das Lernen überhaupt nicht schwer. Und es bleibt ihnen viel Zeit zum Helfen im Haushalt, zum Lesen und für die Spiele, für die sie sich nach wie vor begeistern.

Von Anfang an fürchteten wir mehr als alles nicht die Überbelastung der Kinder, sondern die *Unterbelastung* ihrer intellektuellen schöpferischen Aktivität, an der es in der

Schule so sehr mangelt. Deshalb dehnten wir das Feld dieser Aktivität zu Hause immer weiter aus. Im neuen Haus, in das wir vor vier Jahren gezogen sind, machten wir eines der besten Zimmer zur Werkstatt mit einem Photo-, Radio- und Chemielabor, mit Elektroinstrumenten, Tischler- und Schlosserwerkbänken und Geräten. Wir haben auch ein besonderes Sport- und Spielzimmer, ein Gästezimmer, das während der Hauskonzerte in einen Zuschauersaal verwandelt wird, mehrere Schreibtische zum Arbeiten für die Großen und die Kleinen und natürlich überall – Bücher, Bücher, Bücher.

Und wie schon früher, als alle unsere Kinder noch klein waren, tun wir sehr viel mit den Kindern gemeinsam. Dabei treten unweigerlich verschiedene Standpunkte zutage, Meinungsverschiedenheiten werden laut, Wortgefechte. Was soll's, natürlich streiten wir auch. Und wir wundern uns über die Reife und die Selbständigkeit des Denkens unserer heranwachsenden Kinder, ihren Tatendrang und die Vielseitigkeit ihrer Interessen. Wir wundern uns und wundern uns, und doch wissen wir eines jetzt ganz sicher: Fähigkeiten werden nicht von selbst geboren, und wenn man den *optimalen Zeitpunkt* für den Beginn der Entwicklung dieser Fähigkeiten findet und die *besten Bedingungen* für ihre Entwicklung schafft, dann kann man noch sehr viel bessere Ergebnisse erzielen, als wir sie erreicht haben. In der Entwicklung der Fähigkeiten unserer Kinder haben wir nur die ersten praktischen Schritte gemacht, aber auch sie erlaubten bereits, die unermeßlichen Möglichkeiten der vorschulischen Kindheit sichtbar zu machen, die heute in den Familien und in den Kindergärten fast nicht genutzt werden[15].

Bolschewo, 27. 2. 1976

2. Die ersten Mühen, die wichtigsten Sorgen

»... In anderthalb Monaten werde ich Großvater, und meine Frau wird Großmutter. Durch die Erfahrung unseres Lebens sind wir zu der Überzeugung gelangt, daß ein Kind in den ersten Tagen, Wochen und Jahren seines Lebens nicht den sehr wichtigen Teil an nützlichen Qualitäten erwirbt, die es erwerben könnte ... wir verlieren wahrscheinlich sehr viel wertvolle Zeit, die nicht wieder aufzuholen ist. In einer der Ausgaben der *Literaturnaja gaseta*[16] habe ich über Ihre interessante Erfahrung in der Erziehung und im Lernen ihrer Kinder vom ersten Tag nach der Geburt an gelesen. Leider konnte ich die vollständige Beschreibung Ihrer Methoden nirgends finden, um sie auch in der Praxis anwenden zu können. Wenn es Ihnen keine Mühe macht, schreiben Sie mir bitte kurz über den Inhalt und die Methodik Ihrer Erziehung. Ich verpflichte mich, wie man sagt, mit meinem Kopf, sie anzuwenden ...«, schreibt uns der Radioingenieur M. M. Tschintschewoj aus Kiew.

Wir erhalten oft Briefe mit ähnlichen Bitten. Besonders viele Fragen stellt man uns über das erste Lebensjahr des Kindes: »Erzählen Sie, was Sie ganz am Anfang machen? Sie sind also mit dem Kind aus dem Krankenhaus nach Hause gekommen und ...?«

Da der hauptsächliche Teil der Mühen und Sorgen im ersten Lebensjahr natürlich der Mutter zufällt, ergreife ich auch das Wort, aber ich fange nicht mit der Heimkehr aus dem Krankenhaus, sondern mit der Ankunft dort an. Sechsmal war es so wie immer: Ich gebe die Papiere ab, beantworte die Fragen des Arztes und so weiter. Aber beim siebten Mal war es anders. Zuerst bat ich darum, mir das Kind in den ersten Stunden nach der Geburt zum Stillen zu geben. Die Stationsärztin wunderte sich: »Was für eine seltsame Bitte – wir geben Ihnen das Kind, wann es nötig ist, und nicht früher!« – Da erzählte ich, daß alle meine Kinder eine sehr starke Diathese hatten und daß wir, die Eltern, uns schon damit abgefunden hatten, weil wir dachten, daß wir ihnen die Diathese vererbt hätten. Aber davon hörte der bekannte Wissenschaftler Professor I. A. Arschawskij, und dieser empfahl mir dringend, das Kind so früh wie möglich an die Brust zu legen – als prophylaktisches Mittel gegen die Diathese. Ich hatte keine große Hoffnung, daß das einen Sinn haben würde, aber ich entschloß mich, dem Rat von Ilja Arkadjewitsch zu folgen[17]. Und so gab man mir Ljubascha zwei Stunden nach der Geburt das erste Mal zum Stillen. Und was geschah? Sie ist jetzt knapp fünf Jahre alt, und all die Zeit können wir uns gar nicht genug an unserem Töchterchen freuen – keine Spur von Diathese! Wenn wir das früher gewußt hätten . . .

Wie oft, leider, mußten wir im Laufe unserer Elternpraxis diese Worte wiederholen: »Wenn wir das früher gewußt hätten . . .« Beispielsweise schwimmen unsere Kinder schlecht: In der Nähe ist kein Fluß, und zur Badeanstalt ist es weit – es war niemand da, der sie hätte hinbringen können, und wir hatten einfach keine Zeit. Aber wenn wir gewußt hätten, daß alle Neugeborenen, wie sich erwiesen hat, einen Schwimmreflex haben und daß das Baby schon im ersten Monat lernen kann, sich gut über Wasser zu halten (dafür eignet sich ja auch eine Badewanne) – dann hätten wir versucht, keine Zeit zu verlieren und es den Kindern beizubringen.

Aber wir wußten es nicht und haben es ihnen nicht beigebracht. Oder nehmen wir das musikalische Gehör – bei den Älteren ist es überhaupt nicht entwickelt. Jetzt möchten sie gerne singen lernen, aber es geht nicht. Aber die Jüngeren können alle singen. Ljubascha brachte mit drei Jahren alle mit der rührenden, aber völlig richtigen Darbietung von: »Ach, wo sind sie hin, meine frühlingshaften Ja-a-ahre . . .« zum Lachen. Und warum das alles? Als die Älteren noch klein waren, hatte ich viel Arbeit und Mühen, und ich erinnerte mich nur selten an Lieder, obwohl ich von Kindheit an gerne singe. Aber dann, als ich bemerkte, daß die Kinder „Pfeifen und Flöten nicht unterscheiden« konnten, besann ich mich: Ich fing an, ihnen Wiegenlieder und alle Lieder, die ich kannte, vorzusingen.

Wir begannen auch, gemeinsam Musik und Gesang zu hören, wir kauften Musikinstrumente, sogar ein Klavier, und obwohl wir keines der Kinder besonders unterrichtet hatten, ertönte in unserem Haus plötzlich Musik. Jetzt versuchen wir, mit den Jüngeren zusammen im Chor und im Duett zu singen und sogar Melodien zu komponieren. Aber die Älteren können dann meistens nur zuhören.

Wir haben uns auch nur deshalb entschlossen, über alles, was wir selbst jetzt wissen, zu schreiben, weil wir das einzige Ziel haben, daß andere früher von all dem erfahren – wir sind überzeugt, daß dann viel vorhergesehen und viele Schwierigkeiten vermieden werden können und daß außerdem das Leben der Mutter, des Kindes und aller anderen von Anfang an erleichtert werden kann. Ich sage auch gleich, daß man natürlich weder in einer Zeitung noch in einem Buch alles beschreiben kann, aber wir werden versuchen, über das zu berichten, was nach unserer Ansicht das Allerwichtigste ist.

Woher wußten wir das?

So fragt man uns auch wörtlich in Briefen und Gesprächen: *Woher* wußten wir selbst von dem, worüber wir schreiben und erzählen? Manchmal klingt diese Frage noch schärfer: Wie ist es möglich, daß Sie keine Angst hatten, die Kinder auf so ungewöhnliche Art zu erziehen? Die Frage ist berechtigt, denn hier ist die Rede von Kindern – vom Kostbarsten, was Eltern besitzen.

Alles begann damit, daß wir beide *großes Interesse* daran hatten, die Entwicklung der Kleinen zu *beobachten* und uns dann selbst Fragen vorzulegen: Warum weint er? Kann er das Spielzeug halten? Warum stützt er sich mit den Beinchen ab? Warum spannt er sich so, wenn man ihn mit kalten Händen anfassen muß? usw. usw. Dabei versuchten wir von Anfang an, überhaupt keinen Druck auf das Kind auszuüben, sondern ließen es selbst bestimmen, zum Beispiel, wieviel es essen will, wann es schlafen und wie lange es »spazierengehen« möchte usw. Mit einem Wort, wir vertrauten der Natur. Und wir beobachteten, und während wir *beobachteten*, wunderten wir uns über vieles, versuchten, das detaillierter aufzuschreiben, dann stellten wir einen Vergleich an und entdeckten interessante Dinge: Die Kleinen *konnten* offensichtlich wesentlich mehr *leisten*, als wir uns aufgrund der populären

Literatur, die wir im Überfluß gelesen hatten, vorzustellen vermochten.

Das Windelproblem

Da steht, nehmen wir an, folgendes geschrieben: »Bis zum achten Monat müssen Sie sich mit dem Windelwaschen abfinden ...« Ich hatte mich auch abgefunden, das versteht sich. Aber wer damit zu tun hatte, der weiß, was das bedeutet – jeden Tag 30 bis 40 Windeln auszuspülen, zu kochen, zu trocknen und von beiden Seiten zu bügeln[18]. Aber einmal, als mein anderthalb Monate alter Sohn trocken aufwachte, dachte ich: – Warum soll ich eigentlich warten, bis er gleich drei Windeln auf einmal naßmacht, ich versuche einfach, ihn abzuhalten –, und ich setzte mich auf den Rand des Sofas, setzte ihn mir auf den Schoß und hielt ihn an seinen kleinen Knien ab. Nach einigen Sekunden war neben dem Sofa auf dem Boden eine kleine Lache. Aber natürlich kann man auch etwas unterstellen – und so kam ein besonderes Töpfchen ins Haus (ein gewöhnlicher Topf ist zu klein). Anfangs »hielt« ich den Kleinen über dem Töpfchen ab, wenn er trocken aufgewacht war, oder fünf bis zehn Minuten nach dem Stillen, aber dann hatte ich gelernt zu merken, wann er mußte. Schade, daß man in dieser Zeit nicht immer in der Nähe ist, aber wenn man die Möglichkeit hat aufzupassen, dann kann man es ohne nasse und vor allem ohne schmutzige Windeln schaffen. Schon in den ersten Wochen hatten wir ganze Tage ohne Windelwaschen, und das war nicht nur eine große Erleichterung für mich, sondern auch für das Baby sehr nützlich: es wird nicht naß, seine Haut bleibt immer trocken, und man braucht es nur sehr selten zu waschen. Dem Baby gefällt es so sehr, trocken zu sein, daß es aufwacht und zu plärren anfängt, damit es abgehalten wird. Auf diese Weise bleibt einem auch weiterhin das Problem mit den nassen Höschen erspart, und man vermeidet nächtliches Einnässen.

Wenn ich davon erzähle, glaubt man mir nicht, und wenn man sich vergewissert hat, werde ich gefragt:

»Und das ist nicht schmerzhaft und nicht schädlich?«

Ich finde jetzt, daß diese Frage lächerlich ist: Ist es denn besser und nützlicher, in einer Lache zu liegen, statt auf Mamas Schoß? Ist es denn überhaupt möglich, daß ein Menschenkind dümmer auf die Welt kommt als Katzen- oder Hundejunge, die man von den ersten Tagen an zur Ordnung erziehen kann? Jetzt habe ich so gut gelernt, ein Baby zu verstehen, daß ich schon im Krankenhaus sagen könnte, wann man es auf das Töpfchen setzen muß – es macht sich nämlich bemerkbar: es hampelt herum, es beginnt zu stöhnen, es verzieht das Gesichtchen – versteht doch nur, Erwachsene! Aber die Erwachsenen verstehen erst, wenn es schon zu spät ist. Sie verstehen wochen-, monate- und ein halbes Jahr lang nicht. Und wenn das Kleine sich mit dieser »Verständnislosigkeit« abgefunden hat und ergeben anfängt, alles »in die Hose zu machen«, dann beginnen die Klapse und jeglicher Unmut. Erst hat man es dem Kind selbst beigebracht, und dann will man es ihm wieder abgewöhnen – welch eine Logik ist das doch!

Diese seltsame Logik der Erwachsenen trifft man immer wieder. Angenommen, sie bringen dem Kind bei, mehr zu essen, füttern es manchmal sogar fast mit Gewalt, und dann wissen sie nicht, wie sie den Appetit des dick gewordenen Kindes wieder drosseln sollen. Oder sie lassen das Kind nicht selbst nachdenken, lassen es nichts allein machen – sie selbst tun und entscheiden alles *für* das Kind, und dann schimpfen sie mit ihm: Schwer von Begriff, faul, gleichgültig. Warum sollen wir verbergen, daß auch wir diese pädagogische Inkonsequenz immer wieder an uns beobachtet haben. Aber sie zu korrigieren, ach, wie schwer ist das doch . . . Viel besser ist es, es gleich so zu machen, daß man nicht immer wieder von vorne anzufangen braucht. Deshalb kehre ich jetzt zum Anfang zurück.

Füttern und . . .

Wir sind also aus dem Krankenhaus nach Hause gekommen. Die Zimmer sind aufgeräumt, das Bettchen ist fertig, es herrscht eine ungewöhnliche fürsorgliche Stille, und neugierige Augen schauen: Wie sieht es wohl aus, das neue Schwesterchen? Vater legt das kostbare und schon piepsende Bündel quer auf das Sofa. Alle versammeln sich im Kreis, um besser sehen zu können. Ich habe mich schon umgezogen und wickle das Töchterchen schnell aus – sie ist trocken!

»Wartet,« – kommandiere ich, »gebt uns das Töpfchen doch ein bißchen schneller. Nun, kluge kleine Ljubotschka – alle Windeln sind trocken.« Und jetzt nach dem langen Weg können wir auch schon eine Stärkung gebrauchen. Ich breite eine Windel auf dem Sofa aus, lege Ljubascha hin – sie ist ohne Mützchen, nur im Hemdchen – und ... lege mich neben sie quer über das breite Sofa. Eines von den Mädchen schiebt mir fürsorglich ein Kissen unter den Kopf. Welch eine Wohltat!

Ich erinnere mich, wie ich mich abquälte, als ich ganz am Anfang im Sitzen stillte, »wie sich das gehört«: beide Hände sind beschäftigt, der Rücken wird müde, die Füße haben es nicht bequem, und dem festgewickelten und zusammengepreßten Baby gefällt diese Lage auch nicht – und wir beide fühlten uns nicht richtig wohl. Doch dann kam ich einmal müde von der Arbeit und versuchte, im Liegen zu stillen. Ich wunderte mich, wie gut das tat: Ich selbst erhole mich, und dem Baby gefällt es auch. Seitdem ist das Stillen für mich und das Kind zu einem Augenblick der Erholung und des Genusses, der Kommunikation und sogar zu einer Stunde hygienischer und abhärtender »Prozeduren« geworden.

Da liegt das kleine Menschlein, seitwärts eng an mich geschmiegt, es saugt, schnauft und schmatzt. Und ich kann es in dieser Zeit leise liebkosen, streicheln und ihm meinen Finger in das Fäustchen schieben – es kann sich ja schon daran festhalten, und ich kann etwas Liebes, Zärtliches singen – ist das nicht schon richtige Kommunikation? Die Kleinen lieben diese Minuten sehr. Ich erinnere mich, wie mein sieben Monate altes Töchterchen einmal bitterlich weinte, als ich, von der Arbeit kommend, sie zu stillen begann, mich dabei aber in ein Buch vertiefte, überhaupt nichts sagte und nicht mit ihr spielte. Sie weigerte sich sogar zu saugen, sie war gekränkt, obwohl sie sehr gerne essen wollte. Für mich wurde das eine Lektion fürs ganze Leben: Seit dieser Zeit weiß ich, daß die Stillzeit nicht nur zum Füttern für das Baby wichtig ist. Freilich sind diese Minuten in den allerersten Tagen gewöhnlich mit – Heilung verbunden. Da saugt also Ljuba, und ich glätte ihr mit der freien Hand die Fältchen auf dem Hälschen, auf dem Händchen, auf dem Füßchen – und puste sie an.

Unter meinen Augen verlieren die Schweißflecken, mit denen wir aus dem Krankenhaus nach Hause gekommen sind, an Farbe. Ich weiß jetzt schon, daß wir nach zwei bis drei Tagen auch mit dem Hautwundsein ohne Salben fertigwerden: Ich werde einfach während der Stillzeit auf die wunden Stellen pusten – die Luft trocknet sie aus, und alles wird schnell besser. Ja, und auch danach brauchen wir keinen Puder und keine Salbe, weil die Haut trocken und sauber bleibt – denn das Töchterchen wird ja nicht im Nassen liegen müssen. Und welche Zeitersparnis bedeutet das – auf all diese »hygienischen Prozeduren« verwende ich nicht eine einzige zusätzliche Minute.

Luft»bäder«

Dabei nimmt meine Ljuba auch gleich »Luftbäder« – sie ist ja nur im Hemdchen. Da sie sechs-, siebenmal gestillt wird, dehnen diese »Bäder« sich schon am ersten Tag bis zu ein bis zwei Stunden aus. Und später, nach zwei bis drei Wochen, geht sie nach dem Stillen noch »spazieren«, und meistens ist sie dabei ganz nackt. Das tut sie noch rund zwei Stunden, insgesamt kommen dabei drei Stunden täglich bei 20 bis 30 Minuten pro »Sitzung« heraus. Die Dauer einer »Sitzung« hängt nur vom Selbstgefühl der Kleinen ab: wenn es ihr gefällt, bleibt sie liegen, solange sie will.

Aber da fängt sie an herumzuhampeln, verzieht das Gesichtchen zu einer weinerlichen Grimasse, beginnt sogar zu plärren – also nehme ich sie, halte sie auf das Töpfchen, bis sie gemacht hat, was sein muß, und dann wickle ich sie für die Nacht: Hemdchen, Zwischentuch, eine große Windel und eine warme Windel für die Füßchen, die ich unbedingt mit der Handfläche anwärme. Wenn sie kalt bleiben, dann wird die Kleine unruhig schlafen, sie kann leicht einnässen (was ja bei Jungen aus unbekannten Gründen besonders der Fall ist).

Vom ersten Tag an ist es also im Haus und in der warmen Zeit auch auf der Straße so: Wenn das Kind nicht schläft, ist es entweder *nackt* oder nur im Hemdchen oder, wenn es älter ist, in Höschen. Dabei kann die Temperatur im Zimmer oder auf der Straße ungefähr zwischen 15° und 25° Celsius schwanken, und entsprechend der Temperatur ändert sich auch die Dauer der »Luftbäder«. Wenn es zu kühl ist, fordert das Kleine, schneller eingewickelt zu werden, wenn es aber warm ist, dann zappelt es vergnügt mit den Händchen und Füßchen, bis es schlafen möchte. Ich erinnere mich, daß uns am Anfang folgendes erstaunt hat: Die Händchen und Füßchen waren kalt, die Fersen wurden sogar ein bißchen blau, aber dem Kind machte das nichts aus. Es liegt fröhlich da und weiter nichts. Erst später hat man uns erklärt, daß man wegen der kalten Fersen keine Angst zu haben braucht. Das sind einfach die äußeren Erscheinungen der Anpassungsreaktionen an die Kälte. Dabei verringert sich der Temperaturunterschied zwischen der Haut und der Luft, und die Wärmeabgabe reduziert sich stark. Die Beschleunigung des Pulsschlages und die Erhöhung des Muskeltonus verstärken die Wärmebildung und stellen die Wärmebalance des Körpers wieder her. Und all das erweist sich als sehr nützlich für das Kleinkind. Am Anfang wußten wir das nicht, und vielleicht hätten wir es nicht gewagt, so mit dem Baby umzugehen, wenn nicht – die Diathese gewesen wäre.

Die Kälte als Arzt

Die Diathese gilt nicht als Krankheit, aber dennoch ist sie äußerst unangenehm: nasse, wunde Stellen auf Füßchen, Händchen, auf dem Gesichtchen, ein unerträglicher Juckreiz, da, wo gekratzt wurde, neue wunde Stellen – und es gab keine Rettung vor ihnen. Wir haben alle Mittel ausprobiert – nichts half. Aber dann bemerkten wir folgendes: Morgens, wenn es im Haus kühl war, ging es dem Kind viel besser – die roten Stellen auf der Haut verloren ihre Farbe, das Jucken ließ nach. Aber in einem warmen Raum wurde es sofort schlimmer.

Eines Abends, es war im Winter, versuchte ich, dem weinenden Söhnchen irgendwie das Jucken zu lindern, und ging mit ihm auf eine Minute in den Windfang, vor die Tür auf die Straße. Ich fing im selben Augenblick auch schon an, leicht zu frieren, aber der Kleine, nur im Hemdchen, beruhigte sich schnell und wurde sogar wieder munter und lustig.

Damit begann unsere unfreiwillige Abhärtung. Sobald er anfing sich zu kratzen, liefen wir mit ihm in den Windfang, und an einem sonnigen Februartag wagten wir uns sogar auf die Straße. Unser Erster war damals ganze acht Monate alt, und mit anderthalb Jahren lief er schon allein barfuß in den Schnee und zog uns sogar hinter sich her. Wieviel Vergnügen hat uns allen das gemacht, und wieviele Schreckensdinge hatte uns gleichwohl die Umwelt prophezeit! Aber die Prophezeiungen haben sich nicht bewahrheitet – indem wir der Diathese entgingen, entgingen wir auch ... den Erkältungskrankheiten.

Deshalb waren wir mit dem zweiten Sohn schon kühner – von Anfang an haben wir ihn nicht warm eingepackt, sondern ließen ihn gleich nackt im Haus und auf der Straße herumlaufen und schickten ihn barfuß in den Schnee, sobald er nur laufen konnte. Uns erstaunte, wie gerne und lange die beiden Brüderchen sich halbangezogen im tauenden Märzschnee aufhalten konnten, während sie Kanäle aushoben, Staudämme bauten und ihren nassen Füßen und dem frischen Wind keine besondere Aufmerksamkeit schenkten.

Sie werden fragen: Hatten sie denn nicht auch wenigstens ein bißchen Angst um die Kinder? Wir hatten. Besonders am Anfang, als wir vieles noch nicht wußten. Damals hielt uns die intuitive Gewißheit aufrecht, daß – wenn dem Kind die Kühle angenehm ist – diese nicht gefährlich oder schädlich sein kann. Wir wußten damals noch nicht, wie kräftig der menschliche Organismus sogar bei den Allerkleinsten sein kann.

Wie es früher war

Eines Tages fanden wir in einer der Broschüren des bekannten Abhärtungsspezialisten Professor Sarkisow-Serasini einen Verweis auf das Buch »Die physische Erziehung bei verschiedenen Völkern« von E. A. Prokowskij aus dem Jahre 1884. Wir hatten es uns nur mit Mühe beschafft, aber dann hatten wir allen Grund, regelrecht elektrisiert zu sein! Wie alle zivilisierten Menschen hatten auch wir uns vorgestellt, daß ein Neugeborenes ein äußerst zartes, empfindliches Wesen ist, das außerhalb der sterilen Bedingungen eines modernen Krankenhauses nicht einen Tag überlebt. Aber es stellte sich heraus, daß das keineswegs so ist. Unter welch verschiedenen Bedingungen sind Kinder auf die Welt gekommen, welche Überraschungen hielten die Traditionen ihrer Heimat für sie bereit. Bei den Finnen und bei den Russen beispielsweise wurde das Kind im Dampfbad geboren und lebte dort auch die erste Woche, wo die Temperatur bei 50° liegen konnte, und die Frauen der Tungusen gebaren nicht selten während des Umherziehens, unter freiem Himmel und bei 40° Frost[19].

Das Neugeborene hielt die Hitze ebenso aus wie die grimmige Kälte – das Temparaturdiapason beträgt immerhin 90°! Und nach der Geburt? Manche Völker hatten den Brauch, die Kinder in ein Eisloch oder in eisiges Quellwasser zu tauchen, andere, sie mit Schnee abzureiben oder mit Lehm zu bestreichen, sie rieben sie mit Butter ein und bestreuten sie sogar mit – Salz. Das Baby hielt alles aus.

Und dann erinnerten wir uns auch noch an die Fälle, in denen Kinder sogar in der Höhle eines Tieres am Leben blieben. Wie groß müssen also die Anpassungsfähigkeiten eines gerade geborenen Menschen sein, wenn er all das aushalten konnte, mit welchen zuverlässigen Schutzmechanismen stattet die Natur ein Neugeborenes aus! Nehmen wir nur einmal die Temperaturbedingungen: Im Dampfbad sind sie 20° höher als im Mutterleib, und im Winter im Frost 70 bis 80° Celsius *niedriger!* Aber die gewöhnlichen Temperaturschwankungen liegen zwischen 5° und 10° und selten zwischen 20° und 30°. Das bedeutet, daß der Organismus Reserven hat, um diese noch zwei- bis dreimal zu überbieten. Die Kybernetiker haben das Geheimnis dieser für Maschinen unerreichbaren Zuverlässigkeit des menschlichen Organismus schon entdeckt und es »Prinzip der funktionalen Überschüssigkeit« genannt. Dieses Prinzip ist es, das der Zuverlässigkeit aller Organismen zugrunde liegt. Aber wohin ist es mit der Beständigkeit und der Zuverlässigkeit bei unseren Neugeborenen gekommen? Warum werden sie, kaum daß sie geboren sind, fünfmal häufiger krank als ein Erwachsener? Und noch dazu von gerade diesem »Temperaturabfall«, der doch eigentlich ganz unbedeutend ist?

Die Sache ist die, daß die Natur viel vorausschauender ist als die Menschen von heute. Sie hat sich aber nicht auf das »Prinzip der funktionalen Überschüssigkeit« beschränkt, sondern außerdem das für die zweckmäßige Veränderlichkeit und Adaptierung der Organismen nicht weniger wichtige »Gesetz des Abbaus der nicht genutzten Funktionen« »eingeführt«.

Wenn die Kosmonauten sich in der Schwerelosigkeit aufgehalten haben, wo es keine Schwerkraft gibt und deshalb auch kein »oben« und kein »unten«, können sie, wenn sie auf die Erde zurückkehren, nicht gehen, sie fallen, weil ihr Gleichgewichtssinn nicht arbeitet. Einen ganzen Monat lang war er »ausgeschaltet«, und er konnte seine Funktionen »stillegen«, weil sie nicht genutzt wurden. Die Kosmonauten mußten, ganz wie einjährige Kinder, wieder gehen lernen und dafür auch einen Monat aufwenden.

Es scheint also, daß die Neugeborenen bei vielen alten Völkern nicht zufällig mit Schnee abgerieben oder im Eisloch »getauft« wurden. Auf diese Weise wurden alle »Mechanismen« der Wärmeregulierung im menschlichen Organismus eingeschaltet und das unter härtesten Lebensbedingungen. Und natürlich wurden die Kinder auch weiterhin nicht verhätschelt und nicht eingemummt wie heutzutage. Auf den Bildern in Pokrowkijs Buch sahen wir ganz nackte Kinder zusammen mit Erwachsenen, die in Pelzmäntel gekleidet waren.

Und wir erinnerten uns, daß die Künstler früherer Jahrhunderte die Madonnen am häufigsten mit dem entblößten

Kind auf den Armen dargestellt hatten. Nein, das alles ist kein Zufall! Offenbar haben die Menschen ihre Kinder auf diese Weise an harte Lebensbedingungen gewöhnt, indem sie die *Schutzkräfte des Organismus stärkten und entwickelten.*

Und heute

Nun gut, und wenn man das nicht so macht? Wenn das Kind nach der Geburt in sterile Bedingungen, in Thermostat-Verhältnisse, also in eine gleichmäßige Temperatur und in die engen Gleise der Windeln kommt, dann gewöhnt es sich auch an diese Bedingungen. Wenn es keinerlei Temperaturschwankungen gibt, dann nehmen auch die natürlichen Mechanismen der Wärmeregulierung kein *einziges* Mal ihre Arbeit auf. Es vergeht ein Tag, eine Woche, ein Monat, und ... sie sterben langsam ab, weil sie nicht genutzt werden. Das aber bedeutet, daß das Kind nach einem Monat keinen Schutz mehr vor beliebiger Zugluft hat. Kommen hiervon nicht diese schrecklichen Zahlen: Im ersten Lebensjahr wird ein Kind fünfmal häufiger krank als Erwachsene, wobei bis zu 90 Prozent aller Kinderkrankheiten Erkältungskrankheiten sind.

Bedeutet das, daß man sich abhärten muß, wenn man gesund sein und bleiben will? Der Sinn der Abhärtung besteht ja darin, daß alle Schutzkräfte des Körpers trainiert werden, indem man ihnen die Möglichkeit gibt, im breitesten Rahmen in Erscheinung zu treten: aus dem Dampfbad in den Schnee und aus dem Schnee wieder ins Dampfbad. Diese Methode, gesund zu bleiben, ist in Rußland seit undenklichen Zeiten bekannt. Über den Nutzen der Abhärtung wissen alle Bescheid, und über die Methoden des Abhärtens kann man in jeder beliebigen Broschüre nachlesen. Aber warum sieht man dann auf der Straße so viele eingemummte Kinder, warum folgen die Eltern so ungern den Ratschlägen der Ärzte zum Thema Abhärten?

Ich meine, eine der Ursachen dafür (und eine nicht unwichtige, wenn man die Berufstätigkeit der Mütter und den Mangel an Kinderfrauen und Babuschkas in Rechnung stellt)[20] liegt in der Kompliziertheit und im Arbeitsaufwand der für die Abhärtung empfohlenen Prozeduren, deren Wirkung die Eltern zudem nur schwer beurteilen können, meistens, weil es ihnen nicht gelingt, sie bis zu einem sichtbaren Erfolg anzuwenden: Entweder bleiben die Eltern aus Zeitmangel auf halbem Weg stehen oder das Kind schafft es, eher krank als abgehärtet zu werden. Also ist es auf die Dauer einfacher, das Kind einzumummen, und die Angelegenheit hat ein Ende. Und so machen es auch viele, indem sie sich einfach nur bemühen, die Kinder von allen Wetterwechseln *fernzuhalten*, und bereiten sie auf diese Weise doch gerade darauf vor, daß alle Krankheiten an ihnen kleben bleiben, wie man sagt.

Wir werden nicht krank!

Wie war das nun bei uns? Wir hatten auch keine Möglichkeit, das Abhärten »nach allen Regeln der Kunst« durchzuführen. Aber wir verschafften unseren Kindern bewußt das *Vergnügen*, die unterschiedlichsten natürlichen Einwirkungen der Umwelt zu fühlen: einen Temperaturabfall, die direkte Einwirkung der Sonnenstrahlen, einen leichten Wind, einen kühlen Schauer oder einen richtigen Sommerguß . . .

Und das alles hat so begonnen: Neben mir liegt Ljubascha und ahnt nicht einmal, daß ihre kalte kleine Seite und ihre kalten Fersen ernste prophylaktische Maßnahmen sind, um viele, viele Nöte zu verhindern. Und so geht es Tag für Tag, Monat für Monat. Und wir leben mit dem Töchterchen wie auch mit den anderen Kindern in der glücklichen Überzeugung, daß keine Erkältung uns etwas anhaben kann. Nasse Füße? Macht nichts – wir trocknen sie ab und fertig. Zugwind? – Soll er doch wehen, uns macht er nichts aus. Warum nicht Eiszapfen anknabbern? – Sie sind doch so lecker. Warum nicht barfuß durch den Schnee? – Aber das ist doch nur angenehm!

Und hierbei ist etwas wichtig: Diese Überzeugung wird ihrerseits zu einem sehr guten Mittel, um Krankheiten vorzubeugen. Das hatten wir nur geahnt, aber gelernt haben wir das erst vor kurzem: Ein Arzt, Spezialist für autogenes Training, hat uns nämlich erklärt, daß die Gesundheit des Menschen und seine Fähigkeit, sich gegen Krankheiten zu wehren, auch von seiner Stimmung abhängt und von der Überzeugung, daß er nicht krank wird.

Nicht selten ist eine Krankheit auch nur eingebildet, von außen eingeflüstert. Aber wissen denn die vielen liebenden Mamas und Babuschkas, daß sie mit ihren Ängsten und ewigen Befürchtungen (»Lauf nicht so schnell – du fällst!« »Patsch nicht in die Pfütze – du bekommst nasse Füße!« – »Mach das Fenster zu – sonst erkälten wir uns!« – »Trink kein kaltes Wasser – sonst verkühlst du dich!«) ihren Kindern nur den Gedanken anerziehen, daß sie um Krankheiten nicht herumkommen? Und diese, versteht sich, gehen dann auch nicht an ihnen vorbei. Es entsteht ein Teufelskreis: behütet werden – eingemummt werden – verhätschelt werden – Krankheit – Angst – noch sorgfältigerer Schutz – usw., bis dem Kind selbst regelrecht eingeflößt worden ist, daß es kränklich und schwächlich ist. Aber es *kann* gesund und kräftig sein, nur – erlauben Sie es ihm, helfen Sie der Natur!

Zu uns kommen oft Eltern mit ihren Kindern. Während wir Erwachsenen uns unterhalten, fühlen die Kinder sich ziemlich schnell in unserem Sportzimmer heimisch: Sie schwingen an den Ringen, machen Purzelbäume auf der großen Matratze, versuchen, an der Stange hinaufzuklimmen. Ihnen wird rasch warm in ihren Wollanzügen und Strumpfhosen, also ziehen sie, wenn sie auf unsere Kinder schauen, ein Kleidungsstück nach dem anderen aus und begeistern sich, weil sie die Leichtigkeit, die Freiheit und die angenehme Kühle genießen, immer mehr für das gemeinsame Spiel. Es ist sogar vorgekommen, daß sie, begeistert von der Balgerei und ausgezogen (!), hinter unseren Kindern her direkt in den Frost hinaussprangen und – nichts ist passiert! Die Eltern aber fielen fast in Ohnmacht, als sie davon hörten, während das Kind sich gar nichts daraus machte. Das ist es also, was hinter der Überzeugung steckt: Wenn ich will, werde ich nicht krank!

3. Allein und mit uns zusammen

Alles, was ich bisher erzählt habe, betrifft nur die dringendsten Probleme des ersten Lebensjahres des Kindes. Füttern, Pflege, Abhärtung – daran kommt keine Familie vorbei, weil all das mit der Gesundheit und der Existenz des Kleinkindes zu tun hat. Man kommt nicht darum herum, sie zu lösen. Aber es gibt noch andere Probleme der Erziehung, denen man in dieser Zeit wenig Aufmerksamkeit schenkt, die man »auf später« verschiebt, weil das Kind ja »noch zu klein« ist und es erst einmal wachsen soll. Es handelt sich um Probleme der geistigen, sittlichen und physischen Entwicklung des Kindes im ersten Lebensjahr. Ja, ja, gerade im ersten Lebensjahr. Zwar werden diese erst später für die Eltern fühlbar, nach zwei oder drei Jahren, aber dann stellt sich oft auch schon heraus: irgend etwas ist nicht so ganz richtig gelaufen, und man muß anders vorgehen oder das Versäumte aufholen. Das ist schwer zu glauben, aber wieviel ist hier noch ungeklärt und unerwartet in bezug auf die Ergebnisse.

Auf dem Arm oder im Bettchen?

Es könnte scheinen, als ob die Frage einfach ist: soll man das Baby auf dem Arm herumtragen oder soll es mehr in seinem Bettchen liegen? Die meisten sagen: Man darf es nicht an den Arm gewöhnen – das Kind »bindet die Hände zusammen«. Mir scheint, daß das auch so ist, falls man das Kind nur auf dem Arm trägt und sich nur mit ihm beschäftigt, es dauernd zerstreut und ihm jeden Wunsch von den Augen abliest. Aber ich habe meine Kinder, offen gestanden, vom ersten Monat an oft auf den Arm genommen, dabei allerdings die Hausarbeit nicht unterbrochen, sondern ich habe mich eingerichtet: Mal lehne ich mir das Kind an die Brust, indem ich ihm den kleinen Rücken stütze, mal lege ich es mir auf die Knie, mal halte ich es so, wie man es gewöhnlich hält, nur mit einer Hand – die andere brauche ich ja für verschiedene Tätigkeiten. Das alles geschah ohne besondere Absicht: Ich hatte nur das Gefühl, daß das Kind sich wohler bei mir fühlt, nicht unbedingt bequemer – was ist das schon für ein Komfort, wenn ich es mit einer Hand an mich drücke, während ich mit der anderen Kascha umrühre, Holz zulege oder in einem Buch blättere. Aber es ist beruhigender für das Kind, weil Mama ja bei ihm ist, und es ist interessanter: Es dreht das Köpfchen und schaut neugierig im Kreis herum. In seinem Blickfeld taucht bald ein Fenster auf, bald buntes Geschirr und verschiedenfarbiger Stoff, dann wieder ein offenes Buch oder eine raschelnde Zeitung, und wer weiß, was sonst noch alles!

Außerdem spricht man noch mit ihm, nennt ihm verschiedene Gegenstände, mit denen man es zu tun hat: »Jetzt dekken wir Löffel und Tassen auf und stellen Brot auf den Tisch ... und was liegt da auf dem Bord?« usw. Ist das wichtig, oder ist das nicht wichtig? Wir wußten es nicht, aber wir trugen die Kleinen oft auf dem Arm herum, sowohl Vater als auch die älteren Kinder. Wir stellten sogar fest, daß das Kind nach solchen »Spaziergängen« lieber und länger in seinem Bettchen spielte, so als ob es für eine Zeitlang im voraus Eindrücke gespeichert hätte. Und da hörten wir vollends auf, Angst zu haben, daß es sich zu sehr an den Arm gewöhnt.

Wenn eigene Kinder kommen, dann fängt man unwillkürlich an, die Kinder auf der Straße stärker zu beobachten und die eigenen mit den anderen zu vergleichen. Vielleicht aus diesem Grund schenkte ich folgendem verstärkt Aufmerksamkeit (und beobachten Sie selbst, prüfen Sie das nach!): Einige Babies in den Kinderwagen haben einen gleichgültigen, trägen und irgendwie trüben Blick – wie vom Leben erschöpfte Greise. Sie schauen nirgends hin, wundern sich über gar nichts und freuen sich nicht – sie sind satt, schwerfällig und desinteressiert.

Mich hat das erstaunt: so etwas habe ich bei meinen eigenen Kindern nicht beobachtet, denen immer alles interessant war. Woran liegt das? Kann es sein, daß hier einige angeborene psychische Besonderheiten zum Vorschein kommen? Auf diese Frage konnten wir keine Antwort finden. Aber dann haben wir folgendes gelesen: Afrikanische Mütter tragen ihr Neugeborenes gewöhnlich auf dem Rücken. Das Kind ist ständig bei der Mutter: beim Gehen, bei jeder beliebigen Arbeit, an den Feiertagen, Tag und Nacht. Alles, was sie sieht, sieht auch das Kind – welch ein Wechsel an Eindrücken! Und dazu kommt das stetige Gefühl der Geborgenheit, der physischen Nähe zur Mutter. Und was kommt dabei heraus? Die zweijährigen Afrikaner sind ihren europäischen »Bettchen«-Altersgenossen aus der zivilisierten Gesellschaft in der intellektuellen Entwicklung um vieles voraus.

In letzter Zeit haben die Psychologen experimentell nachgewiesen, daß das Baby in den ersten Lebensmonaten sehr viel von der einfachen Betrachtung der Gegenstände in seiner Umgebung profitiert. Sogar das bloße Umdrehen des Kleinen auf die Seite oder das Hinlegen auf das Bäuchlein erlaubt ihm, viel von dem mitzubekommen, was um es herum geschieht. Und dabei beginnt es auch, das Köpfchen noch früher hochzuhalten, d. h. es wird physisch stärker.

Zu diesen erstaunlichen Entdeckungen führt also das Nachdenken über die »einfachen« Fragen: Soll man das Kind häufig auf den Arm nehmen, es in seinem Bettchen halten oder in seinem Wagen herumfahren, obwohl man es auf diese Weise von aller Welt abschneidet und ihm zum Betrachten dieser Welt nur ein Stückchen Himmel und Mamas Gesicht läßt, das nur zu oft nicht ihm zugewandt ist, sondern einem Buch oder einer anderen Mutter mit einem Kinderwagen.

Achtung: Gefahr!

Das Baby wächst. Schon kann es sitzen, es stellt sich allein hin, es krabbelt und macht den ersten Schritt. Im allgemeinen hält man es in dieser Zeit – zur Sicherheit! – in seinem Bettchen, im Laufstall oder in einem geschützten Eckchen des Zimmers. Wir aber lassen unsere Krabbelchen getreu unserem Prinzip, den Kindern soviel Freiheit wie möglich und ein weites Tätigkeitsfeld zur Verfügung zu stellen, im ganzen Haus herumreisen und erlauben ihnen, die Welt mit ihren Händen zu ertasten.

Am Anfang passen wir auf, daß es nicht aus unserem Blickfeld verschwindet. Übrigens ist es eher genau umgekehrt: Das

Kind selbst versucht, nur dort zu sein, von wo aus es Mama oder Papa sehen kann – so fühlt es sich sicherer und zuversichtlicher. Wir stellten nun an Plätze, die für das Kind erreichbar waren, verschiedene Gegenstände und Spielsachen, damit es sie nehmen, untersuchen, mit dem Mund und mit den Zähnen probieren und abklopfen konnte. Unter die ungefährlichen Gegenstände »gerieten« (mit unserer Hilfe) auch Sachen, die »Überraschungen« bargen. Da steht oben auf dem Tisch ein Topf, der dort anscheinend ganz zufällig hingestellt wurde. Er ist dem zehn Monate alten Töchterchen schon bekannt, sie hatte ihn schon in der Hand, als er mit Milch oder Tee gefüllt war. Die Kleine zieht den Krug ohne weiteres zu sich heran und – wie unangenehm: aus dem Topf ergießt sich Wasser direkt auf das Bäuchlein, auf die Höschen – der Ärger ist vollkommen! Aber auch der Nutzen: Nach zwei oder drei derartigen Überraschungen zieht sie nicht nur den Topf, sondern auch andere Gegenstände nicht mehr vom Tisch. Auf diese Weise und unbedingt in unserer Gegenwart gaben wir den Kleinen auch die Möglichkeit, Nähnadeln, Stecknadeln und Scheren kennenzulernen.

Nehmen wir an, ich nähe, während das Kleine neben mir auf seinem Hochstuhl sitzt und Flicken, Spulen und Knöpfe sortiert. Es nimmt sie aber nicht in den Mund – ich hatte die Knöpfe einige Male mit Zitronensaft oder Salz eingerieben und sie ihm dann gegeben – und danach hatte es keine Lust mehr, sie in den Mund zu stecken. Ich lege auch eine glänzende Stecknadel an einen gut sichtbaren Platz. Das Kleine reckt sich natürlich nach ihr, faßt sie auch zaghaft an.

»Ach! Ach!« sage ich, und das ist ein Signal, das vor einer Gefahr warnt, »das ist spitz, das tut weh!« Aber die Stecknadel hat das Kind trotzdem angefaßt, wenn auch mit einiger Ängstlichkeit. Nun nehme ich sein Händchen und wiederhole: »Das tut weh! Das ist spitz!« Und ich berühre das Fingerchen ganz leise mit der Nadelspitze: »Ach! Ach!« Das Kind verzieht das Gesicht, es tut ihm tatsächlich ein ganz klein bißchen weh, und zieht bange die Hand zurück. Nach zwei oder drei solchen »Lektionen« zeigt es schon selbst auf die Spitze der Nähnadel oder der Stecknadel und sagt besorgt: »Ach! Ach!«

Und wie anziehend ist für die Kleinen erst das Feuer. Nur zu gerne möchten sie mit den Händen Streichholzflammen und auch ein glühendes Kohlestück anfassen – das ist doch so schön! Und ein glänzender Teekessel aus Nickel, ein Bügeleisen – wie sollen sie auch nicht die Hand danach ausstrecken? Also verstecken? Dann wird alles noch attraktiver: Eine verbotene Frucht ist süß. Wir haben uns entschlossen, anfassen und berühren zu lassen, und zwar so, daß das nicht gefährlich, aber fühlbar ist. Und immer warnen wir: »Ach, das tut weh, das ist heiß!« Aber danach verstecken wir nichts mehr: Das Kind soll selbst ausprobieren und herausfinden, wie das ist. Dann reicht es, wenn wir nach einiger Zeit sagen: »Ach, das wird wehtun«, und das Kind glaubt uns aufs Wort, es kann manchmal sogar vor Ärger losweinen. Das wichtigste ist aber, daß es selbst vorsichtiger und aufmerksamer wird. Und das ist ein viel zuverlässigerer Schutz vor allen möglichen Gefahren als die sorgfältigste Bevormundung durch die Erwachsenen.

Selbständig wird die Welt erkundet

Die übrige – ungefährliche – Welt lernt das Kleinkind allein kennen, und wir beeilen uns nicht, ihm zu Hilfe zu kommen, wenn es allein überlegen kann, wir unterbrechen seine Beschäftigungen nicht, wenn es in etwas vertieft ist. Uns hat nicht selten die Fähigkeit der Kleinen, sogar so kleiner Krümelchen, zu langer, konzentrierter Tätigkeit in Erstaunen versetzt. Ich erinnere mich zum Beispiel, wie einmal meine älteste Tochter, als sie ganze elf Monate alt war, Seifenblasen in der Schüssel untersuchte. Ich wusch auf einer niedrigen kleinen Bank, und sie stand *über eine Stunde* neben mir und führte verschiedene Operationen mit den Blasen und einem Bleistiftstummel aus: Mal ließ sie eine Blase schwimmen, mal angelte sie mit dem Bleistift ein Bläschen heraus und beobachtete, wie sie herunterfielen, dann machte sie kleine Bäche aus den Lachen am Fußboden. Ich brauchte nur von Zeit zu Zeit einmal hinzusehen und mich zu wundern: »Das sieht ja wunderbar aus! Und das alles kann Olja!« und sie spielte und spielte in einem fort, indem sie irgendwelche für sie sehr wichtige Entdeckungen machte und ihre Freude mit mir teilte ... Ich schaffte die ganze Wäsche, und für das Töchterchen war diese Zeit auch nicht unnütz vergangen. Später habe ich verstanden, daß die Kinder nicht so sehr *bevormundende* Aufmerksamkeit als vielmehr *interessierte* Aufmerksamkeit brauchen. Und je größer sie werden, desto mehr brauchen sie davon.

Amerikanische Psychologen haben eine Gruppe Mütter mit Neugeborenen lange Zeit beobachtet. Zuvor hatten die Wissenschaftler die Art des Umgangs jeder Mutter mit ihrem Kind genau festgelegt. Es stellte sich heraus, daß die meisten Mütter der Gruppe B ihre Kinder verstärkt bevormundeten und bewachten, sie in Laufställen und Bettchen hielten und sie mit Spielsachen überschütteten, daß sie selbst aber nur wenig mit ihnen sprachen und umgingen. Die Mütter der Gruppe A hingegen riskierten es, die Kleinen in die große Welt hinauszulassen: Sie erlaubten ihnen, in der ganzen Wohnung herumzukrabbeln, ließen keine Gelegenheit aus, um mit ihrem Kind zu spielen und mit ihm zu sprechen und nutzten dafür den gewöhnlichen Tagesablauf: Waschen, Anziehen, Höschenwechseln u. a. Nach etwa zwei Jahren wurde Bilanz gezogen: Die Kinder der Gruppe A hatten ihre Altersgenossen in der Entwicklung überholt und entwickelten sich auch weiterhin sehr viel erfolgreicher als diese. Man sagt: Laßt ihnen doch ihr kindliches Vergnügen. Falsch! Es ist sehr wichtig, *womit*, *wie* und *wann* sich das Kind beschäftigt. Und wie sich die Erwachsenen dazu verhalten.

Und Mutter ist in der Nähe

Einmal konnte ich in einer Grünanlage folgende rührende Szene beobachten. Auf einer Bank sitzen zwei junge Frauen, die sich angeregt miteinander unterhalten. An eine von ihnen hängt sich ab und zu ein Junge von etwa zwei Jahren, er hält sich an ihrem Knie fest, steht ein paar Sekunden bei ihr und tapst dann wieder zurück zu dem Kinderschwarm in der Sandkiste. Sie fragt ihn nichts, legt dem Söhnchen nur die

Hand auf das Köpfchen, glättet seinen Haarschopf, flüstert ihm etwas ins Öhrchen, und er kehrt wieder zum Spiel zurück, so als ob er Lebenswasser getrunken hätte. Niemand hatte ihn gekränkt, Mama war für ihn deutlich von der Sandkiste aus zu sehen, aber er kam beharrlich immer wieder zu ihr, einfach um sich anzulehnen und die lebendige Wärme ihrer Hände und Knie zu fühlen – ohne das konnte er einfach nicht ruhig spielen.

Diesen Drang, mich nicht einfach nur zu sehen, sondern mich auch körperlich nahe zu fühlen, habe ich bei meinen Kindern leider nicht gleich bemerkt. Erst allmählich habe ich verstanden, daß das keine Laune ist – Mama ständig sehen und sie in der Nähe fühlen zu wollen oder auch nur ihre Stimme zu hören.

Am Anfang achtete ich nicht auf die eigene Intuition, sondern nur auf die althergebrachte »Wahrheit«: »Verwöhne das Kind nicht, sonst tanzt es dir auf der Nase herum.« Und erinnern Sie sich: Gewöhnt man das Kind an den Arm, bindet es die Hände zusammen. Meinen Ersten wollte ich von Anfang an nicht verwöhnen: Er weint – aber ich gehe nicht hin, bevor er nicht aufhört; ich lege ihn schlafen und gehe absichtlich weg – er sollte allein einschlafen; in den Schlaf wiegen, Lieder vorsingen – weder–noch, er könnte sich ja daran gewöhnen ... Nun, und was ist dabei herausgekommen? Wegen der Diathese schlief er schlecht, nachts weinte er oft, und ich gab mir große Mühe, »Charakterfestigkeit zu beweisen«, nahm ihn nicht auf den Arm und ... war am Ende selbst ganz erschöpft.

Aber dann ließ ich verzweifelt alle »man darf nicht« und »so kann man das doch nicht machen« auf sich beruhen und legte das Söhnchen zum Schlafen neben mich. Innerhalb eines halben Jahres seines Lebens war das die erste Nacht, in der wir beide uns nach Herzenslust ausschliefen. Und alle folgenden Nächte hörten auf, für uns ein Problem zu sein. Nach eben dieser Erfahrung nahmen wir ihn auch tagsüber häufiger auf den Arm, und dann hielten wir es mit den anderen Kindern genauso.

Unseren Vater nannten die Babuschkas manchmal sogar einen Tannenbaum, denn sobald er auftaucht, hängen sich auch schon alle an ihn, die irgendwie hängen können, und wer es nicht kann, den nimmt er selbst auf den Arm und trägt alle lange, lange herum oder gibt sich mit den Kindern ab, bis alle müde werden. Nein, das war für uns keine Belastung. Wir haben einfach erkannt, wieviel Freude das den Kindern macht, und auch wir Erwachsene fühlten uns wohl. Und deshalb nahmen wir uns nicht mehr zu Herzen, daß wir irgendwelche Verbote überschritten hatten.

Und jetzt finden wir in der Presse immer mehr Bestätigungen für die Richtigkeit unserer »unvernünftigen« Handlungen. Eine davon hat uns ganz besonders verblüfft, obwohl nicht von Menschen die Rede war, sondern von Affen. Die Biologen Harlow und Suomi berichten davon, wie sie als Ergebnis eines langen Experiments mit Affen feststellten, daß ständiger physischer Kontakt mit den Müttern für die normale psychische Entwicklung der Äffchen unbedingt erforderlich ist. Häufige Trennungen der Jungen von der Mutter – ihre Nahrung blieb dabei immer vollwertig – führen zu Neurosen, Depressionen und schließlich zu einer erheblichen Störung in ihrer Entwicklung. Und die Jungen, die ohne Mütter und völlig isoliert von den anderen Affen aufgewachsen waren, zeichneten sich durch Aggressivität und Bösartigkeit aus und zeigten später nicht einmal ihren eigenen Kindern gegenüber Gefühle der Zärtlichkeit. Diese »mutterlosen Mütter« hatten überhaupt keinen mütterlichen Instinkt, der doch seit Jahrhunderten als angeboren gilt[20a].

Gesucht werden Babuschkas und Djeduschkas[21]

So sehr also brauchen die Kleinen sprachliche und emotionale Zuwendung. Hier ist die Rolle der Babuschkas unersetzlich, denn die Eltern setzen die Kinder in bezug auf Zuwendung stark zurück, weil sie ewig so beschäftigt sind. Mit den Älteren sprachen wir viel und lange und riefen damit ihren Gegenwunsch hervor, die Töne zu wiederholen und Silben auszusprechen, und dabei halfen uns die Babuschkas, die damals bei uns lebten. Und die Kleinen verstanden mit einem Jahr schon sehr viel, konnten sogar ein Dutzend einfacher Wörter sagen, d. h. sie entwickelten sich völlig normal. Aber mit den mittleren kam die Sache ins Stocken: Wir verließen uns darauf, daß sich alles von allein entwickelt, und bemerkten nicht, daß sie mit anderthalb Jahren kein einziges Wort sagen konnten, weil wir immer zu beschäftigt waren. Wie schwer war es dann, sie »gesprächig« zu machen. Wir mußten viel Zeit und Kraft aufwenden, um die versäumte Zeit wieder aufzuholen.

Aber als unsere jüngste Tochter Ljubascha geboren wurde, zog Djeduschka zu uns. Die jüngste Enkelin wurde sein Liebling. Er konnte lange mit ihr reden, ihr Gedichte vorlesen, Bilder mit ihr anschauen, und Ljuba war mit anderthalb Jahren in der Lage, kleine Sätze zu sagen.

Heute verschwinden aus unserem Leben allmählich all die wunderbaren, durch die Jahrhunderte geschliffenen Volksspäße für die Allerkleinsten, all die witzigen Wortspiele und lustigen Wortnachahmungen, zu denen verschiedene unkomplizierte, aber fröhliche Gesten gehören, die Kinder so gerne mögen: »Klapp, klapp in die Händchen«, »Es kommt eine gehörnte Ziege«, »Elster und Rabe« usw. usw. Kennen wir viele davon? Und es gibt mehr als nur ein Dutzend! Und Märchen? Und Lieder? Rasul Gamsatow[22] schreibt, daß man in Dagestan von einem schlechten Menschen sagt: Dem hat seine Mutter nur schlechte Lieder oder gar nichts vorgesungen. Und welche Lieder bekommen die Kinder heute zu hören? Sogar die Märchen sind heutzutage Fernseh- und Rundfunkmärchen geworden. Irgendwo habe ich gelesen, daß man den Kindern sogar vorschlägt, Märchen ... über das Telefon zu hören: Wähl die Nummer und – bitte schön! Aber Lieder und Märchen sind doch in erster Linie ein Mittel der emotionalen *Kommunikation.* Wie soll man aber mit dem Telefon kommunizieren? Hier ist etwas nicht so, wie es sein sollte. Mag ein Märchen auch kompliziert sein, mag es ohne das gebührende Maß an Künstlerischem erzählt werden, aber von einer lieben Stimme, von einem lieben Menschen. Erinnern Sie sich:

». . . ich klettere auf den Ofen zur grauhaarigen Babuschka, und bitte die Babka um ein Märchen, und die Babka fängt an, mir ein Märchen zu erzählen . . .«

Die Poesie dieser Minuten bleibt dem Menschen sein Leben lang erhalten. Weder ein Tonband noch eine Schallplatte und auch nicht die modernste Erfindung vermögen sie hervorzubringen – nichts kann den lebendigen Umgang mit dem Kind ersetzen.

Und um Mutter muß man sich auch kümmern

Aber ... Umgang ist nicht gleich Umgang, und Aufmerksamkeit ist nicht immer von Nutzen. Wir haben uns aufgrund einer bitteren Erfahrung davon überzeugen können.

In unserer Broschüre *Haben wir recht?*, in der wir unsere zahlreichen Auseinandersetzungen mit der Umwelt beschrieben haben, findet sich das Kapitel: Im »Babuschka-Paradies«. Wenn unser Söhnchen sich den ganzen Tag bei den drei Babuschkas aufhält, dann umgeben sie ihn mit so viel Liebe, Fürsorge und Aufmerksamkeit, daß ihm selbst nichts mehr zu tun übrig bleibt – alle seine Wünsche werden auf der Stelle erfüllt und sogar rechtzeitig erraten. Aber die Hauptsache war, daß alle Sorgen nur in eine Richtung gingen: von den Erwachsenen zum Kind. Keine Spur von Gegenseitigkeit, von Gegenfürsorge – für die Erwachsenen. Der Kleine nimmt die Zeichen der Aufmerksamkeit entgegen als etwas, das ihm zusteht, und verwandelt sich vor unseren Augen in einen kleinen Despoten.

Von sich aus auch einmal den Babuschkas Fürsorge zu bezeugen, kommt ihm überhaupt nicht in den Sinn, weil das nicht verlangt wird – er »ist ja noch so klein«. Aber auch ein kleiner Mensch kann einen Gekränkten trösten, bemitleiden, ihm helfen. Auch das kleinste Krümelchen muß diese Chance bekommen.

Ich sage zu meinem ein Jahr alten Töchterchen: »Ljubotschka, Mama ist müde, Mama hat Kopfschmerzen. Du mußt mich ein bißchen behandeln.« Und das Töchterchen küßt mich auf die Stirn, streichelt mir über die Haare – »behandelt« mich, und ich lächle: »Nun geht es mir schon besser, danke, mein Doktor.«

Zum Verständnis all dieser wichtigen Fragen sind wir leider erst über den Umweg von Versuchen und Fehlern gelangt.

Aber am Anfang wußten wir einfach nicht, daß das Kind nicht nur Fürsorge für sich selbst braucht, sondern daß es auch Fürsorge für uns empfinden muß, für die Babuschkas und für andere Menschen. Sonst kann es nicht zu einem richtigen Menschen heranwachsen.

»Komm, wir wollen lieber flüstern«, sage ich zu Ljubascha, »die Mädchen machen ihre Hausaufgaben . . .«

»Kinder, laßt uns leiser spielen, damit Ljuba schlafen kann.«

»Leiser!« höre ich vor kurzem die Stimme meiner ältesten Tochter, »Mama arbeitet.«

Wenn wir all das früher gewußt hätten, hätte es *immer* so sein können.

4. Sport von den Windeln an ... und sogar schon früher

In unserer Familie war Mutter immer der erste »Trainer«, aber ich habe mich von Anfang an bemüht, ihr in allem zu helfen, und nach sechs oder sieben Monaten gingen die »Trainer-Pflichten« auf mich über. Dabei war ich nicht nur Trainer, sondern auch Hersteller der Sportausstattung im Haus und auf dem Hof, Schiedsrichter und Teilnehmer an den Familienwettkämpfen, und manchmal wurde ich selbst für die Allerkleinsten zum Turngerät und zu einer regelrechten Sportanlage. Ich führe auch genaue Tabellen über die Ergebnisse der physischen Entwicklung unserer Kinder von Geburt an. Mit einem Wort, in unserer Familie ist die körperliche Erziehung Vaters Sorge. Deshalb hat unsere Mutter mir jetzt auch das Wort übergeben.

Und beginnen möchte ich mit etwas, worüber schon gesprochen wurde. Aus unbestimmten Gründen beurteilt man die physische Entwicklung des Kindes im ersten Lebensjahr nur nach Größe und Gewicht. Und man schenkt seiner Muskelkraft, seiner Beweglichkeit, Geschicklichkeit, Ausdauer und der Koordination der Bewegungen überhaupt keine Aufmerksamkeit. Erst wenn später in der Schule Plattfüßigkeit, Wirbelsäulenverkrümmung, allgemeine Muskelschwäche, Fettleibigkeit, ein schwaches Herz und andere Unannehmlichkeiten festgestellt werden – dann fangen die Eltern an sich zu beunruhigen: Was tun, wenn das Söhnchen keinen Sport mag? Was soll man tun, wenn es so ungeschickt ist?

Aber der Grundstein für all diese Unannehmlichkeiten wird, so stellt sich heraus, in eben jenem Alter gelegt, wenn noch niemand an sie denkt – weder die Mutter noch der Vater.

Gymnastik vor der Geburt

Nun, welche Bedeutung kann es haben, ob das Kleine sich viel oder wenig im Mutterleib bewegt? Wir hatten einer solchen »Kleinigkeit« zunächst auch keine Bedeutung beigemessen und uns nur gewundert, daß unsere Kinder sich schon stark und häufig bewegten, noch bevor sie auf die Welt kamen. Wir dachten: Wir haben eben so flinke Gören. Aber wir vermuteten keinen Zusammenhang mit der Tatsache, daß wir eine große Familie sind, daß gekocht, genäht, gewaschen werden muß und daß Mutter im Haus mehr als genug Arbeit hat – allein die Fußböden sauber zu halten, kostet schon einiges. Aber dieser Zusammenhang ist nicht nur sehr eng, sondern auch sehr direkt. Wenn die Mutter ständig mit körperlicher Arbeit beschäftigt ist, wenn sie sich viel und energisch bewegt, dann verringert sich der Sauerstoffgehalt ihres Blutes! Sie fängt natürlich an, stärker zu atmen, und ihr Herz klopft schneller. Was aber wird das Kind tun – es spürt ja auch die Sauerstoffknappheit! Es wird anfangen »auszuschlagen«, es wird sich rühren, sein Herzchen klopft auch schneller, und das vergrößert sogleich die Blutmenge, die es von der Mutter erhält, und somit bekommt es so viel Sauerstoff, wie es braucht.

Genau das gleiche Bild ergibt sich, wenn sich im Blut der Mutter der Gehalt an Nährstoffen verringert – das ist der Fall, wenn die Mutter essen möchte. Das Baby fängt auch gleich an, sich zu bewegen und genau damit »verdient es sich das tägliche Brot«. Und dabei setzt, wie bei jedem Training, eine *Entwicklung* ein, nämlich die Vervollkommnung und Stärkung der Muskeln, des Herzens und des ganzen Organismus.

Es stellt sich heraus, daß man einer Frau, die ein Kind erwartet, einen Bärendienst erweist, wenn man ihr rät, »für zwei zu essen« und sich häufiger auszuruhen. Wenn die Mutter zuviel ißt und sich zu wenig ewegt, rührt auch das Kind sich nur schwach, und folglich wird es auch nicht »trainiert«. So kommt es physiologisch unreif auf die Welt. Nach den Daten des Laboratoriums von Professor I. A. Arschawskij wächst die Zahl der physiologisch unreifen Neugeborenen von Jahr zu Jahr. Wir sind dieser Gefahr nur zufällig entgangen. Wir lebten in einem Haus ohne jeglichen Komfort und mußten uns selbst mit Hauswirtschaft befassen, und Mutter mußte sich wohl oder übel viel bewegen. Gleichzeitig »trainierten« auch die Kinder – noch lange vor der Geburt.

Ohne besondere Übungen

Nun ist also das Neugeborene zu Hause. Wann und wie soll man mit seiner physischen Entwicklung beginnen, wenn man doch selbst Angst hat, es in den ersten Tagen auch nur zu berühren? Wir lernten das ganz allmählich. Es zeigte sich, daß leichte Kleidung eine nicht unwichtige Rolle in der Entwicklung der Muskeln spielt. Das ist eine Kleinigkeit, solange das Kleine nicht schläft – ist es entweder nackt oder nur im Hemdchen. Ihm ist kühl, und damit ihm wärmer wird, spannt es alle Muskeln, die Ärzte nennen das »Hypertonie der Muskeln bei Neugeborenen«. Aber wenn es wärmer angezogen werden muß, verringert sich die Spannung, und die Muskeln schlaffen ab. Das bedeutet, daß die Muskulatur dank der Kühle schon im ersten Monat trainiert wird.

Und dann hat Mutter noch eine Entdeckung gemacht. Sie bemerkte nämlich, daß das Kind angestrengt reagiert, wenn sie es energischer anfaßt, so als ob es dadurch eine Antwort geben wollte, daß es die Muskeln spannt, und umgekehrt; wenn man es ganz zart und vorsichtig aus einem Arm in den anderen legt, dann bleibt sein kleiner Körper schlaff und träge. Nachdem ich Mutter zugesehen hatte, faßte auch ich es kühner an und fühlte, wie das Kind mit jedem Tag kräftiger wurde – denn aufnehmen und hin- und hertragen muß man es einige Dutzend Male am Tag. Keine Spezialgymnastik ist mit dieser Übung in Dauer und Häufigkeit und im Einsatz aller Muskelgruppen vergleichbar. Und ein besonderer Zeitaufwand ist für diese Übungen nicht erforderlich.

Wozu angeborene Reflexe?

Schon als wir noch gar nichts von der Existenz vieler angeborener Bewegungsreflexe wußten, war uns aufgefallen, daß das Baby sich in gewissen Augenblicken, vor allem vor dem Füttern, besonders kräftig am Finger des Erwachsenen festhält und das buchstäblich von den ersten Lebenswochen an. Zu unserem eigenen Erstaunen beobachteten wir auch, daß das Baby von Anfang hängen kann, wenn es sich an den Fingern des Vaters oder der Mutter festklammert. Wir haben damit begonnen, daß wir einen Finger durch die geballten Fäustchen des Neugeborenen steckten und es zu uns heranzogen, bis es saß. Wir setzen es hin, dann legen wir es zurück. Dieses Spiel gefällt dem Baby im allgemeinen sehr. Und wir freuen uns mit ihm und werden kühner. Nach zwei Monaten kann das Baby sich schon hinstellen, während es sich an den Fingern festhält, und dabei fühlen wir sehr gut, wie kräftig es steht: sobald sein Griff schwächer wird, nach fünf bis zehn Sekunden oder mehr, legen wir das Baby vorsichtig hin. Es zeigt sich, daß das Kleine auf diese Weise, wenn es sich an den Fingern eines Erwachsenen festhält, ganz angespannt ist und nicht nur die Muskeln seiner Arme entwickelt, sondern auch die seines Rückens, seiner Brust und seiner Beine.

Ebenso zufällig fanden wir heraus, daß das Baby sich – wenn man es sich mit dem Köpfchen auf die Schulter legt, mit der einen Hand an die Brust drückt, ihm die andere aber unter die Fersen hält – augenblicklich mit den Füßchen auf der Handfläche abstützt. Es zeigt sich, daß der »Stützreflex« gearbeitet hatte und das Baby seine Beinchen schon so gerade gebogen und gespannt hatte, daß es sich mit seinem ganzen Gewicht auf ihnen halten konnte. Damals waren wir uns nicht darüber im klaren, daß wir, wenn wir so verfuhren, die natürlichen Reflexe entwickelten, indem wir jede Berührung mit dem Kind in eine komplizierte Gymnastik verwandelten.

Bewegung – für das Herz und für den Verstand

Nach drei Monaten befestigten wir bereits eine Querstange im Bettchen und in der Karre und zwar in einer so bequemen Höhe, daß das Baby, wenn es nach ihr griff, sich zuerst allein hinsetzen und dann beginnen konnte, sich auf die Füße zu stellen und später so an der Stange zu zerren, daß die Karre anfing zu »wackeln«. Wieviel Freude macht das dem Kind! Aber wieviel Ängste und Aufregungen gab es auch um uns herum: »Hat man so etwas schon gesehen – daß ein drei Monate alter Knirps stehen soll, seine Beinchen sind doch noch viel zu schwach – sie werden krumm werden.« Dabei haben viele nicht bemerkt, daß die Händchen und der Rücken des Kindes den Füßchen helfen und daß sein Gewicht sich auf alle Muskeln des Körpers verteilt. Das war überhaupt nicht schrecklich, sondern förderte im Gegenteil die richtige Entwicklung des Knochen- und Muskelsystems. Bei all unseren Kindern sind die Beinchen schon früh gerade und stark geworden, und die Händchen so kräftig, daß wir sie schon nach zwei bis drei Monaten aus der Karre heben konnten, indem wir ihnen einfach zwei Finger reichten und ohne daß wir ihnen unter die Arme zu greifen brauchten.

Die Entwicklung des Knochen- und Muskelsystems wirkte sich ihrerseits äußerst vorteilhaft auf die Entwicklung aller inneren Organe aus – auf die Entwicklung des Herzens, des Magens und der Lungen. Und erst ganz kürzlich haben wir erfahren, daß die aktive körperliche Tätigkeit auch die geistige Entwicklung des Kindes fördert. Amerikanische Wissenschaftler haben folgendes interessante Experiment durchgeführt: Sechs von dreißig Müttern hatten sich mutig einverstanden erklärt, ihren neugeborenen Kindern das Laufen beizubringen. Sie stellten sie auf einen Tisch, stützten sie unter den Armen und gingen ganz langsam am Tischrand entlang. Anfangs berührten die Kinder die Tischplatte nur etappenweise, aber das war schon ausreichend, damit der »Schrittreflex« arbeitete, und so tapsten die Füßchen über den Tisch.

Die Übungen dauerten dreimal täglich nur eine Minute lang. Schnell setzten die Kleinen einen Fuß neben den anderen, und die Mütter hielten sie bald nicht mehr fest, sondern halfen ihnen nur noch, das Gleichgewicht zu halten. Im Ergebnis begannen die Kleinen, mit sechs Monaten allein zu laufen, während ihre Kontroll-Altersgenossen, die in dieser Zeit eingewickelt in ihren Bettchen lagen, erst mit zwölf Monaten damit anfingen, wie man es von allen »normalen« Kindern erwartet. Tatsächlich hatte aber nicht so sehr das frühe Erlernen des Laufens die Wissenschaftler in Erstaunen versetzt, als vielmehr ein ganz anderer Umstand – diese sechs Kinder hatten ihre Altersgenossen auch in der geistigen Entwicklung beträchtlich überholt.

Wenn man also das Kind in den ersten Monaten seines Lebens nicht einfach im Bettchen liegen läßt und wenn man nicht wartet, bis alle ungebrauchten Reflexe verkümmern, sondern versucht, diese zu entwickeln, dann wird das Kind sich nicht nur körperlich, sondern auch geistig erfolgreich entwickeln. Die Entwicklung des Gehirns, welche die Kinder beim Erlernen des Laufens, Schwimmens und der »Gymnastik« mitmachen, fördert offensichtlich also auch die Entwicklung seiner anderen Bereiche. Und vielleicht ist das Beherrschenlernen der Bewegungen überhaupt in diesem Alter einer der Hauptaspekte der geistigen Arbeit des Kindes?

Wir lernen laufen und ... fallen

Die ersten Schritte – wieviel Freude bereiten sie allen: dem Kind wie auch den Erwachsenen. Und wieviel Sorgen auch ... Ganz besonders ängstigen sich die Babuschkas und die Mütter: Und wenn es fällt? Im weichen Bettchen ist das nicht so schlimm, aber wenn es auf den harten Boden fällt? Und sie helfen ihm und bringen ihm das Laufen so bei, daß das Kind nicht fällt: Sie halten es an den Händchen, am Mantelkragen, am Schal fest, setzen es in spezielle Gehhilfen oder legen ihm eine Art Pferdegeschirr um. Und da möchte das Kind sich fallen lassen, aber es wird nichts daraus: es hängt an den Riemen und schafft es nicht bis zur Erde. Wer profitiert davon? Natürlich vor allem die Erwachsenen – so ist es ruhiger. Aber das Kind hat nur wenig Nutzen von dieser Hilfe. Denn seine Bewegungen werden jetzt gehemmt, es fühlt seine Möglichkeiten nicht mehr, erkennt Gefahren nicht mehr und lernt überhaupt nicht ... *fallen*.

»Aber muß man das denn lernen?« werden Sie fragen. Unbedingt! Weil die Babuschka und die Mutter nicht immer in der Nähe sind und es bei jeder Lauferei, bei jedem lebhaften Spiel und beim Sport durchweg Situationen gibt, in denen Stürze nicht vermieden werden können. Das aber heißt, daß es dort einen harten Stoß, sogar einen Unfall geben kann, wo derjenige, der fallen *kann*, mit einem leichten Schrecken davonkommt und diesen Vorfall als eine Kleinigkeit gar nicht wahrnimmt.

Viele Male, wenn wir sahen, wie virtuos unsere Kinder zu

fallen vermögen, wie gut sie ihren Körper beherrschen, haben wir versucht, uns zu erinnern: Wie hatte das eigentlich angefangen? Wir haben es ihnen ja nicht besonders beigebracht. Aber wir haben sie auch nicht behindert – und daran liegt es! Weil wir sie sehr früh auf dem Boden herumkrabbeln ließen und ihnen auch erlaubten, selbständig durch alle Zimmer zu reisen, konnten wir dem Kind nicht verbieten, eine Stütze zu finden, vom Boden aufzustehen und dann ... manchmal auch hinzufallen. Von Anfang an machten sie das sehr geschickt und manchmal ein bißchen komisch. Wir sahen, wie sich das Kind, wenn es nach *hinten* schwankte, leicht zusammenfaltete, genauso wie ein Taschenmesser, und sich weich auf den Boden setzte und wie es, wenn es nach *vorne* kippte, die Händchen ausstreckte und auf allen Vieren zum Halten kam. Meistens konnte es sich in dieser Zeitspanne nicht einmal erschrecken und setzte die Reise fort, als ob nichts geschehen wäre. Weder wir noch das Kind schenkten diesen Stürzen auch nur die geringste Bedeutung und fürchteten sie nicht ...

Wer führt wen an der Hand?

Und trotzdem halfen wir den Kindern beim Laufenlernen. Nicht nur dadurch, daß wir sie in das Sportzimmer ließen, wo sie alle möglichen Stützen fanden, um die herum sie tapsen konnten, sondern wir reichten selbst dem Kind auch zwei Finger. Am Anfang waren diese Finger fest, zuverlässig, das Kind klammerte sich zäh daran fest und lief mit Vater und Mutter oder den älteren Geschwistern durch das ganze Haus. Aber nach einigen Tagen, wenn das Kleine schon ziemlich sicher trappelte, wurde »plötzlich« einer der beiden Finger »unzuverlässig«, begann zu schwingen und sich zu bewegen, wohin man ihn auch zog, und konnte überhaupt nicht mehr richtig als Stütze dienen. Das Kind mußte sich also nur an einer Hand im Gleichgewicht halten, indem es sich an den »festen« Finger klammerte und den anderen ganz losließ, weil der nur noch wenig Sinn hatte. Aber nach einiger Zeit wurde auch die zweite Hand plötzlich weniger und weniger »zuverlässig«. Ohne es zu wollen, mußte das Kleine mehr und mehr auf seine eigenen Kräfte zählen, und es begann allmählich, allein zu laufen.

Auch später führten wir die Kinder nicht an der Hand, im Gegenteil, sie hielten sich von selbst an Papas oder Mamas Fingern fest, wenn sie Lust dazu hatten. Dabei »trainierte« das Kind, und seine Händchen wurden so kräftig, daß es sogar beim Stolpern am Finger hängenblieb und nicht fiel, und das ist auch für den Erwachsenen angenehm, weil der Finger erstaunlich genau fühlt, ob das Kind sich kräftig festhält, wie sicher es schon läuft, ob man schneller mit ihm gehen kann oder ob es müde ist und ob man ein paar Schritte langsamer gehen oder es sogar auf die Schulter setzen muß.

»Reiter« und »Pferde«

Es ist ja bekannt, daß die Kinder gerne auf Vaters Schultern reiten, aber ich war immer ein »störrisches Pferd«, welches nicht duldet, daß man wie ein Sack auf ihm sitzt, welches aber um so mehr starke, geschickte und tapfere »Reiter« liebt. Ich halte das Kind an den Beinchen fest, beuge mich bald nach vorne, bald nach hinten, bald zur Seite und versuche, den »Reiter abzuwerfen«. Und der kleine Reiter, der sich am Kopf oder an der »Mähne« festklammert, muß ständig gerade sitzen bleiben. Das aber ist gar nicht leicht, weil das »Pferd« zudem noch galoppiert, Sprünge macht und sich sogar hinsetzen kann. Wie fest halten sich die kleinen Händchen, wie angespannt sind die Bauchmuskeln. Ich sage beifällig: »Na, dieser Reiter sitzt aber sehr gut! Der ist ja nicht abzuwerfen! Aber was ist, wenn ein Steigbügel sich losreißt?« – und ich lasse ein Beinchen los. Augenblicklich preßt das Kind mir den Hals mit beiden Beinen zusammen und greift noch kräftiger nach der »Mähne«. Man versteht nicht gleich, ob das ein Spiel ist oder Sport, dafür fühlen beide sich wohl und die Belastung ist ordentlich auf das »Pferd« und auf den »Reiter« verteilt.

Wenn das Kind nun beginnt, vierbeinige Möbel zu »satteln«, dann muß man am Anfang natürlich auf der Hut sein. Hocker und Stühle können ja auch »störrisch« sein und einen ungeschickten Reiter auf den Boden werfen. Besonders dann, wenn das Kind von der Rückenlehne her auf den Stuhl klettern will.

Was tun? Der erste, fast instinktive Wunsch läuft darauf hinaus, daß man den Stuhl festhalten will, damit er stehen bleibt. Meistens macht man es ja auch so und hält dabei nicht nur den Stuhl fest, sondern man hilft auch dem Kind hinaufzukrabbeln. Das Kind ist in Sicherheit, weil Erwachsene in der Nähe sind. Aber wenn es *ohne sie* hinauf will? Es braucht ja keine Angst zu haben, denn der Stuhl stand vorher doch so fest da. Es wird also ohne Zittern und Zagen hinaufzukommen versuchen und fliegt – rums-bums! – auf den Boden, während der Stuhl es unter sich begräbt. Soll das heißen, daß man das Kind nicht aus den Augen lassen darf?

Nein, wir machen es anders. Sobald das Kind sich daran macht, die verschiedenen Möbel»pferde« zu zähmen, demonstrieren wir ihm unter allen Umständen ihre »Tücken«: wir halten sie nicht fest, im Gegenteil – unmerklich »helfen« wir ihnen, sich auf das Kind zu neigen, damit dieses *selbst* die Unbeständigkeit des Stuhls oder des Hockers *fühlt*.

Dann schmiegt es sich so nahe wie möglich an das »Pferd«, versucht, sehr vorsichtig hinaufzuklettern und rutscht sofort hinunter, wenn es merkt, daß das »Pferd« sich biegt.

So machen wir das Kind mit jedem »tückischen« Möbelstück bekannt, auf das es schon klettern kann, aber wir selbst setzen es nicht auf die Stühle und heben es auch nicht dort hinauf, wohin es schon allein gelangen kann.

Das Kind tut nur das, was es *allein kann* – dieses Prinzip halten wir immer durch, auch in der Zeit, in der die Kinder die Turngeräte kennenlernen. Sogar auf die Schaukel haben wir keines der Kinder gesetzt, und schaukeln tun wir auch nicht – jedes muß das *allein* lernen. Für das Kind ist das nützlicher (es entwickelt sich!) und interessanter (Hurra! Ich kann das allein!) und . . . ungefährlicher (denn es wird ja vorsichtiger!). Und für Mutter und die Babuschka ist es eine Erleichterung, weil die ständige ermüdende Bevormundung einfach unnötig wird.

Die Selbständigkeit des Kindes macht es übrigens nicht nur stärker, mutiger, phantasievoller und initiativreicher, sondern sie erleichtert auch das Leben der Erwachsenen ganz beträchtlich, vorausgesetzt natürlich, daß sie von ihrem Kind nicht nur blinden Gehorsam verlangen.

Nun leben wir schon siebzehn Jahre mit den Kindern zusammen. Es waren Jahre des Suchens, des Nachdenkens, der pädagogischen Niederlagen und Siege. Alles, was wir erzählt haben, hat uns *geholfen*, gesunde und gut entwickelte Kinder aufzuziehen. Es ist nicht an uns, darüber zu urteilen, ob unser Bericht gut geworden ist. Wir konnten über vieles im ersten Lebensjahr des Kindes noch nicht berichten. Wir haben zum Beispiel das Problem der Ernährung nicht einmal erwähnt (weil wir es einfach nicht hatten), wir haben auch über den Nutzen und die Notwendigkeit, barfuß zu laufen, über das Schlafen nachts und am Tag, über Spielzeug, Löffel und Tassen, über Strafen (müssen sie sein?) und über vieles andere nichts gesagt.

Wir hoffen, daß uns das in dem Buch gelingt, an dem wir zur Zeit arbeiten und das wir in diesem Jahr beenden wollen. Wir wären allen Lesern sehr dankbar, die uns mit ihren Anmerkungen, Vorschlägen, mit ihrer Kritik, ihren Ratschlägen, Beispielen und Warnungen helfen wollen, dieses Buch noch besser zu machen.

Bolschewo, 22. 4. 1976

Hypothese von der Entstehung und Entwicklung der schöpferischen Fähigkeiten

1973

Überarbeitete und ergänzte Fassung, erstmals gedruckt im Sammelband *Soziologische und ökonomische Probleme der Bildung,* hrsg. von W. N. Turtschenko, Nowosibirsk 1969

Hypothese von der Entstehung und Entwicklung der schöpferischen Fähigkeiten

Das Problem der menschlichen Fähigkeiten hat zu jeder Zeit und bei allen Menschen ungeteiltes Interesse hervorgerufen. Woher kommen begabte und unbegabte, talentierte und talentlose Menschen? Warum wird nicht jedes Wunderkind ein Genie, und warum sind Genies in allen Bereichen menschlicher Tätigkeit so selten? Wer hat sich solche Fragen noch nicht gestellt? Aber während diese Fragen früher nicht über die bloße Wißbegier hinausgingen und nicht unbedingt einer Lösung bedurften, hat sich das Problem der Fähigkeiten heute zu einem ernsten sozialen Problem entwickelt. Warum?

Eine bisher in der Geschichte der Menschheit noch nicht erlebte Beschleunigung des wissenschaftlich-technischen Fortschritts, das lawinenartige Anwachsen unserer Kenntnisse über die Welt sowie die Notwendigkeit, sich ihrer zu bemächtigen, haben die Pädagogen und Psychologen vor eine Reihe schwierigster Aufgaben gestellt. Die Schule bleibt in dieser Beziehung auf all ihren Stufen – der Grundstufe, Mittel- und Oberstufe[48] – hinter den Erfordernissen des Lebens zurück, und dieser Rückstand weist nicht nur keine Tendenz auf, sich zu verringern, sondern er wird sogar merklich größer.

Jedem, der die Lage der Dinge in der Schule kennt, ist klar, daß man diesen Rückstand weder durch eine Verlängerung der Lernzeit noch durch eine Erweiterung des Lehrplans mit neuem Stoff kompensieren kann. Die Dauer der Schulzeit hat schon jene Grenzen erreicht, die man noch mit knapper Not als vernünftig bezeichnen kann, und sie hält sich nicht zufällig seit über einem Jahrzehnt auf diesem Stand. Die Versuche, ein elftes Schuljahr einzuführen, endeten mit einem Mißerfolg[49]. Und die Frage der Überlastung der Lehrpläne steht schon seit vielen Jahren bei uns auf der Tagesordnung, sie macht sich ständig bemerkbar und sei es auch nur durch die Tatsache, daß der Arbeitstag der Schüler in den höheren Klassen die von der Verfassung garantierte Dauer des Arbeitstages der Erwachsenen übersteigt und nicht nur die physische, sondern auch die psychische Gesundheit unserer Kinder bedroht. Wenn wir objektive Kriterien hätten, um die Qualität dieser oder jener Gesundheit zu messen, dann hätten wir schon längst darüber geredet, und zwar mit größerer Besorgnis als jetzt.

Nun gibt es noch einen Weg – das ist die Vervollkommnung des Lernprozesses in der Schule, aber auch hier tauchen derzeit nur sehr begrenzte Möglichkeiten am Horizont auf. Sogar die Richtung mit den besten Aussichten – das programmierte Lernen – verspricht bisher nur eine Verkürzung der Lernzeit um 20 bis 30 Prozent und eine gewisse Verbesserung der Qualität des Wissens.

Weder die Verkürzung der Lernzeit in der Grundschule von vier auf drei Jahre noch der Übergang zu neuen Lehrplänen lösen das eigentliche Problem. All das sind zwar Schritte nach vorn, aber diese Schritte stehen in keinem Verhältnis zum mächtigen Gang des wissenschaftlich-technischen Fortschritts.

Das Problem kompliziert sich noch dadurch, daß dieser Fortschritt sich im ständig wachsenden Umfang der Kenntnisse bei weitem nicht erschöpft. Es ist offensichtlich, daß heutzutage selbst große Kenntnisse für eine vollwertige Ausbildung der Beschäftigten im Bereich der Wissenschaft, Technik und Produktion nicht mehr ausreichen. Wir brauchen immer dringender Menschen, die nicht nur Kenntnisse haben, sondern Menschen, die schöpferisch tätig sein können, Spezialisten mit hohem schöpferischem Potential.

Weder die Mittelschule noch die Hochschule sind derzeit auf die Auslese solcher Menschen und ihre entsprechende Ausbildung vorbereitet. Woher sie also nehmen? Die Pädagogen und Psychologen beeilen sich leider nicht sehr mit der Lösung dieser Frage. Aber das Leben wartet nicht.

Inzwischen haben die Mathematiker und Kybernetiker und nach ihnen die Physiker und Chemiker Spezialschulen[50] geschaffen, für die sie begabte Schüler suchen. Das ist eine langwierige und schwierige Aufgabe. Denn Talente sind so selten wie Diamanten, und sie zu schleifen ist nicht einfach, wenn auch bisher die einzige Möglichkeit.

Das Problem der schöpferischen Fähigkeiten hat sich den

Wissenschaftlern und Technikern also bereits in voller Schärfe gestellt, aber zweifellos wird es sich vielen anderen auch bald stellen. Wenn man dazu noch bedenkt, daß die »Lebenszeit« des Wissens kürzer wird, daß das Wissen immer schneller altert und ständige »Erneuerung« erfordert, daß unter unseren Augen Berufe aussterben und neue entstehen, daß der Anteil an Geistesarbeit und schöpferischer Tätigkeit in fast allen Berufen zunimmt und zwar rapide, dann bedeutet das, daß man die schöpferischen Fähigkeiten des Menschen als wesentlichsten Teil seines Intellekts erkennen muß, und die Aufgabe, sie zu entwickeln, als eine der wichtigsten Aufgaben bei der Erziehung des Menschen der Zukunft.

Es ist gut möglich, daß das bisher Gesagte denen, die die suchende Unruhe im geistigen Leben unserer Gesellschaft verfolgen, bekannt und verständlich ist, aber zu dieser suchenden Unruhe müßte sich auch die Sorge gesellen, die auf eine Lösung dieses Problems dringt. Daran ist nicht nur der Staat interessiert:

Fast jeder Lehrer und fast alle Eltern haben ein Interesse an der Frage, wie sich die Fähigkeiten der Kinder, darunter auch die schöpferischen, entwickeln lassen.

Aber auf dem Weg zur Lösung dieses Problems gibt es neben vielen anderen ein entscheidendes Hindernis: die gegenwärtige Hypothese von den Fähigkeiten des Menschen. Warum ist sie ein Hindernis?

Die Menschen handeln, indem sie sich von der einen oder anderen Hypothese leiten lassen, und dieses Handeln kann sie in einigen Fällen ihren Zielen näherbringen, in anderen aber davon entfernen, »an der Nase herumführen«, wie man sagt, bis neue Fakten sie dazu bringen, die falsche Hypothese aufzugeben. Manche Hypothesen versetzen den Menschen in eine aktive Position, veranlassen ihn zu suchen, zu forschen, zu experimentieren, andere lassen ihn im Gegenteil glauben, daß er machtlos ist, daß alles oder fast alles von der Natur abhängt, im Falle der Fähigkeiten von der Vererbung. So etwa sieht die in der Psychologie und Pädagogik vorherrschende Hypothese aus. Ihr Wesen kann durch die Definition dreier Hauptbegriffe beschrieben werden: Fähigkeiten, Anlagen und Begabung.

»*Fähigkeiten* sind individuelle Besonderheiten eines Menschen, von denen der Erfolg bei der Ausführung bestimmter Tätigkeiten abhängt... Fähigkeiten sind nicht in fertigem Zustand von der Natur gegeben... eine große Bedeutung für ihre Entwicklung haben die *Anlagen*, aber letztlich können Fähigkeiten sich nur unter bestimmten Lebens- und Tätigkeitsbedingungen herausbilden...[51]«

»*Anlagen* sind angeborene anatomisch-physiologische Besonderheiten, unter denen die Besonderheiten des Nervensystems und die darin verlaufenden Prozesse die größte Bedeutung haben. Die Anlagen sind bei der Entwicklung der Fähigkeiten von großer Bedeutung.« Diese Definition liefert das *Pädagogische Wörterbuch*[52]. Und die *Pädagogische Enzyklopädie* bezeichnet sie (in der Ausgabe des Jahres 1966) direkt als »angeborene Voraussetzungen für die Entwicklung des Organismus«, als »organische Grundlagen der Fähigkeiten« (Bd. II, S. 62).

»*Begabung* ist nach der Definition des *Pädagogischen Wörterbuchs* die »Gesamtheit der angeborenen Anlagen als eine der Bedingungen für die Herausbildung der Fähigkeiten« (Bd. II, S. 35) und nach der Definition der *Pädagogischen Enzyklopädie* ein »hohes Entwicklungsniveau der menschlichen Fähigkeiten, das dem Menschen erlaubt, besondere Erfolge in bestimmten Tätigkeitsbereichen zu erzielen« (Bd. II, S. 62).

Die Verwirrung bei der Definition des Begriffs Begabung ist sicherlich nicht zufällig. Sie spiegelt die Verwirrung wider, die es tatsächlich in der Psychologie in der Frage der Fähigkeiten gibt. Gleichwohl kann man aus diesen Definitionen ersehen, daß als Hauptbedingungen für die Herausbildung der Fähigkeiten die angeborenen Anlagen und die Lebens- und Tätigkeitsbedingungen angesehen werden. Wenn das eine und das andere vorhanden ist, dann können sich Fähigkeiten herausbilden, aber wenn eine der beiden Bedingungen fehlt, bilden sie sich nicht. Ob Anlagen beim Kind vorhanden sind, kann man auf keine Weise feststellen. Was bleibt also den Eltern, dem Kindergarten und der Schule zu tun? Offenbar nur, Bedingungen zu schaffen, die die Entwicklung der Fähigkeiten begünstigen, und dann abzuwarten. Abzuwarten, bis Fähigkeiten »erscheinen«. Und wenn sie nicht »erscheinen«? Dann bedeutet das, daß keine Anlagen da sind oder daß wir keine Bedingungen für diejenigen Anlagen geschaffen haben, die das Kind besitzt. Da finde sich einer zurecht! Kurz – die Menschen sehen sich durch eine solche Hypothese in eine passive Position versetzt.

Nun zum Wesen der »Anlagen«:

»Wenn dieser Begriff anatomisch-physiologisch zu verstehen ist, dann bedeutet das für den Psychologen, daß er in einen Bereich verwiesen wird, mit dem er sich nicht befaßt. Zugleich handelt es sich um die formal-logische Annahme, daß – weil es Fähigkeiten gibt – auch etwas vor ihnen da sein müsse. Und dieses »etwas« sind die *vorausgesetzten angeborenen Anlagen*. Ein solches Verständnis gibt der Psychologie gar nichts und findet keine Begründung in den faktischen Daten«, schreibt Professor W. N. Mjasischtschew, korrespondierendes Mitglied der Akademie der pädagogischen Wissenschaften, und er fügt hinzu: »Unter den zahlreichen Untersuchungen zur Physiologie der höheren Nerventätigkeit des Kindes gibt es *nicht eine einzige Untersuchung*, die der Frage nach den physiologischen Besonderheiten nachgeht, die mit dem Begriff der Fähigkeiten zusammenhängen«[53]. (Hervorhebungen vom Verfasser). Anders gesagt, die herrschende Hypothese der Fähigkeiten hat derzeit noch spekulativen Charakter.

Zu verschiedenen Zeiten sind aufgrund verschiedener Fakten verschiedene Annahmen entstanden. Man glaubte zum Beispiel, daß die Fähigkeiten vom Gehirnvolumen abhängen, weil das Gehirnvolumen bei vielen talentierten und begabten Menschen die übliche menschliche Norm von 1 400 cm^3 überschritt und 1 800 cm^3 erreichte (wie beim Dichter I. S. Turgenjew). Aber daneben gab es auch Fälle, in denen ein genialer Mensch ein Gehirnvolumen von 1 200 cm^3 hatte oder sogar nur mit einer Gehirnhälfte lebte, wie Pasteur, bei dem nach einer Gehirnblutung nur eine Hemisphäre funktionierte, und diese Hypothese konnte sie nicht erklären.

Dann wandte man sich der Zellenstruktur des Großhirns und besonders seiner Rinde zu und fand heraus, daß es hier bei genialen Menschen bisweilen Unterschiede zur gewöhnlichen Struktur gibt, aber welche dieser Unterschiede entscheidende Bedeutung haben, blieb ein Rätsel.

Man nahm zum Beispiel auch an, daß immer das erste Kind in der Familie talentiert ist. Und auch diese Hypothese hatte ihre Anhänger, bis die Statistik helfend einschritt. Von 74 weltbekannten genialen und talentierten Menschen, aus deren biographischen Angaben man genau feststellen konnte, als wievieltes Kind sie geboren wurden, waren ... nur fünf Erstkinder – Milton, Leonardo da Vinci, Heinrich Heine, Brahms, Anton Rubinstein[54].

Aber Franklin war das 17. Kind in der Familie

Mendelejew[55]	17.
Metschnikow[56]	16.
Schubert	13.
Washington	11.
Sarah Bernard	11.
Karl Weber	9.
Napoleon	8.
Rubens	7. usw.

Das heißt, es geht nicht um die Frage, als wievieltes Kind in der Familie jemand geboren wird, sondern um etwas anderes.

Sehr lebendig ist auch die Hypothese von der Vererbung der Fähigkeiten. Die Tatsache, daß hierbei zahlreiche widersprüchliche Fakten zu verzeichnen sind, stört ihre Anhänger nicht. In fünf Generationen der Familie Bach gab es außer Johann Sebastian noch 56, nach anderen Angaben noch 15 talentierte Musiker. Und das gleiche kann man, wenn auch in geringerem Ausmaß, in anderen Familien talentierter Menschen beobachten. Doch gibt es hier auch diametral entgegengesetzte Fakten, zum Beispiel die Familie Schumann. Unter 136 Mitgliedern dieser Familie in vier Generationen gab es nur einen Musiker: Robert Schumann. Seine Frau Klara war auch eine begabte Pianistin, aber keines ihrer acht Kinder wurde Musiker. Warum? Warum war in der Familie Tolstoj nur Leo Nikolajewitsch Tolstoj genial?

Auf diese Fragen zu antworten, und zwar überzeugend zu antworten, ist schwierig. In der geltenden Hypothese werden diese Fragen deshalb mit Schweigen umgangen. Dabei muß man aber bedenken, daß Fähigkeiten ziemlich beständige Eigenarten sind, die sich im Laufe eines Menschenlebens wenig verändern. Wenn einem Kind schon in der Grundschule Mathematik schwerfällt, dann wird sich diese Eigenschaft bei ihm auch in allen höheren Klassen erhalten. Bei allem Fleiß, bei aller Arbeitskraft, bei aller Genauigkeit und anderen Tugenden kann man einen solchen Schüler nicht begabt machen – sagen die Lehrer. Für die überwiegende Mehrheit der Fälle stimmt das auch tatsächlich, Ausnahmen sind äußerst selten.

»Angeborener Intellekt« – so erklären nicht nur bürgerliche Wissenschaftler diese Erscheinung. »Talent und Begabung beispielsweise für den Bereich der Mathematik, des physikalischen Experiments, der Konstruktion neuer Geräte sind von der Natur nicht allen gegeben. Auch die hartnäckigste Anstrengung kann diese angeborene Begabung nicht ersetzen«, sagt Akademiemitglied Kolmogorow[57].

Wenn man dieser Behauptung zustimmt, dann ist es nur konsequent anzunehmen, daß »angeborene Begabung« zum Beispiel für wissenschaftliche Arbeit nur bei solchen Völkern vorkommt, die den Zustand des Primitiven schon lange verlassen und die in einer langen Periode ihrer historischen Entwicklung bestimmte Eigenschaften für eine wissenschaftliche Tätigkeit erworben haben.

Aber wie soll man dann folgende Tatsache erklären: »Marie-Yvonne, ein Mädchen, das die Expedition Vellard[58] aus den tiefen Wäldern Lateinamerikas mitgebracht hatte, kam aus dem Stamm der Guyaki-Indianer, dem primitivsten Stamm dieser Erde, entwickelte sich aber in Frankreich zu einer intelligenten und gebildeten Frau«[59] – zu einer Wissenschaftlerin.

Die Genetiker, die in den letzten Jahren große Entdeckungen im Bereich der Vererbung gemacht haben, sind sich auch nicht einig. Charlotte Auerbach, Professorin der Genetik an der Universität Edinburgh, versichert:

»Alles, was für die Beschaffenheit des Körpers gilt, ist auch für die Charakteristika des Verstandes und der Emotionen richtig. Das Niveau der intellektuellen Entwicklung, die besonderen Fähigkeiten, die persönlichen Eigenschaften – das alles ist das Ergebnis einer Wechselwirkung von genetischen und Milieufaktoren«[60].

Und George Biddle, ehemaliger Rektor der Universität von Chicago und Nobelpreisträger, unterscheidet die »biologische« Vererbung von der »kulturellen«: »Die Kluft zwischen dem Menschen und seinem nächsten Verwandten aus der Tierwelt ist riesengroß . . . das zentrale Nervensystem des Menschen entwickelt sich unter dem Einfluß des kulturellen Milieus in außergewöhnlich spezifischer Weise. Unser Haupthirn wie auch das Gehirn unserer Vorfahren und der uns verwandten Arten enthält ›angeborene Informationen‹, die Funktionen des Organismus wie Atmen, Blutzirkulation, instinktives Verhalten usw. regulieren. Doch neben diesen Informationen enthält das Gehirn des Menschen im Unterschied zum Gehirn des Tieres noch eine Riesenmenge an ›aufgenommenen Informationen‹, die ein kulturelles Erbe sind . . . Im Unterschied zur biologischen Vererbung muß das vom Menschen erworbene kulturelle Erbe in jeder neuen Generation erneuert werden«[61]. Biddle überläßt also sehr wenig der Vererbung und sehr viel der Erziehung.

Wie soll man vom Standpunkt der alten Hypothese ferner folgende Tatsachen erklären: Sehr oft versetzen Vorschulkinder und jüngere Schüler die Erwachsenen durch frühe schöpferische Fähigkeiten in Erstaunen. Aber es vergehen die Jahre, die Kinder werden größer, und sie werden keine begabten und schon gar keine genialen Menschen. Wohin entschwinden ihre Fähigkeiten und Anlagen? Warum zum Beispiel bleibt die überwiegende Mehrheit der in Asylen und Heimen erzogenen Kinder weit in der sprachlichen Entwicklung zurück und lernt dann schlecht in der Schule? Das beobachten Forscher in vielen europäischen Staaten schon seit langem[62, 63]. Sind diese Kinder etwa nicht genauso wie alle anderen und nur um die Anlagen gebracht, die die Entwicklung der Sprache und das Lernen in der Schule ermöglichen?

Warum werden in die Moskauer mathematischen Schulen nach einem Wettbewerb jedes Jahr Schüler aufgenommen, die im wesentlichen aus einigen »besonderen« Schulen des Moskauer Gebiets kommen[64]?

Warum hat rund ein Drittel der russischen Studenten kein musikalisches Gehör, aber die vietnamesischen Studenten haben es alle?

Warum meinen die einen, daß nur 1 bis 2 Prozent der Jungen und Mädchen wissenschaftlich im Bereich Mathematik arbeiten können (Akademiemitglied Kolmogorow[57]), während die anderen von 60 bis 80 Prozent sprechen (so der Lehrer K. Skorochod[65])?

Solche Fragen, auf die die gegenwärtige Hypothese der Fähigkeiten keine befriedigende Antwort geben kann, sind sehr zahlreich.

Ausgangsfakten für die neue Hypothese

Während des Krieges mußte ich als Ingenieur eines Reserveregiments der Luftwaffe Flieger in Theorie und Praxis des Luftkampfes unterrichten. Ich versuchte, die besten Methoden für den Schießunterricht herauszufinden, und zeichnete zu diesem Zweck »Kurven des Anwachsens der Sicherheit beim Zielen und beim Schießen« sowohl für einzelne Flieger wie für ganze Geschwader und für unterschiedliche Unterrichts- und Trainingsbedingungen.

Diese Kurven zeigten den gleichen Verlauf: Sie alle begannen bei Null oder bei einem niedrigen Anfangswert, der Null nahe lag, und fingen dann an, schnell zu steigen. Aber je größer die Erfolge wurden, desto geringer wurde die Wachstumsgeschwindigkeit, bis die Kurve schließlich eine Art Ma-

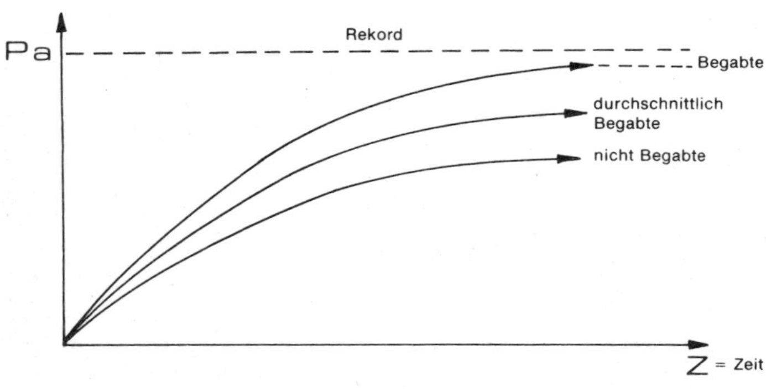

Abb. 1
Experimentalkurven der Produktivitätsentwicklung im Verlauf des Unterrichts.

ximum erreichte, ohne daß sie indes aufhörte zu steigen. Solche Kurven erhielt ich später auch bei Stenographiekursen, wo ich Kurven der »Schreibgeschwindigkeit« zeichnete, mit dem Unterschied allerdings, daß die Geschwindigkeit, mit der die Sprache aufgenommen wurde, sehr viel langsamer wuchs und einen größeren Schulungszeitraum erforderte. Die gleichen Kurven erhielt ich auch beim Unterricht in Maschinenschreiben und im Morsealphabet (Telegraphieren). Der Verlauf der Kurven blieb immer der gleiche. Überall verringerte sich die Entwicklungsgeschwindigkeit in dem Maße, in dem größere Erfolge erzielt wurden, während die Kurve selbst sich asymptotisch dem einen oder anderen maximalen (Rekord) Wert näherte, ohne ihn aber je zu erreichen.

Bei den Begabteren steigen die Kurven schneller und erreichen eine große Höhe, bei den weniger Begabten steigen sie langsamer und erreichen geringere Höhen, also geringere Ergebnisse. Die »Rekorde« können persönliche Rekorde wie auch Gruppen- und internationale Rekorde sein, doch es gibt sie immer, und sie zu »überspringen« ist praktisch – wie alle wissen – fast unmöglich. Im Maschinenschreiben zum Beispiel ist der Rekord, der in den zwanziger Jahren dieses Jahrhunderts von der Engländerin Mitchell aufgestellt wurde und bei 902 Anschlägen in der Minute liegt, bis heute von niemandem wieder erreicht worden. Die Leistung der Siegerin des Jahres 1966 – einer tschechischen Stenotypistin – liegt bei ganzen 650 Anschlägen in der Minute.

Interessant ist, daß die Streuung in der Arbeitsproduktivität der Menschen unbedeutend ist und daß die Standardabweichung (Sigma) im ganzen nur einige Prozente vom Rekord beträgt und ihn selten um fünf bis zehn Prozent überschreitet.

Auf dieser »Gleichartigkeit« der Menschen, d. h. auf der Ähnlichkeit ihrer Möglichkeiten, beruht das ganze ungeheure Gebäude der »Leistungsnormen« in der Produktion. Die Normen hängen von der technischen Ausrüstung des Arbeitsprozesses und von der Technologie ab, den verschiedenen Fähigkeiten der Menschen sind sie in keiner Weise angepaßt. Alle müssen die Norm erfüllen. Jedoch hat sich gezeigt, daß nicht alle Tätigkeiten dieser Gesetzmäßigkeit unterworfen sind.

Um die Gesetzmäßigkeit der Entwicklung der »technischen Fähigkeiten« herauszufinden, habe ich einmal sieben technische Aufgaben (für Schüler) zusammengestellt, die verschiedene Seiten technischer Tätigkeit umfaßten. Das waren Modelle technischer Arbeiten, die Kinder verschiedenen Alters, von fünf bis sechs Jahren an, ausführen konnten. Das waren Aufgaben zur Zusammensetzung eines Mechanismus ohne Vorlage, zur Anfertigung eines Modells aus Draht nach einer Zeichnung, zur Konstruktion usw. Die Aufgaben hatten Stufencharakter: Zu Beginn gab es Teile, die leicht zu bewältigen waren, aber dann wurden die Schwierigkeiten immer größer und größer, so daß jeder nach seinen Möglichkeiten die erste »Stufe«, die zweite, dritte usw. in Angriff nehmen konnte, um schließlich die zehnte und sogar die siebzehnte Stufe zu erklimmen.

Mit diesen Aufgaben ging ich alle Klassen von der ersten bis zur elften durch[66], stellte jedem Schüler alle sieben Aufgaben und notierte nicht nur den Prozentsatz der Aufgaben, den er löste (also die höchste Stufe, die der Schüler erreichte), sondern auch die *Zeit*, die er für diese Arbeit aufwandte. Der Rekordhalter, also der Schüler, der die Aufgabe zu 100 Prozent und in einem Minimum an Zeit löste, bekam die höchste Bewertung: 100 Punkte. Wenn jemand die Aufgabe auch vollständig gelöst, dafür aber doppelt soviel Zeit benötigt hatte, bekam er nur 50 Punkte; wenn er das Dreifache an Zeit benötigte, nur 33 Punkte usw. Wenn die Aufgabe nur teilweise gelöst wurde, zum Beispiel zu 50 Prozent, verringerte sich die Punktzahl noch einmal um das Doppelte. Auf diese Weise konnte jeder Schüler nach der Arbeitsproduktivität mit dem Besten verglichen werden, es konnte festgestellt werden, welchen Teil der Arbeit des Rekordhalters er in der gleichen Zeit ausführen konnte[67].

In zwei Schuljahren, von 1961 bis 1963, gelang es mir, in Form einer technischen Olympiade die Arbeitsproduktivität von 620 Schülern verschiedener Klassen zu messen und Kurven der Produktivitätsentwicklung nach den einzelnen Aufgabenarten und nach dem mittleren Ergebnis aus den sieben Aufgaben zu erstellen[68].

Keine einzige Kurve war gewöhnlichen Entwicklungskurven ähnlich, war all dem ähnlich, was ich früher ermittelt hatte. Ihr Steigungswinkel (die Entwicklungsgeschwindigkeit) verringerte sich nicht, sondern nahm bei sechs von acht Kurven zu – bis zum Ende der achten Klasse, und sie hatten ganz klar keinerlei Asymptote. Wie war das möglich? Die Verteilung um den Mittelwert war klar asymmetrisch. Die Verschiebung nach oben war unbegrenzt möglich und durch den Charakter der Kurven selbst vorgegeben. Wenn der schwächste Schüler eine zwei- bis dreimal niedrigere Produktivität zeigte als ein durchschnittlicher, so konnte der Stärkste den mittleren um die vier- und fünffache oder eine noch größere Produktivität übertreffen. Das war offenbar deshalb so, weil die Kurven eine andere Gesetzmäßigkeit widerspiegelten und zum Ausdruck brachten, daß die Lösung solcher Aufgaben ihre eigenen Besonderheiten hat. Welche aber sind das?

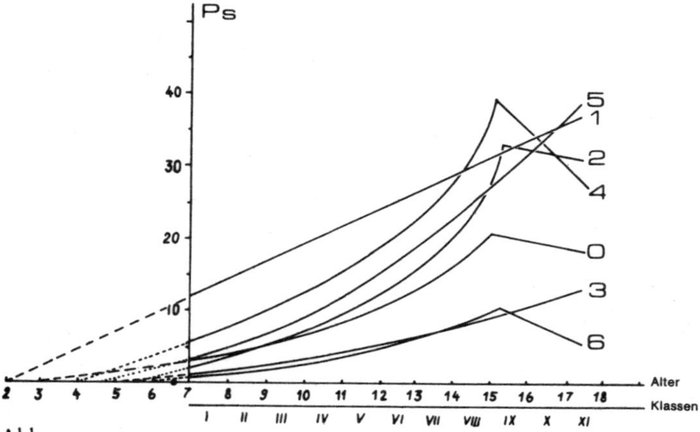

Abb. 2
Experimentalkurven der Produktivitätsentwicklung bei schöpferischer technischer Tätigkeit – P_s / 620 Schüler der 1.–11. Klasse, 4340 Aufgaben.

Arten der technischen Aufgaben (zu Abb. 2):

0. Konstruktion eines Wagenmodells nach einer technischen Aufgabe und die *gesamte* Kurve.
1. Anfertigung einer Detailskizze (Zeichnen).
2. Lesen einer technischen Zeichnung.
3. Anfertigung eines Einzelteils aus Draht nach einer Zeichnung.
4. Montage eines Mechanismus ohne Instruktion.
5. Herausfinden der Gesetzmäßigkeit mathematischer Reihen.
6. Herausfinden von Fehlern in der Zeichnung eines Mechanismus.

Der einzige wesentliche Unterschied zu anderen Aufgaben bestand darin, daß alle völlig *neu* für die Schüler waren. Niemand hatte ihnen beigebracht, wie diese Aufgaben zu lösen waren, und das bedeutet, daß die Lösung ein subjektiv *schöpferischer* Prozeß war. Offenbar ist die Entwicklung der schöpferischen Fähigkeiten anderen Gesetzmäßigkeiten unterworfen, sie verläuft anders als die Entwicklung gewöhnlicher Tätigkeiten im Unterricht, und man muß sie vom anderen, nichtschöpferischen Teil *trennen*.

Interessant ist, daß die Produktivität der Mädchen bei der Lösung schöpferischer technischer Aufgaben, die im Alter von sechs bis sieben Jahren die *gleiche* wie bei den Jungen ist (Abb. 3), beträchtlich langsamer steigt als die der Jungen und daß sie gegen Ende der achten Klasse im ganzen nur 40 bis 50 Prozent ihrer Produktivität ausmacht.

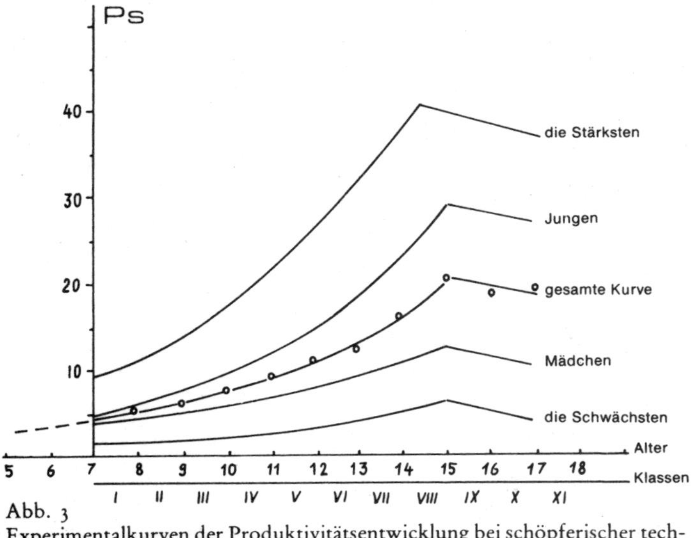

Abb. 3
Experimentalkurven der Produktivitätsentwicklung bei schöpferischer technischer Tätigkeit von Schülern der 1. bis 11. Klasse / 620 Schüler – 4340 Aufgaben.

Aber sogar bei den Mädchen ist eine *Beschleunigung* der Entwicklung in dem Maße, in dem eine Vorwärtsbewegung, ein Anwachsen des Produktivitätsniveaus, stattfindet, klar ersichtlich.

Die Beschleunigung tritt besonders deutlich auf dem Abschnitt der gesamten Kurve zwischen der 4. und 9. Klasse hervor. Hier beträgt der jährliche Zuwachs:

in der 5. Klasse – 18 Prozent gegenüber dem Niveau der vorhergehenden Klasse,

in der 6. Klasse – 24 Prozent gegenüber dem Niveau der vorhergehenden Klasse,

in der 7. Klasse – 27 Prozent gegenüber dem Niveau der vorhergehenden Klasse,

in der 8. Klasse – 27 Prozent gegenüber dem Niveau der vorhergehenden Klasse,

d. h. er ist der Größe nach gleichbleibend. Eine solche Gesetzmäßigkeit kann mathematisch durch die Exponentialfunktion vom Typ

$P_s = ae^{bz}$, wobei e die Grundzahl der natürlichen Logarithmen ist,

zum Ausdruck gebracht werden. Allerdings »bricht« die Kurve sich irgendwie in der 9. Klasse, aber das ist eine besondere Frage. Wichtig ist, daß die Entwicklungskurven, die alle vom gleichen Typ sind, eine Krümmungsänderung von unterschiedlicher Größe aufweisen, was sich mathematisch durch die unterschiedliche Größe des Wachstumsdekrements b ausdrückt.

Am wenigsten nimmt der Steigungswinkel bei den schwächsten Schülern zu, während er bei den Mädchen schneller zunimmt, und noch fühlbarer ist die Zunahme bei den Jungen. Alle bewegen sich nach »ihren« Kurven und gehen immer mehr *auseinander*, entfernen sich voneinander. Dieses »Auseinandergehen« der Entwicklungskurven spiegelt deutlich den real existierenden Prozeß wider, an dessen Ende so große Unterschiede in der Entwicklung der schöpferischen Fähigkeiten bei allen Menschen auftreten, obwohl die Ausgangsdaten bei allen einander nahe oder fast gleich sind.

So brachte mich der neue Kurventyp, den ich experimentell erhalten hatte, auf den Gedanken, daß jede menschliche Tätigkeit in zwei unterschiedliche Bereiche geteilt werden muß – in einen *ausführenden* und einen *schöpferischen* Teil. Die Idee ist dem Wesen nach nicht neu, aber für das Studium der Probleme der Fähigkeiten außerordentlich wichtig. Nur so wird verständlich, warum die Kurven, die ich im Laufe des Unterrichts zu verschiedenen Arten der Tätigkeit gezeichnet hatte, das auf Abb. 1 dargestellte Aussehen haben. Offenbar bilden wir im Unterricht ausführende Fähigkeiten heraus, und diese entwickeln sich unabhängig von der Art der Tätigkeit nach ihren Gesetzen, nach ihren Kurven.

Aber wenn wir annehmen, daß jede Tätigkeit aus diesen beiden Teilen besteht, müssen wir auch je nach dem Verhältnis, in dem sie zueinander stehen, an sie herangehen. Wenn wir die Stenotypistin in einer Behörde oder den Arbeiter in der Fabrik nehmen, der Rohstücke unter die Presse legt und auf einen Knopf drückt oder einen Hebel einschaltet, dann werden wir niemanden davon zu überzeugen brauchen, daß ihre ganze oder fast ihre ganze Arbeit aus einem *ausführenden* Teil besteht. Der schöpferische Teil bei diesen Tätigkeiten ist gleich oder fast gleich Null. Sie tun das, was ihnen beigebracht wurde, und nur das. Neue Aufgaben, deren Lösung sie früher nicht gelernt haben, stellen sich ihnen überhaupt nicht. Aber schon dem Reparaturschlosser oder dem Chauffeur werden diese neuen Aufgaben unbedingt gestellt. Sie müssen herausfinden, warum ein Auto stehengeblieben ist oder welche und wieviele Mängel in einer Werkzeugmaschine aufgetreten sind, die in Reparatur gegeben wurde. Hier kann nur helfen, was die Arbeiter als »Köpfchen« bezeichnen, wir aber als – schöpferische Fähigkeiten. Die Notwendigkeit, ständig »neue« Aufgaben zu lösen, zwingt die Arbeiter dieser Kategorie auch dazu, sich in schöpferischer Hinsicht ständig weiterzuentwickeln.

In der Fabrik »Roter Ätna« im Gorkijer Gebiet entfallen 56 Prozent der Rationalisatoren[69] auf die Berufe der Reparaturschlosser und der Einrichter, und nur 1 Prozent auf Arbeiter, die Handarbeit an den Maschinen verrichten (also auf Preßarbeiter, Bohrer, Schleifer u. a.). Das bedeutet, daß es tatsächlich mechanische, betäubende Arbeit gibt, die den Menschen abstumpft, sonst wären diese erschreckenden Zahlen – 56 und 1 – nicht möglich.

Abb. 4 zeigt das »Verhältnis zwischen dem ausführenden und dem schöpferischen Teil bei einer technischen Tätigkeit«.

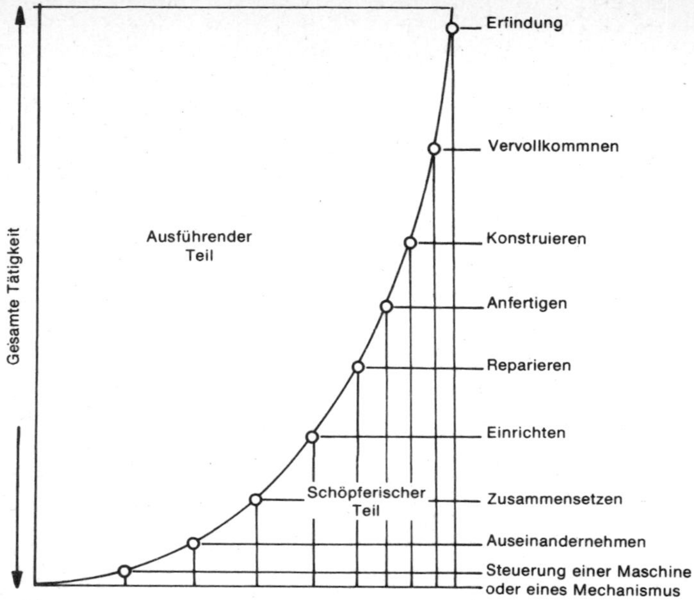

Abb. 4
Schema des Verhältnisses zwischen dem *ausführenden* und dem *schöpferischen* Teil bei einer technischen Tätigkeit.

Die Handhabung einer Maschine oder eines Mechanismus besteht fast ganz aus einem ausführenden Teil, den man sich leicht durch Schulung aneignen kann. Kleine Kinder erlernen das »Steuern« deshalb früher als daß sie sich ans »Zerlegen« machen und bedienen erfolgreich ein Telefon, ein Radiogerät und sogar den Fernsehapparat.

Jede Tätigkeitsart erfordert einen unterschiedlichen Anteil an Schöpferischem, und je größer dieser Anteil ist, desto schwieriger und komplizierter ist die Arbeit.

Eine rein ausführende Arbeit, die zudem zur Gewohnheit geworden ist, erscheint deshalb leichter, aber sie fordert vom Menschen auch entsprechend wenig, und das geht so weit, daß zum Beispiel Arbeiten, die im Steuern von Maschinen bestehen, sogar von Tieren ausgeführt werden können. In der Presse finden sich Meldungen darüber, daß Affen in der Lage sind, Autos, Motorräder und Traktoren zu steuern.

Aus dem Charakter der Entwicklungskurven der ausführenden und schöpferischen Fähigkeiten ergibt sich noch eine andere wichtige Folgerung: Während die Menschen sich bei einer ausführenden Tätigkeit in bezug auf die Arbeitsproduktivität wenig voneinander unterscheiden und deshalb für alle einheitliche Normen aufgestellt werden, kann der Unterschied in der Produktivität bei einer schöpferischen Arbeit gewaltig sein. Die Geschichte der Technik bestätigt das durch eine Menge Tatsachen. Hier sind einige davon.

Anderthalb Monate plagten sich die Ingenieure einer alten französischen Werft mit der Frage, wie sie einen neuen Frachter dazu bringen könnten, die berechnete Geschwindigkeit von 9 Knoten (pro Stunde) zu entwickeln, aber er schaffte nicht mehr als 7. Nun wandten sie sich um Rat an den bekannten russischen Schiffsbauer A. N. Krylow, und dieser löste die Aufgabe, nachdem er eine oder zwei Stunden am Modell dieses Schiffes zugebracht hatte.

»Es kann eine Geschwindigkeit von 9 Knoten entwickeln, aber dazu müssen die Schaufeln der Schiffsschrauben um sechs Zoll verkürzt und die Umdrehungen der Schraubenwelle gesteigert werden«, schlug er vor.

Aber man glaubte Krylow nicht, weil die Verkürzung der langen Schaufeln die Zugkraft verringerte. Und man versuchte noch einen ganzen Monat lang, die Geschwindigkeit mit eigenen Mitteln und Methoden zu vergrößern. Erst nachdem man alle Möglichkeiten ausgeschöpft und keine Ergebnisse erzielt hatte, entschloß man sich, die Schaufeln der Schrauben zu stutzen. Und was geschah? Schon auf der ersten Versuchsfahrt entwickelte das Schiff eine Geschwindigkeit von 9,5 Knoten.

Und jetzt vergleichen Sie: Das gesamte Konstruktionsbüro einer bekannten französischen Werft, so viele sehr erfahrene Ingenieure, konnten im Laufe von zweieinhalb Monaten eine Aufgabe nicht lösen, mit der Krylow in wenigen Stunden fertig wurde. Das war natürlich eine schöpferische Aufgabe, und die Überlegenheit Krylows in der Entwicklung der schöpferischen Fähigkeiten gegenüber den französischen Ingenieuren war sehr groß.

Ähnliches berichten Leute, die unseren Flugzeugkonstrukteur A. N. Tupoljow gekannt haben. Einmal kam er in ein Versuchswerk, wo ein neues Flugzeug gebaut wurde. Das Flugzeug war fast fertig, und bald sollten die Testflüge beginnen.

»Es wird nicht fliegen!« erklärte Tupoljow, nachdem er um das Flugzeug herumgegangen war und es aufmerksam betrachtet hatte. Man glaubte ihm natürlich nicht, aber – bei den Versuchen flog es wirklich nicht.

»Hier wird euer Flugzeug zerbrechen«, warnte Tupoljow den jungen Flugzeugkonstrukteur, während er mit ihm zusammen die Zeichnungen des Projekts durchsah. Der fing an zu streiten und stimmte nicht zu, aber ein Jahr später, als er Tupoljow wiedertraf, bekannte er bitter:

»Das Flugzeug haben wir trotzdem gebaut, aber das verfluchte Ding ist zerbrochen. Und an der gleichen Stelle, von der Sie gesprochen haben!«

Sehr viele Beispiele einer so gewaltigen Überlegenheit einiger Menschen über andere kennt die Geschichte der Wissenschaft und Technik, aber sie alle beziehen sich nur auf die schöpferische Tätigkeit, bei der ausführenden gibt es so etwas nicht.

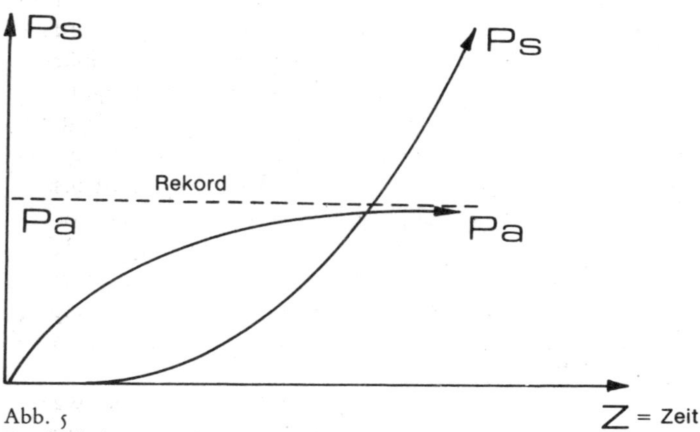

Abb. 5
Vergleich der Entwicklung der *ausführenden* und *schöpferischen* Fähigkeiten bei optimalen Bedingungen.

Abb. 5 veranschaulicht das Verhältnis der Entwicklung von ausführenden und schöpferischen Fähigkeiten – unter der

Voraussetzung, daß die Entwicklungsbedingungen für die einen wie für die anderen annähernd optimal sind. Die Arbeitsproduktivität bei einer ausführenden Tätigkeit (P_a) wächst am schnellsten zu Beginn der Entwicklung (bei der Ausbildung), aber das Wachstum *verlangsamt* sich unaufhaltsam und kommt fast zum Stehen, wenn es sich dem für diese Arbeit vorgegebenen Rekordwert nähert. Die Produktivität bei einer schöpferischen Tätigkeit (P_s) jedoch, welche die Entwicklung der schöpferischen Fähigkeiten charakterisiert, wächst umgekehrt am Anfang langsam, nimmt dann ununterbrochen zu und hat, solange günstige Bedingungen bestehen, keine Grenzen.

Die zweite Faktenreihe betrifft nicht die »Struktur der Fähigkeiten«, sondern die Natur der sogenannten »Anlagen«.

Man kann zum Beispiel annehmen, daß mathematische Fähigkeiten wie auch die »Anlagen« für ihre Entwicklung bei den Menschen verhältnismäßig selten vorkommen, im Gegensatz zum Beispiel zu musikalischen Fähigkeiten. Aber wie steht es mit einer Eigenschaft wie der Fähigkeit zum Erlernen der menschlichen Sprache? Hier wird vermutlich niemand bestreiten, daß jedes gesunde Kind in der Lage ist, sprechen zu lernen und daß jedes Kind bei der Geburt einen vollständigen Vorrat an den dafür notwendigen »Anlagen« mitbekommt. Aber wie soll man dann folgende Fakten erklären?

Die meisten Kinder, die in der Familie leben, fangen mit etwa einem Jahr an zu sprechen. Zuerst wächst die Zahl der Worte, die das Baby anwendet, langsam, aber dann fängt das Tempo, in dem das Kind die Sprache erlernt, an zu wachsen, und mit anderthalb Jahren beginnen neue Worte wie aus einem Füllhorn zu fließen. Mit zwei Jahren spricht das Kind schon in Sätzen, und noch ein oder zwei Jahre später verwandelt es sich bereits in einen Menschen, der seine Muttersprache gut beherrscht. Das ist das gewohnte, allen bekannte Bild.

Aber hier ein anderes. Ein Kinderheim. Die Kinder wachsen ohne Mutter auf. Gehen Sie in eine Gruppe von zwei- oder dreijährigen Kindern hinein, und Sie werden nicht ein einziges Wort hören. Keines der Kinder weiß, wie es heißt. Und das sind keine behinderten Kinder, sondern ganz normale Kinder, die einfach spät anfangen zu sprechen[70].

Das ist das übliche Bild in den Kinderheimen. Die Kinder fangen dort nicht nur spät an zu sprechen, sondern dieser Prozeß verläuft bei ihnen auch erstaunlich langsam und unter großen Mühen, was sich auf ihre gesamte geistige Entwicklung auswirkt. Sogar unter scheinbar idealen Bedingungen, wie sie in der Abteilung »Gesundes Kind« des Instituts für Pädiatrie der Akademie der Medizinischen Wissenschaften in Moskau geschaffen wurden, kann man das deutlich erkennen.

Und darüber, daß es viel schwieriger ist, einem dreijährigen Kind das Sprechen beizubringen als einem anderthalbjährigen, hat schon in den 30er Jahren der bekannte Psychologe L. S. Wygotskij (1896–1934) geschrieben[71].

Woran liegt das? Der Gedanke, daß diese Kinder mit weniger »Anlagen« geboren wurden, daß sie von ihren Eltern nicht die Fähigkeit zum Erlernen der gewöhnlichen menschlichen Sprache geerbt hätten, ist wohl nicht zulässig!

Und schließlich eine dritte Faktenreihe, die kleine Kinder betrifft, die verlorengingen und von wilden Tieren aufgezogen wurden – von Wölfen, Bären und Affen. Der Wissenschaft sind einige Dutzend solcher Fälle bekannt. Die Kinder kehrten verhältnismäßig spät in die Gesellschaft der Menschen zurück – im achten, zehnten oder zwölften Lebensjahr, und man hat natürlich versucht, ihnen das Sprechen beizubringen. Aber etwas Erstaunliches geschah – keines der Kinder war in der Lage, die menschliche Sprache zu lernen. Das Mädchen Kamala zum Beispiel, das man im Alter von acht Jahren in einer Wolfshöhle in der Nähe Kalkuttas (Indien) gefunden hatte, lernte in sechs Jahren Zusammenlebens mit der Familie eines Pastors ganze – dreißig Wörter, und die sprach sie nur unverständlich aus.

Wie mühsam und wie langsam verlief bei ihr der Lernprozeß, wenn am Ende von sechsjährigen Anstrengungen ein so jämmerliches Ergebnis stand!

Es erweist sich also, daß die sogenannten »Anlagen«, die für das Erlernen der Sprache notwendig sind, nicht angeboren sein können wie die Farbe der Haut oder der Haare, wie breite Backenknochen oder Schlitzaugen. Sie verwandeln sich, so zeigt sich, nur unter bestimmten Bedingungen in Fähigkeiten, und dann lernen die Kinder leicht sprechen, unter anderen Bedingungen aber wird dieser Prozeß erschwert und er verläuft langsam, und unter wiederum anderen Bedingungen kommt er fast vollständig zum Stillstand. Offenbar gehören Fähigkeiten wie auch psychische Eigenschaften eher zu dem, was Biddle als »kulturelle Vererbung« bezeichnet, die in jeder neuen Generation wieder erneuert werden muß. Er schreibt: »Wenn wir keine Informationen über kulturelle Kategorien hätten, würden wir sofort auf das kulturelle Niveau herabsinken, das vor Hunderten und Tausenden von Jahren bestand. Wenn aber das notwendige kulturelle Milieu schon in der nächsten Generation wieder vorhanden wäre, dann könnte das vorherige Niveau voll wiedererreicht werden. Es gibt weder sichtbare noch angeborene Grenzen für die Geschwindigkeit, mit der ein kulturelles Erbe verloren, erworben, vertieft oder verändert werden kann, wenn »normale« Vertreter der Art vorhanden sind ...[61]«

Diese und ähnliche Fakten zwangen dazu, kritisch an die in der Psychologie geltende Unterteilung der Fähigkeiten in »besondere« und »allgemeine« und ebenso an die traditionelle Ausrichtung der Forschung heranzugehen. Das war um so notwendiger, als die Psychologen selbst meinen: »Wir müssen bekennen, daß ein wesentlicher Mangel unserer psychologischen Arbeiten in dem fast vollständigen Fehlen quantitativ bedeutender Materialien und statistischer Erhebungen sowohl im Bereich des Problems der Fähigkeiten wie auch in der Psychologie im allgemeinen besteht. Die Absage an die Anwendung der Metrik und eine einseitige qualitative Charakteristik widersprechen den Erfordernissen der Entwicklung, welche auch die Anwendung des quantifizierenden Maßes verlangt«, sagt Professor W. N. Mjasischtschew in seinem Artikel »Das Problem der Fähigkeiten in der sowjetischen Psychologie und ihre nächsten Aufgaben«[53].

Diese Tatsache, daß die geltende Hypothese der Fähigkeiten schon drei Jahrzehnte lang nicht verändert und nicht präzisiert wird, ist auch symptomatisch, denn »... eine Hypothese kann nicht wissenschaftlich sein, wenn sie dazu verurteilt ist, immer eine Hypothese zu bleiben. Sie muß so beschaffen sein, daß sie bei der Gegenüberstellung mit den beobachteten Fakten entweder bewiesen oder widerlegt wird«, schrieb K. A. Timirjasew[72] (*Gesammelte Werke*, Bd. 8, Moskau 1939, S. 464).

Die Notwendigkeit, eine neue Hypothese zu formulieren, ist also hinreichend gegeben.

Die neue Hypothese von der Entwicklung der Fähigkeiten

1. Die menschliche Tätigkeit enthält, grob gesprochen, zwei Aufgabentypen: »alte«, deren Lösung dem Menschen beigebracht wurde, die er schon früher ausgeführt und für die er Wissen, Fertigkeiten und Übung erworben hat, und »neue«, die er vorher nicht ausgeführt und deren Lösung er nicht gelernt hat. Die Grundlage der meisten beruflichen Tätigkeiten bilden »alte« Aufgaben.

Fähigkeiten im allgemeinen beinhalten die Fertigkeit zur Lösung beider Aufgabentypen und setzen sich deshalb aus *zwei prinzipiell verschiedenen Teilen* zusammen: aus *ausführenden* und *schöpferischen* Fähigkeiten. Das Verhältnis zwischen diesen beiden Teilen in verschiedenen Berufen, bei verschiedenen Menschen und verschiedenen Tätigkeitsbereichen verändert sich in sehr breitem Ausmaß, aber die meisten beruflichen Arbeiten erfordern vorwiegend ausführende Fähigkeiten.

2. Die Entwicklung der ausführenden und der schöpferischen Fähigkeiten verläuft prinzipiell unterschiedlich:

A) Die Entwicklung der *ausführenden* Fähigkeiten verläuft anfangs *schnell, verlangsamt* sich dann aber auch unter günstigen Bedingungen allmählich (sie verläuft mit negativer Beschleunigung) und hat *Entwicklungsgrenzen, -rekorde.*

Die Entwicklungskurven der ausführenden Fähigkeiten gleichen den Kurven aus der Familie:

$$P_a = R(1 - e^{bz})$$

P_a = Produktivität der ausführenden Arbeit
R = Rekordproduktivität
e = Grundzahl der natürlichen Logarithmen

b = Dekrement des »Abklingens«
z = Zeit

(s. Abb. 1 und 5)

B) Die Entwicklung der *schöpferischen* Fähigkeiten verläuft sogar unter günstigen Bedingungen am Anfang *langsam,* und deshalb bleibt ihr Beginn unbemerkt, aber sie *beschleunigt* sich (mit positiver Beschleunigung) und *hat keine Entwicklungsgrenzen.* Sie kann sich vielmehr (auf dem ganzen aktiven Abschnitt) endlos fortsetzen, wenn die Bedingungen für ihre Entwicklung erhalten bleiben.

Die Entwicklungskurven der schöpferischen Fähigkeiten gleichen der Exponentialfunktion vom Typ:

$P_s = ae^{bz}$ P_s = Produktivität der schöpferischen Tätigkeit
a = Koeffizient
e = Grundzahl der natürlichen Logarithmen
b = Dekrement des Wachstums, abhängig von den Bedingungen der Entwicklung und der Größe des Asynchronats
z = Zeit

(s. Abb. 2, 3 und 5)

3. Die Methoden, mit denen ausführende und schöpferische Fähigkeiten herausgebildet werden, sind prinzipiell unterschiedlich:

a. *Ausführende Fähigkeiten* – sind das Produkt eines Lernprozesses, ein Produkt der *Aneignung* von schon früher Entdecktem, ein Produkt des Gedächtnisses, der Wiederholung, der Übung und ähnlicher Methoden. Sie sind das Hauptprodukt des traditionellen Lernens, in dem Zwang als Antriebskraft an erster Stelle steht.

b. *Schöpferische Fähigkeiten* – sind das Produkt einer *Selbstbewegung,* einer selbständigen Lösung von Aufgaben und Fragen, einer selbständigen Aufdeckung von Gesetzmäßigkeiten und Beziehungen zwischen Gegenständen und Erscheinungen, ein Produkt des Gehirns, das sich »von der

Entdeckung der Wahrheiten, die allen bekannt sind, zur Entdeckung der Wahrheiten, die nur wenigen bekannt sind, bis schließlich zur Entdeckung von Wahrheiten, die noch keinem bekannt sind« vorarbeitet (K. E. Ziolkowskij)[73]. Sie sind das Produkt einer Entwicklung, einer freien Entwicklung, wobei Interesse, Begeisterung und Leidenschaft ihre Hauptantriebskräfte sind.

4. *Jedes* (körperlich und geistig) gesunde Kind ist mit der Geburt im Besitz eines *spezifisch menschlichen* Gehirns und Nervensystems und *sehr großer* (auch spezifisch menschlicher) *Entwicklungsmöglichkeiten.* Es kann sowohl ausführende wie schöpferische Fähigkeiten für *jede* menschliche *Tätigkeit* entwickeln. Und wenn die physische Entwicklung beträchtlich durch das genetische Programm vorbestimmt ist (insbesondere morphologisch), so hängt der Reichtum der Möglichkeiten zur geistigen Entwicklung nicht so sehr von der Vererbung ab, sondern vom *Zeitraum* des Beginns und von den *Bedingungen* (Methoden) für die Entwicklung des Kindes.

5. Das Gehirn des Kindes, das bei der Geburt ganze 25 Prozent der Masse des Gehirns eines Erwachsenen ausmacht, wächst und »reift« besonders schnell in den ersten Lebensmonaten und -jahren (zum 7. Lebensjahr hin erreicht es schon 90 Prozent und zum 11. Lebensjahr hin 100 Prozent).

Dieses »Reifwerden«, d. h. die Menge der neuen Zellen und besonders der anatomischen Verknüpfungen zwischen ihnen, hängt sowohl von der *Vielfalt und Intensität* der Arbeit der bereits vorhandenen Strukturen ab als auch davon, in welchem Ausmaß die Herausbildung neuer durch das Leben stimuliert wird. Diese »Zeit des Reifwerdens« ist auch die *Zeit* der *größten Plastizität,* der größten Empfindsamkeit gegenüber den äußeren Bedingungen, der *größten* und *breitesten Möglichkeiten zur Entwicklung:* Diese Zeit ist die günstigste Zeit für den *Beginn der Entwicklung* der ganzen Vielfalt der menschlichen Fähigkeiten.

6. Aber es werden sich *nur diejenigen Fähigkeiten beim Kind zu entwickeln beginnen,* für deren Entwicklung Bedingungen im »Augenblick« dieser Reife vorhanden sind.

Je günstiger die Bedingungen sind, je näher sie den optimalen Bedingungen sind, desto erfolgreicher setzt die Entwicklung ein. Weil nun in der Familie für jedes Kind besondere Bedingungen für die Entwicklung der Fähigkeiten und nur für ganz bestimmte geschaffen werden, entwickeln sich die Kinder von Anfang an in entsprechend unterschiedlichen Kurven, und zwar unterschiedlich sowohl in bezug auf die Zusammensetzung der Fähigkeiten als auch in bezug auf den erfolgreichen Verlauf ihrer Entwicklung (Abb. 6). Bei den einen können sich nur einige ausführende Fähigkeiten entwikkeln, bei den anderen können schöpferische hinzukommen. In dieser Zeit bilden sich auch die psychischen Besonderheiten heraus, die man bei uns dann »angeborene Merkmale« des Kindes nennt. Sie können zahlreich sein, wenn die Tätigkeit des Kindes vielfältig war, und wenig zahlreich, wenn die Be-

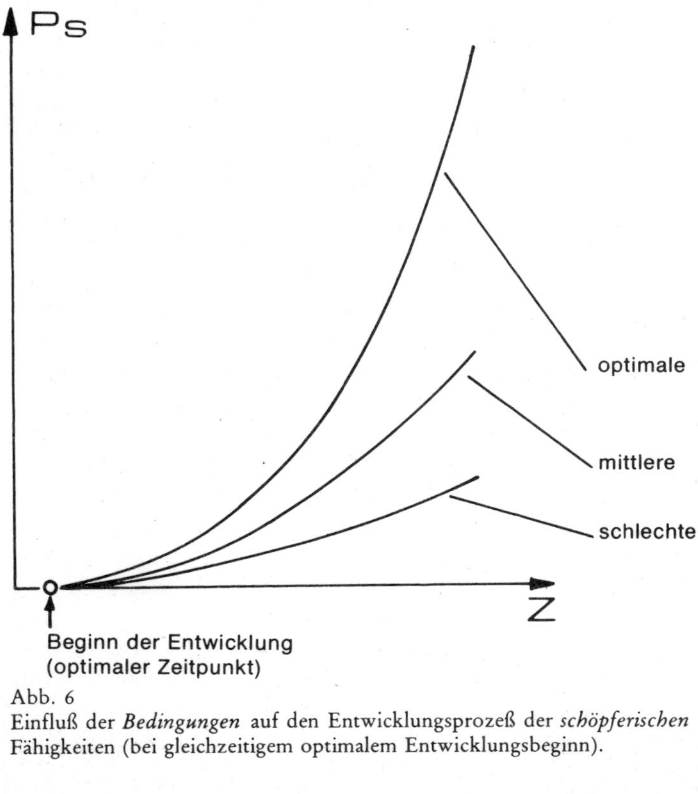

Abb. 6
Einfluß der *Bedingungen* auf den Entwicklungsprozeß der *schöpferischen* Fähigkeiten (bei gleichzeitigem optimalem Entwicklungsbeginn).

dingungen für die Tätigkeit des Kindes dürftig waren. Auf die Entwicklung wirken sich auch der sich gerade jetzt herausbildende Charakter des Kindes sowie seine Beziehungen zu Erwachsenen und Kindern und noch andere Gegebenheiten aus.

7. Wenn die Reife und der Beginn des Funktionierens (der Entwicklung) zeitlich zusammenfallen, synchron verlaufen, und wenn die Bedingungen günstig sind, ist es möglich, daß die optimale oder annähernd optimale Entwicklungskurve erreicht wird, und dann kann

die Entwicklung *leicht* verlaufen – mit dem geringsten Verlust an Kraft und Zeit von seiten des Kindes,

die Entwicklung *schnell* verlaufen – mit der größtmöglichen Beschleunigung

die Entwicklung die *größte Höhe* erreichen, und das Kind kann ein begabter, talentierter und sogar ein genialer Mensch werden.

8. Die *Möglichkeiten* zur Entwicklung der Fähigkeiten, die im »Augenblick« der Reife maximal sind, *bleiben nicht unveränderlich*. Wenn sie nicht »gebraucht« werden, d. h. wenn die entsprechenden Fähigkeiten nicht entwickelt werden, nicht funktionieren, wenn das Kind die dafür notwendigen Tätigkeiten nicht ausübt, dann gehen diese Möglichkeiten wieder verloren, sie verfallen um so schneller, je weniger sie zur Funktion gelangen.

Dieses *Erlöschen der Möglichkeiten zur Entwicklung* ist der *unumkehrbare Prozeß Nuwers* (unumkehrbares Erlöschen der Möglichkeiten einer effektiven Entwicklung der Fähigkeiten)[74].

9. Nuwers »biegt« besonders stark und irreparabel die Entwicklungskurven der *schöpferischen* Fähigkeiten auseinander, macht sie flacher und bewirkt, daß sie langsamer steigen und das um so nachhaltiger, je größer das *Asynchronat* ist – die Zeitspanne zwischen dem »Augenblick« der Reife und dem Beginn der Entwicklung. Das Anwachsen des Asynchronats führt notwendig dazu, daß die Entwicklung *erschwert* wird, daß sie sich *verlangsamt* und daß das *letztlich erreichbare Niveau* der Entwicklung *sinkt*, ein Ergebnis, das dann nur noch schwer oder gar nicht mehr zu verbessern ist.

Graphisch kann man diese Entwicklung in einem Schema (Abb. 7) darstellen.

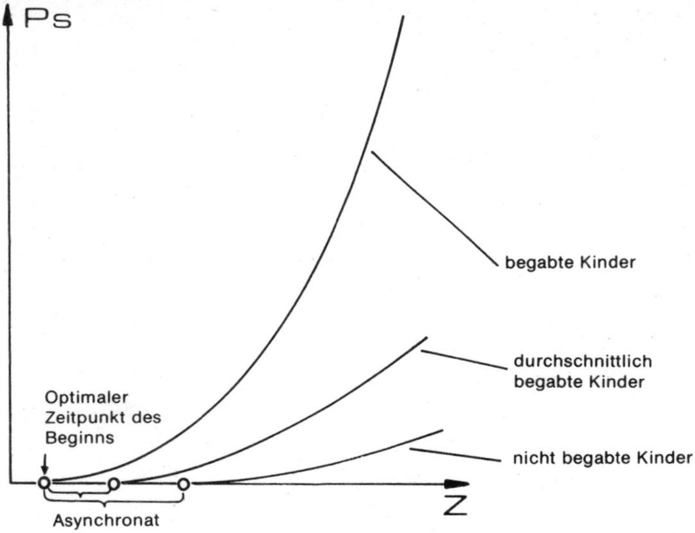

Abb. 7
Einfluß des *Asynchronats* auf den Entwicklungsprozeß der *schöpferischen* Fähigkeiten (bei optimalen Entwicklungsbedingungen).
Je später die Entwicklung einsetzt, desto *langsamer* verläuft sie, desto *schwieriger* ist sie zu realisieren und desto *niedriger* ist das Endergebnis der Entwicklung.

Es ist leicht, die Entwicklungskurven des Kindes »auseinanderzubiegen«, indem man einfach die Bedingungen für eine erfolgreiche Entwicklung beseitigt oder verschlechtert, aber es ist unwahrscheinlich schwer und manchmal fast unmöglich, sie dann erneut »zusammenzubiegen«.

Die Unumkehrbarkeit dieses Verfallsprozesses der Entwicklungsmöglichkeiten bringt immer wieder die Ansicht hervor, daß schöpferische Fähigkeiten angeboren seien, weil im allgemeinen niemand vermutet, daß schon in der vorschulischen Kindheit ein solches »Auseinanderbiegen« stattgefunden hat.

10. Die ungeheure Ungleichmäßigkeit in der Verteilung der schöpferischen Fähigkeiten unter den Menschen wird

nicht nur durch die Vielfalt in den Lebensbedingungen der Kinder erzeugt, sondern auch durch den großen Unterschied in der Größe des Asynchronats, und *unsere Armut an Menschen mit hohem schöpferischen Potential ist nur erklärbar durch die unmeßbaren Opfer, die wir derzeit noch aufgrund von Tradition und Unwissen Nuwers bringen.*

So sieht im wesentlichen die neue Hypothese der Fähigkeiten aus. Wie treffend und vollständig sie formuliert ist, wird die Zukunft zeigen, aber im Unterschied zur alten (traditionellen) Hypothese

– unterscheidet sie zwei grundsätzlich verschiedene Bereiche von Fähigkeiten – einen ausführenden und einen schöpferischen Teil;

– geht sie von der Annahme aus, daß die ungeheuren Unterschiede unter den Menschen in bezug auf die Fähigkeiten nicht so sehr von der natürlichen Begabung als vielmehr vom *Zeitpunkt* des Beginns und von den Bedingungen der *Entwicklung* abhängen;

– hält sie es für möglich, daß das Spezifische des menschlichen Nervensystems jedem gesunden Kind die Entwicklung beliebiger menschlicher Fähigkeiten und zwar zu beliebigen, von Menschen erreichbaren Höhen sichert;

– gibt sie, indem sie die Erscheinung Nuwers aufdeckt, der (nach gegenwärtigen Vorstellungen) frühen Entwicklung der Fähigkeiten, genauer: dem optimalen Zeitpunkt ihrer Entwicklung, eine erstrangige Bedeutung;

– erlaubt sie, breite Untersuchungen über die Gesetzmäßigkeiten der frühen Entwicklung und der quantitativen Merkmale von Nuwers zu beginnen, die zu neuen und weitreichenden Schlußfolgerungen führen können;

– wird sie nicht ewig eine Hypothese bleiben, weil sie eine experimentelle Prüfung ihrer Thesen erlaubt.

Die Hypothese erklärt Tatsachen

Von der Position der neuen Hypothese aus kann man nun an die Betrachtung jener Fragen herangehen, die oben erwähnt wurden.

Vorschulkinder haben große Möglichkeiten, »neue« Aufgaben zu lösen, die ihnen nicht beigebracht wurden, denn diesen Aufgaben begegnen sie im täglichen Leben, und zwar besonders in jener Zeit, in der die Erwachsenen ihnen noch keine Erklärungen geben können (weil die Kinder noch nicht sprechen können). Sie verfügen über genügend freie Zeit dafür, und deshalb ist nicht selten ein frühes Erwachen ihrer schöpferischen Fähigkeiten zu beobachten.

Aber sobald sie in die Schule kommen und mit dem systematischen Lernen beginnen müssen, nimmt die Menge der »neuen« Aufgaben einschneidend ab. In der Schule kommt es nicht einem einzigen Lehrer in den Sinn, eine Aufgabe zu stellen, ohne daß er vorher erklärt hätte, wie sie zu lösen ist. Das aber bedeutet, daß das Kind in der Schule keine Aufgaben mehr gestellt bekommt, die geeignet sind, es in der Entwicklung seiner schöpferischen Fähigkeiten voranzubringen, während seine Freizeit immer knapper wird, bis ihm in den höheren Klassen überhaupt keine mehr bleibt. Das aber bedeutet, daß der Eintritt in die Schule und die Umstellung auf die verstärkte Herausbildung ausführender Fähigkeiten unausweichlich nicht nur zum Stillstand, sondern zum Erlöschen der schon markant entfalteten schöpferischen Fähigkeiten führen. Der problemorientierte Unterricht, der in gewisser Hinsicht die schöpferischen Fähigkeiten der Schüler fördert, wird gerade erst erarbeitet, und seine Bedeutung in der Schule ist derzeit noch sehr gering.

Völlig erklärbar von der Position der neuen Hypothese aus ist auch die massenhafte »Produktion« von zurückbleibenden Schülern und Sitzenbleibern in den Asylen, Kinderheimen und »Wochen«-Kindergärten[75]. Hier haben die gute Beaufsichtigung des Kindes und ein streng geregelter Tagesablauf die größte Bedeutung, so daß das Kind nie gezwungen ist, neue Aufgaben zu lösen. Dazu kommen die Isolierung der Kinder von den Älteren und die Verarmung der Umgebung (die Kinder haben es nur mit Spielsachen und Gegenständen des »kindlichen Gebrauchs« zu tun, d. h. es herrschen Bedingungen, wie sie in der Regel in der Familie nicht gegeben sind). Sogar für die Entwicklung der Sprache haben sie keine zufriedenstellenden Bedingungen, weil nur wenige Erwachsene da sind und die Kinder von den Gleichaltrigen ihrer Gruppe nichts lernen können. Sie fangen spät zu sprechen an, wenn Nuwers schon einen großen Teil seiner zerstörerischen Arbeit vollenden konnte, und lernen das Sprechen nur mit Mühe.

Wenn die mathematischen Fähigkeiten von der »Natur« abhingen, d. h. wenn sie gleichmäßig verteilt bei den Menschen vorkämen, dann würde es keine »besonderen« Schulen geben, aus denen die mathematischen Schulen hauptsächlich gefüllt werden. Alle Schulen könnten im gleichen Ausmaß begabte Mathematiker hervorbringen. Und wenn das nicht der Fall ist, dann nur deshalb, weil es in den »besonderen« Schulen »besondere« Lehrer mit einer »besonderen« Methodik des Mathematikunterrichts gibt, die jene günstigen Bedingungen für die Entwicklung mathematischer Fähigkeiten schaffen, die es in anderen Schulen nicht gibt. Aber das »Material«, d. h. die Schüler in diesen Schulen, ist das gleiche wie in den übrigen Schulen, wenn man den Unterschied im kulturellen Niveau der Familien, das ja auch eine Bedingung für die Entwicklung der Fähigkeiten ist, einmal beiseite läßt.

Die Tatsache, daß die vietnamesischen Studenten ein gutes musikalisches Gehör haben, hat schon Akademiemitglied A. N. Leontjew, der Gehöruntersuchungen bei Studenten durchgeführt hat, dadurch erklärt, daß die vietnamesische Sprache viertonal ist, und die Vietnamesen, um einander zu verstehen, die Schwingungen der ausgesprochenen Wörter wahrnehmen müssen. Das bedeutet, daß das Kind vom Säuglingsalter an sein musikalisches Gehör zu entwickeln beginnt, zusammen mit dem ersten gehörten und ausgesprochenen Wort. Nuwers gelingt es in diesem Alter noch nicht, die Verwüstungen anzurichten, die es später anrichtet – im Alter von zwei bis sieben Jahren, und das ist das Ergebnis: Alle Vietnamesen haben ein tadelloses musikalisches Gehör.

Menschen, die sich in der Praxis mit der Entwicklung von Fähigkeiten – mathematischen, musikalischen, künstlerischen und anderen – beschäftigen, schätzen intuitiv häufig richtig ein, wie begabt Kinder sind. Aber welche Fähigkeiten wir auch nehmen, überall beobachten wir das gleiche Bild: Je älter die Kinder sind, mit denen es der Praktiker zu tun hat, desto seltener trifft er auf begabte Kinder; und umgekehrt: je jünger die Kinder sind, desto häufiger findet man unter ihnen Begabungen, und das geht bis zu der Behauptung, daß »alle begabt sind« (so der Musiklehrer M. P. Krawjez, Moskau), weshalb man ja auch Kinder von zwei bis drei Jahren in die Musikschule aufnimmt, wenn der Einfluß von Nuwers noch unbedeutend ist.

Und wie soll man die häufig auftretende Erscheinung erklären, daß kleinere Kinder ihre größeren Geschwister in der Entwicklung überholen, oder was geschieht, wenn Kinder verschiedenen Alters auf gleiche Bedingungen treffen? Wenn die Bedingungen günstig für die Entwicklung sind, gewinnen die Jüngeren dabei mehr als die Älteren. Ihre Entwicklungsmöglichkeiten haben zu der Zeit noch weniger unter Nuwers gelitten. Hier einige Beispiele dafür:

Serjoscha und Sascha Belenkij kamen im gleichen Jahr in die Schule Nr. 5 in Kiew, obwohl Serjoscha zwei Jahre jünger war. Schon in der 3. Klasse wurde die Überlegenheit des Kleineren offensichtlich, und in der 4. Klasse ließ er den Bruder weit hinter sich zurück.

Schora Agsamow, ein elfjähriger Schüler der Almalyker Schule Nr. 1 im Taschkenter Gebiet, wurde Schachmeister der Stadt Almalyk. In den Turnieren, an denen erstklassige Spieler teilnahmen, erzielte er 16 von 17 möglichen Punkten ... Einen Punkt *weniger* als der Sieger erzielte sein *älterer Bruder* Walerij.

J. R. Capablanca erlernte die Regeln des Schachspiels im Alter von vier Jahren bei nur einer einzigen Partie. Die Schachweltmeisterin Nona Gaprindaschwili spielte vom fünften Lebensjahr an Schach mit ihrem Vater und fünf älteren Brüdern. Die Bedingungen für die Entwicklung der Fähigkeiten waren in der Familie offensichtlich für alle die gleichen, aber die besten Resultate erreichte die Jüngste – Nona.

Diese letztgenannten Tatsachen darf man offenbar aber nicht als streng gesetzmäßig bezeichnen, weil außer dem Alter auch noch die Angespanntheit der Tätigkeit Einfluß auf den ganzen Verlauf der Entwicklung hat, und diese ist schon ein Produkt der Begeisterungsfähigkeit des Kindes selbst. Bei ständig gleichbleibenden Entwicklungsbedingungen wirkt sich der Zeitpunkt des Beginns der Entwicklung um so fühlbarer aus, je näher der Beginn der Entwicklung dem »Augenblick« der Reife liegt – je geringer also das Asynchronat ist.

Wenn man der Hypothese zustimmt, dann hat die Natur *alle gesunden Kinder* mit der Möglichkeit ausgestattet, sich nach den »steilsten« Kurven zu entwickeln. Aber aus Unwissen oder aus dem Bestreben heraus, ihnen eine »glückliche Kindheit« zu verschaffen, machen wir ihre Kurven flacher, indem wir keine für die Entwicklung günstigen Bedingungen schaffen und, was die *Hauptsache* ist, *den Beginn der Entwicklung versäumen!* Die Tragödie besteht darin, daß dieser Prozeß des »Auseinanderbiegens« der Entwicklungskurven *unumkehrbar* ist.

Indem wir das Kind einer rechtzeitigen und vollwertigen Entwicklung im Säuglingsalter und in der vorschulischen Kindheit berauben, verurteilen wir es genau hiermit für sein ganzes Leben zu einem niedrigen Entwicklungstempo, zu ungeheuren Verlusten an Kraft und Zeit bei dieser Entwicklung und zu einem niedrigen Endergebnis und bekräftigen außerdem noch: »Das sind eben die angeborenen Gaben der Kinder.«

Und das ist das Los der *meisten* Kinder!

Schon in der Schule kann man die Früchte dieser Haltung beobachten: »Von den Erstklässlern des Schuljahres 1958–59 (der Schulen der RSFSR)[76] haben 60 Prozent die acht Klassen beendet und sind nicht ein einziges Mal sitzengeblieben.« Und was war mit den anderen 40 Prozent, die ein oder zwei zusätzliche Jahre in der Schule verbrachten? Es zeigt sich, ». . . daß nicht die gleiche Anzahl der Abgänger aus den achten Klassen in Mittleren Fachschulen oder in den neunten Klassen der Massenschulen weiterlernte[77].« Hat nun die Natur 40 Prozent unserer Schüler mit »Anlagen zum Sitzenbleiben« ausgestattet, oder sind bloß die Bedingungen, unter denen sie sich entwickeln, so schlecht?

Um aber die Lage zu bessern, um das Asynchronat und seine Folgen – Nuwers – zu verringern oder ganz zu beseitigen, muß die Hypothese Daten, wenn auch nur annähernde, darüber liefern, wo der vorteilhafteste Zeitpunkt für den Beginn der Entwicklung verschiedener schöpferischer Fähigkeiten liegt.

In bezug auf die technischen Fähigkeiten können einige Ausgangsdaten experimentelle Kurven liefern, die auf Abb. 2 angeführt sind. Jede von ihnen zeigt den Verlauf der Entwicklung der schöpferischen Fähigkeiten zu einer bestimmten technischen Arbeit – vom einfachen Herstellen einer Skizze nach einem Modell, dem sehr ähnlich, was im Alltag »Zeichnen« genannt wird – bis zur Konstruktion eines Modells nach einer technischen Aufgabe, die einem tatsächlichen Auftrag ähnlich ist, wie er in einem Konstruktionsbüro ausgeführt wird.

Alle Kurven auf dem Anfangsabschnitt (1.–4. Klasse) verlaufen geradlinig. Das erlaubt, sie graphisch zu extrapolieren und zu sehen, wo sie beginnen (unterbrochene Linien). Es erweist sich, daß das im Alter von 2 Jahren (1 – Zeichnen), 3 Jahren (allgemeine Produktivitätskurve), 4 Jahren (Montage eines Mechanismus) und von 5, 6 und 7 Jahren der Fall ist. Was bedeutet das? Das bedeutet, daß *der Beginn der schöpferischen technischen Tätigkeit* ganz klar im *Vorschulalter* liegt, und das gilt sogar für Kinder, bei denen die Bedingungen für diese Entwicklung nicht optimal waren.

Das ist die erste Schlußfolgerung, die weit von den gewohnten Vorstellungen entfernt ist.

Aber das gilt vorerst nur für eine schöpferische technische Tätigkeit. Und was ist mit der mathematischen, physikalischen, chemischen? Wann müssen sie beginnen? Hier noch eine Reihe von Tatsachen: »Eimar Eder aus dem Münchner Vorort Garching ist ganze acht Jahre alt, aber schon bekannt als talentierter Mathematiker. In der Schule hat man ihn vom Mathematik-Unterricht einfach befreit. Im Augenblick begeistert Eimar sich besonders für die Ausarbeitung von Programmen für elektronische Rechenmaschinen. Er hilft darin seinem Vater, der als wissenschaftlicher Mitarbeiter für Plasmaphysik im Max-Planck-Institut arbeitet.«

»Der zehnjährige Mike Grost ist der jüngste Student im amerikanischen Staat Michigan und wahrscheinlich auf der ganzen Welt. Mike, der sich durch erstaunliche Fähigkeiten im Bereich der Mathematik auszeichnet, wurde zunächst als Gasthörer an der Universität aufgenommen, jedoch nach einem Jahr als Student immatrikuliert.«

»Der amerikanische Chemiker Scott Sherman ist ... ganze sieben Jahre alt. Im Alter von drei Jahren lernte er lesen, mit fünf Jahren kam ihm ein Lehrbuch für Chemie unter die Augen. In diesem Herbst kam Scott in die zweite Klasse der Grundschule und zugleich auf die ... Universität. Dort verbringt er, über Reagenzgläser gebeugt, mehrere Stunden hintereinander.«

»Mable Tompson lernte im Alter von 21 Monaten lesen. Als sie 26 Monate alt war, begann sie schreiben zu lernen. Aber das Interessanteste ist, daß die kleine Engländerin (sie ist vier Jahre alt) dem Spiel mit Puppen und anderen Zerstreuungen jetzt die Beschäftigung mit Algebra, Trigonometrie und Physik vorzieht.«

»Mit sieben Jahren wußte Norbert Wiener genauso viel wie ein Student. Deshalb war es nicht verwunderlich, daß er die Achtjahresschule übersprang und mit 9 Jahren gleich in die Mittelschule kam. Mit 12 bis 13 Jahren studierte er schon an den Universitäten von Harvard und Cornell. Mit 14 Jahren machte er am Tufts-College das Abitur, und mit 18 Jahren erhielt er in Harvard den Grad eines Doktors der Philosophie. Norbert Wiener wurde Mathematiker. Diese seine Leidenschaft blieb ihm für sein ganzes Leben. Sie führte ihn 1948 zur Begründung der Kybernetik.«

Es gibt viele Tatsachen dieser Art, alte und neue. Sie werden unaufhörlich in der Presse veröffentlicht. Sie alle erscheinen erstaunlich, aber wenn man sie vom Standpunkt der neuen Hypothese aus betrachtet, dann besagen sie nur, daß zwischen dem »Augenblick« der Reife des Kindes und dem Beginn der Entwicklung, d. h. der Zeit, in der das Kind bei uns beginnt, sich mit Mathematik, Physik und Chemie zu beschäftigen, ein gewaltiger Abstand liegt – das Asynchronat.

Mit dem Programmieren kann man sich erst beschäftigen, wenn man 10 Klassen absolviert und außerdem eine solide zusätzliche mathematische Ausbildung erhalten hat, d. h. nicht früher als mit 18 Jahren, aber hier ... geht das mit 8 Jahren.

Auf die Universität kommt man bei uns mit 17, aber hier ... mit 7 bis 10 Jahren.

Mit Chemie beschäftigen kann man sich in der 7. Klasse, d. h. erst mit 14 Jahren, aber hier ... ab dem 5. Lebensjahr.

Solche Fälle bezeichnet man gewöhnlich als »frühe Entwicklung«. Manche bezeichnen sie als »vorzeitige Entwicklung«.

Aber etwas ist doch seltsam: Warum gibt es *keine Fälle früher Entwicklung der Sprache?* Warum gibt es hier nur das Normale – etwa mit einem oder anderthalb Jahren und dann später – mit zwei, drei, vier Jahren? Die Psychologen studieren, analysieren und beschreiben das Zurückbleiben in der Sprachentwicklung[78].

Vom Standpunkt der neuen Hypothese aus betrachtet, ist das nur natürlich. Das Kind beginnt buchstäblich vom Tag der Geburt an sprechen zu lernen. Es hört die Sprache jeden Tag in der Familie, und zwar von morgens bis abends und würde deshalb schon zu einem früheren Zeitpunkt anfangen zu sprechen, wenn es ... physiologisch reif wäre. Kurz – optimale oder fast optimale Bedingungen für die Entwicklung der Sprache existieren schon vor dem Beginn des kindlichen Reifeprozesses, und die sprachliche Entwicklung verläuft hier zusammen mit der Reife – synchron. Aber Bedingungen für die Entwicklung anderer Fähigkeiten – mathematischer, physikalischer, technischer usw. – und noch dazu fast optimale Bedingungen existieren bei uns natürlich nicht, und unsere »gesunde Urteilskraft« und gesammelte Erfahrung erlauben uns nicht, sie in der Familie, im Kindergarten oder in der Grundschule zu schaffen.

Die Tatsache, daß es diese Fälle früher Entwicklung der Fähigkeiten gibt, beweist nur einmal mehr, daß unsere *»normale« Entwicklung in Wirklichkeit eine sehr späte Entwicklung ist.*

Die elementare gesellschaftliche Praxis liefert reiches Material auch im Bereich des Erlernens von Fremdsprachen. Hier muß freilich der Vorbehalt gemacht werden, daß die »Sprach«entwicklung vielleicht nur in den ersten Stadien, gleich am Anfang, nach der Exponenten mit ihren charakteristischen Merkmalen verläuft – sie nimmt anfangs nur langsam zu, um sich dann immer stärker zu beschleunigen. Aber die Fähigkeit, eine Sprache zu erlernen, verfällt ebenso schnell und unumkehrbar bei Vorhandensein des Asynchronats wie die schöpferischen Fähigkeiten. Das haben sie gemeinsam.

Diese Tatsachen aus dem Bereich der »Sprachentwicklung« erlauben uns wiederum zu bekräftigen, daß es *keine individuelle Fähigkeit zum Erlernen von Fremdsprachen gibt, sondern nur eine allgemein menschliche,* die allerdings in mehr oder weniger großem Ausmaß unter Nuwers leidet.

»Jeden Morgen, wenn Andrej Sonow in die Schule geht, verabschiedet er sich von seinen Eltern auf russisch, wenn er in die Klasse kommt, begrüßt er seinen Lehrer auf französisch, in den Pausen aber unterhält er sich mit seinen Freunden auf englisch. Erstaunlich, nicht wahr? Aber für die 500 Schüler der internationalen Schule der UNO in New York ist das eine ganz und gar gewöhnliche Erscheinung. Die Fünfjährigen beginnen das Lernen mit französischen Liedchen, und für viele ist das schon die dritte Sprache ... diese jungen Vertreter von 59 Ländern sprechen 38 Sprachen, linguistische Barrieren existieren für sie nicht ...«

Die Annäherung des Entwicklungsbeginns an den Reifebeginn führt dazu, *daß alle Kinder sich* – im Unterschied zu den Erwachsenen – *als fähig erweisen, Fremdsprachen erfolgreich zu erlernen.* Das ist ein, wenn auch elementarer und unbewußter, so doch realer Angriff auf Nuwers und ein Sieg über diese Erscheinung wenigstens in einem Bereich.

Und noch eine Gesetzmäßigkeit tritt aus der Praxis der Polyglotten – der Menschen, die viele – zehn, zwanzig, dreißig – Sprachen sprechen, zutage. Erstens beginnen sie sehr früh mit dem Erlernen einer Sprache. »Mit 17 Jahren – zehn Sprachen« (Sascha Rosljakow aus Tscheljabinsk), »Anatolij Judakin beherrscht 30 Sprachen, obwohl er erst 22 Jahre alt ist« (Donjezk).

Und zweitens erfordert nur das Erlernen der ersten Sprachen ungefähr ein Jahr, aber dann lernen die Polyglotten – wie der bekannte deutsche Archäologe Heinrich Schliemann (1832–1913) – die Sprachen immer schneller und schneller und erreichen schließlich eine märchenhafte Geschwindigkeit – *sechs bis acht Wochen für eine neue Sprache.*

Die Produktivität der »Sprach«fähigkeit der Polyglotten ist auf diese Weise der gleichen Gesetzmäßigkeit unterworfen – sie nimmt zu und beschleunigt sich unaufhörlich, und sie hat offenbar keine Grenzen. Guiseppe Mezzofanti (1774–1842) sprach rund 100 Sprachen, Akademiemitglied Marr beherrschte 57 kaukasische Dialekte usw. Wie dürftig ist doch unsere Praxis des Fremdsprachenunterrichts in der Mittelschule, wenn man sie mit den tatsächlichen Möglichkeiten der Kinder vergleicht, die heute nur als Ausnahmeerscheinung zutage treten.

Experimentelle Prüfung der Hypothese

Aus verschiedenen Gründen ist es bisher noch nicht gelungen, ein wissenschaftliches Experiment, das die neue Hypothese der Fähigkeiten erfordert, zu organisieren. Deshalb wird hier vorerst nur die Rede von unserer Familienerfahrung sein, von unserer Erfahrung mit der Erziehung und Entwicklung von sieben Kindern. Dieses Familienexperiment, wenn man es so nennen kann, begann lange bevor die Hypothese der schöpferischen Fähigkeiten die Form annahm, von der ich hier berichte. Alles war viel einfacher: sowohl das Vorhaben wie auch die Mittel. Erstaunlich waren nur die Ergebnisse. Sie übertrafen alle unsere Erwartungen und hatten einen gewichtigen Anteil an dem Versuch, die neue Hypothese zu formulieren.

Wie viele Eltern wollten auch wir erreichen, daß unsere Kinder nicht nur gesund waren, sondern sich auch geistig und körperlich gut entwickelten. Aber wie das zu erreichen sei, stellten wir uns nur sehr vage vor. Zwar wußten wir, daß die meisten talentierten Menschen schon in den Kinderjahren wegen ihres hohen Entwicklungsgrades und wegen ihrer »Begabung« auf sich aufmerksam gemacht hatten, aber dabei sahen wir auch, wie arm im allgemeinen die Welt der Kinder ist, wie begrenzt sie durch Spielsachen und zahlreiche Verbote ist und wie wenig sie für ihre Entwicklung liefern kann. Und wir bezweifelten die Richtigkeit vieler pädagogischer und medizinischer Empfehlungen, vor allem, wenn sie die Zeiträume für den Beginn der Entwicklung betrafen. Wir bezweifelten sogar, daß sie wissenschaftlich hinreichend begründet sind. Wie sonst können andere Länder den Schulunterricht nicht mit sieben, sondern mit sechs, mit fünf, mit vier und sogar mit drei Jahren beginnen?

Und so beschlossen wir, soweit das die bescheidenen Einkommensquellen einer Lehrerfamilie zuließen, die kindliche Welt unserer Kinder zu *erweitern* und sie durch die Welt realer Sachen, durch Instrumente, Materialien, Geräte, Bücher und menschliche Beziehungen zu ergänzen – einfach durch all das, was unsere »erwachsene« Welt ausmacht.

Die Instrumente waren klein, aber echt – das Federmesser war scharf, und das kleine Beil zerlegte Bretter – mit ihnen konnte man auf einer kleinen Werkbank arbeiten, und zu diesem Zweck war auch Material da. Auf den Waagen konnte man mit einer Genauigkeit bis zu einem Zehntel Gramm wiegen, an den Turngeräten – Ringen, Recks, Seilen – konnte man ernsthaft Gymnastik betreiben. Viele Spielsachen waren eigentlich kein richtiges Spielzeug: aus den großen Holzklötzen und Brettern konnte man ein Haus bauen und in es hineinschlüpfen, mit dem Satz für Elektrokonstruktionen konnte man elektrisches Licht von der Stromquelle, dem Transformator, ins Haus holen, nach richtigen Zeichnungen konnte man ein Modell aus Ziegelsteinen zusammensetzen oder es aus Draht zurechtbiegen. An den Zimmerwänden hingen geographische Karten, Tafeln, Schemata, das Alphabet. Auf den Regalen lagen Geräte, Baukästen, Nachschlagewerke, Schulbücher. Die Zimmer erinnerten an ein Laboratorium und eine Turnhalle.

Und in dieser kleinen, aber wirklichen Welt räumten wir den Kindern sehr große Freiheit in ihren Tätigkeiten ein. Hier gab es auch echte Gefahren: Die Treppe und das Seil gingen bis an die Decke hinauf, und von dort konnte man herunterfallen, die Instrumente waren scharf, und mit ihnen konnte man sich Hände und Füße verletzen, die Klemmen des Transformators befanden sich unter einer Spannung von annähernd 250 Volt, und mit dem Strom konnte man sich »einen Schlag versetzen«. Wir gaben den Kindern die Möglichkeit, all diese Gefahren kennenzulernen, und hoben, nachdem wir uns davon überzeugt hatten, daß sie vorsichtig waren, eine Menge pädagogischer Begrenzungen und Normen auf. Danach begannen wir zu beobachten, wie die Entwicklung unter vergleichsweise freien und nicht verarmten Bedingungen verläuft. Die Bedingungen waren so beschaffen, daß sie der

Entwicklung halfen, genauer gesagt – die Bedingungen waren da, bevor die Entwicklung einsetzte. Dabei blieben wir Erwachsenen natürlich nicht unbeteiligte Beobachter, sondern wir bemühten uns, aktiv Anteil am Leben der Kinder zu nehmen.

Damals wußten wir noch nicht, wann ein Kind in der Lage ist, lesen zu lernen, und deshalb hatte schon unser einjähriges Söhnchen Buchstaben auf seinen Kartons und Würfeln, anstelle einer Klassentafel ein Stück Linoleum an der Wand und Kreide sowie Bleistifte und Papier, Buchstaben aus Plastik und Draht, eine Fibel und Kinderbücher fürs erste Lesen. Und so war es nicht nur für das Lesen und Schreiben, sondern auch für das Rechnen, das Bauen, für Gymnastik, Arbeit und alles übrige, was wir ermöglichen konnten.

Die Resultate ließen nicht auf sich warten. Sie waren so unerwartet, daß sie uns dazu brachten, uns in die einmal begonnene Sache zu vertiefen und uns bis zum Nuwers durchzugraben.

Es stellte sich heraus, daß Kinder schon sehr früh lesen lernen können – Aljoscha las das erste Wort mit zwei Jahren und acht Monaten, Antoscha mit drei Jahren und drei Monaten, Anja und Olja mit drei Jahren und vier Monaten. Mit etwa dreieinhalb konnten sie rechnen wie Erstklässler, und mit der Lesefertigkeit kam das Interesse an Landkarten, an Büchern und sogar an Lehrbüchern. Leicht und einfach, manchmal im Gespräch beim Frühstück, begriffen sie eine Weisheit aus der Schulgrammatik und der Arithmetik oder präsentierten Vater und Mutter »zum Frühstück« in Form einer kleinen Aufgabe die Merkmale der Teilbarkeit von Zahlen.

Mit etwa sechs Jahren konnten sie einen Wegeplan zeichnen, sich vorzüglich auf Landkarten zurechtfinden und sich bei uns im Ort und in der Stadt frei orientieren. Mit fünf Jahren ging Aljoscha allein schon anderthalb Kilometer in die Milchküche[79], um Kefir für die kleine Schwester zu holen, mit siebeneinhalb fuhr er das erste Mal allein von Bolschewo nach Moskau (25 Kilometer auf der Elektrischen), um einen Füllhalter zu kaufen, und als er elf war, ließen wir ihn ohne weiteres allein mit einem wichtigen Auftrag sogar in die Stadt Gorki, die 500 Kilometer von Moskau entfernt liegt, fahren.

Zwei Jahre vor der Einschulung kannten die Kinder die Zahlen bis zu einer Million, operierten mit einfachsten Brüchen und wußten Längen-, Gewichts- und Zeitmaße zu handhaben.

Nachdem wir so viel von der Überbelastung in der Schule, von dem mehrstündigen Sitzen bei den Schularbeiten fast von der ersten Klasse an und von den Schwierigkeiten des neuen Lehrplans gehört hatten, sahen wir der Einschulung unserer Kinder mit einiger Besorgnis entgegen. Aber das erste Jahr war leicht. Aljoscha absolvierte das Programm von *drei* Klassen in *einem* Jahr (er lernte ein halbes Jahr in der 2. und ein halbes Jahr in der 3. Klasse) und kam in die 4. Klasse, obwohl er, nach der Leichtigkeit zu urteilen, mit der er dem Unterricht folgte, sogar in die 5. hätte versetzt werden können. Wir haben diese Möglichkeit damals nicht genutzt, und jetzt bedauern wir das, weil der Lehrstoff der 4. Klasse für ihn zu leicht und die Belastung zu gering war, so daß Aljoscha nicht nur ein Jahr lang faulenzte, sondern in der Entwicklung sogar hinter Antoscha zurückblieb, der *vier* Klassen in *einem* Jahr absolviert (er lernte ein halbes Jahr in der 2. und ein halbes Jahr in der 4. Klasse) und den älteren Bruder eingeholt hat.

Auch die Mädchen lernen gut in der Schule, alle drei sind Klassenbeste. Olja verbrachte allerdings in jeder Klasse doch ein ganzes Jahr, Anja kam gleich in die zweite Klasse, und zwar mitten im Schuljahr, und Julja »sprang« von der 1. in die 3. Klasse.

Das größte Plus unserer Kinder beim Lernen ist die erstaunliche Leichtigkeit, mit der sie sich die Schulweisheit aneignen. Alle verwenden erstaunlich wenig Zeit auf die Hausaufgaben, oft sind sie als erste mit den Klassenarbeiten fertig, gerne übernehmen sie Vorträge, Berichte, die Beschaffung von Informationen und gesellschaftliche Verpflichtungen. Die Achtklässler Aljoscha und Anton leiteten ein ganzes Jahr lang die Gruppe »Geschickte Hände« in der 3. Klasse, d. h. sie führten Kinder, mit denen sie fast gleichaltrig waren. Alle diese Jahre schon haben wir das Gefühl, daß unsere Kinder mit großer Unterbelastung arbeiten, und wir haben daher die erste sich bietende Gelegenheit mit Freude genutzt, die Mädchen in einer Akrobatikschule (1973) unterzubringen.

Alle fünf haben die Dauer des schulischen Lernens um insgesamt 10 Jahre verkürzt, obwohl sie auch 12 bis 15 Jahre hätten schaffen können.

Wie sie gegen Ende des Jahres 1973 lernten, zeigt folgender Überblick:

Aljoscha (14 Jahre) – in der Pädagogischen Lehranstalt in Moskau[80]

Antosche (13 Jahre) – in der 10. Klasse einer mathematischen Schule (Moskau)

Olja (11 Jahre) – in der 6. Klasse der Schule Nr. 1 von Bolschewo

Anja (9 Jahre) – in der 4. Klasse und von Februar 1974 an in der 5. Klasse[81]

Julja (7 Jahre) – in der 3. Klasse der Schule von Walentinowsk

Wanja (4 Jahre) – kannte alle Buchstaben und Zahlen und zählte bis 100

Ljuba (2 Jahre) – erkannte 11 Buchstaben, zählte bis 3

Interessante Ergebnisse erbrachte auch die Prüfung der älteren Kinder nach dem Wechsler-Intelligenztest:

Olja erzielte 115 Punkte (100 Punkte erzielt ein durchschnittliches Kind),

Aljoscha 132 Punkte (130 und mehr erzielen nur zwei bis drei Prozent der Kinder),

Antoscha 154 Punkte (160 ist die Spitze der Skala)

Wodurch ist zu erklären, daß der Unterschied in der Entwicklung so bedeutend ist? Die größten Unterschiede zeigten die Kinder beim Lernen in der Schule:

Olja lernte in der Grundschule	– 4 Jahre
Aljoscha lernte in der Grundschule	– 2 Jahre
aber Antoscha lernte in der Grundschule nur	– 1 Jahr

Schlußfolgerungen aus dieser Gegenüberstellung zu ziehen, ist natürlich riskant, aber die Tatsache selbst zwingt zum Nachdenken.

Das frühe Erlernen des Lesens führt, wie sich zeigt, zum richtigen Schreiben, bevor die Kinder Grammatik und Syntax lernen, es erlaubt, einen ungewöhnlichen Drang zum gedruckten Wort herauszubilden und ihre Neugier im gesamten Verlauf des schulischen Lernens zu erhalten.

Die Kinder sind einfallsreich und finden aus allen schwierigen Lebenslagen leicht einen Ausweg. Sie können überaus erfolgreich schöpferische Aufgaben lösen, und Julja hat an ihrem 7. Geburtstag Mutter ihr erstes Buch geschenkt. Das Buch hatte sechs Seiten und erschien in einer Auflagenhöhe von vier Exemplaren, die Zeichnungen hat die Autorin selbst gemacht. Das Ganze ist eine hübsche Erzählung über eine Reise, die die fünf Älteren im Sommer in den Süden gemacht haben. Anton ist den Erwachsenen seit seinem 10. Lebensjahr in einigen Bereichen der intellektuellen Tätigkeit überlegen (das wird bei der Durchführung vieler psychologischer Tests deutlich, die schnelles Denken erfordern). Die neunjährige Anja kann sich im Lesen von Zeichnungen und im Bau von Modellen nach einer Vorlage erfolgreich mit Achtklässlern messen.

Um von der quantitativen Seite her das Ausmaß der Veränderungen in den Zeiträumen des Entwicklungsbeginns bei unseren Kindern messen zu können, haben wir eine Grafik angefertigt. (Siehe S. 271)

Aus dieser Grafik des »frühen« und »normalen« Beginns der geistigen Entwicklung der Kinder kann man ersehen, wie weit wir uns auf eine frühere Entwicklung hin bewegen konnten und welche Größe des Asynchronats dabei zu beobachten ist.

Auf der Ordinatenachse sind einige Orientierungspunkte der geistigen Entwicklung der Kinder verzeichnet, die ausgewählt wurden, weil sie objektiv gemessen werden können. Das Verzeichnis ist in der gleichen Reihenfolge zusammengestellt, in der die Kinder sie gewöhnlich erreichen. Auf der horizontalen Achse wurde die Zeit eingetragen (Wachstum). Die Zeit, in der die Orientierungspunkte bei einer »normalen« Entwicklung erreicht werden, wurde dem »Programm für die Erziehung im Kindergarten« (1964) und dem »Programm der Achtjahresschule« (1965) entnommen, die Zeit für die »frühe« Entwicklung ergab sich aus den mittleren Ergebnissen unserer fünf, sechs oder sieben Kinder.

Und obwohl das nur eine Grafik ist, bei der der Maßstab nur an einer Achse eingehalten wird, zeigt sie ganz deutlich, wie groß das Asynchronat sogar unter den bei weitem nicht idealen Entwicklungsbedingungen ist, die wir in unserer Fa-

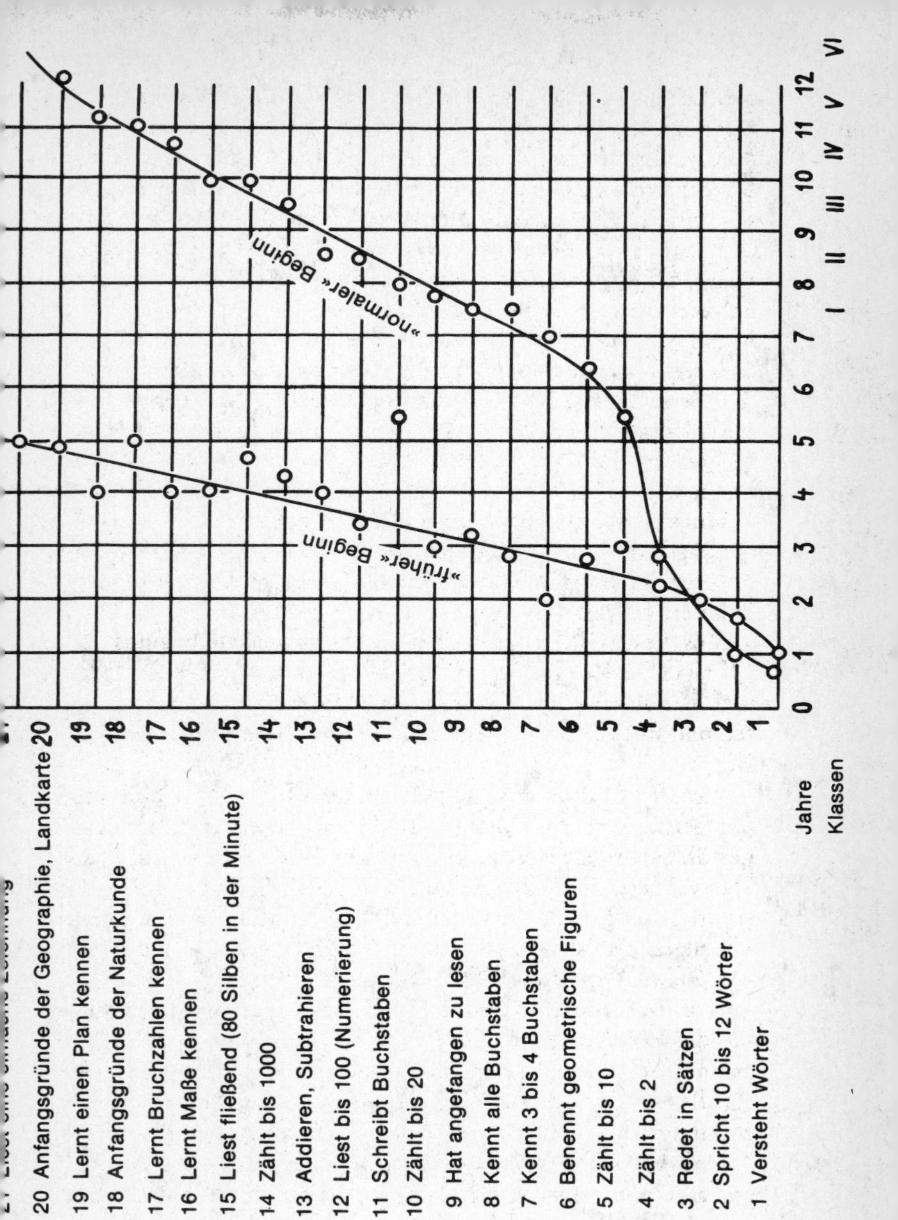

Abb. 8
Beginn der *»frühen«* und der *»normalen«* geistigen Entwicklung.

milie schaffen konnten. Unsere Kinder blieben anfangs in der sprachlichen Entwicklung zurück, weil sie im zweiten Lebensjahr wenig mit Erwachsenen zusammen waren (wir sind ja nur zwei Erwachsene, und einer von uns ist in der Regel zur Arbeit, während der zweite mit Hausarbeit beschäftigt ist). Andererseits aber nutzten sie die Zeit vom dritten bis zum siebenten Lebensjahr ungleich besser, während diese Zeit für »normale« Kinder eine Zeit sehr geringer intellektueller Belastung und großer Verluste durch Nuwers ist.

Wir wissen, daß unser Familien»experiment« hausgemachten Charakter hat, weil es unter ungünstigen Bedingungen und mit vollkommen unzureichenden Mitteln durchgeführt wird, und unsere Ergebnisse bei der Entwicklung der Kinder und ihrer Fähigkeiten sind nur ein kleiner Schritt auf dem Weg zur Entdeckung der ungeheuren Möglichkeiten des menschlichen Verstandes. Aber wenn die Entwicklung der Kinder sogar unter diesen Umständen auf einem vergleichsweise hohen Niveau verläuft – welche erstaunlichen Erfolge kann man dann erst von einem Experiment erwarten, das auf einer ernsten wissenschaftlichen und materiellen Grundlage beruht!

Einige Argumente für die Richtigkeit der Hypothese

Einzelne Annahmen der Hypothese werden schon in älteren Untersuchungen bestätigt und begründet, ganz besonders aber stimmen moderne Forscher ihnen zu. Einer der ersten Forscher, der die Bedeutung von Nuwers erkannte, war die italienische Pädagogin Maria Montessori (1870–1952). L. S. Wygotskij[82], der sich auf ihre Arbeiten bezog, schrieb schon zu Beginn der dreißiger Jahre: ». . . Der Unterricht ist dann am fruchtbarsten, wenn er in einer bestimmten Periode stattfindet . . . Diese Periode bezeichnet man als . . . sensitive Periode . . . Die Tatsachen, die Montessori herausgefunden hat, behalten all ihre Überzeugungskraft und all ihre Stärke. Es gelang ihr zum Beispiel zu zeigen, daß bei Kindern, die früh – mit viereinhalb und fünf Jahren – schreiben lernen, ein so fruchtbarer, reicher und spontaner Gebrauch der geschriebenen Sprache beobachtet werden kann, wie er in späteren Altersgruppen nie wieder beobachtet wird. Das gab ihr Anlaß zu der Schlußfolgerung, daß der optimale Zeitpunkt zum Erlernen des Schreibens, seine sensitive Periode, gerade in diesem Alter liegt[71]«. Im folgenden wurde die Frage der sensitiven Perioden leider nicht weiter verfolgt[83], und die Arbeiten Montessoris und besonders ihre wertvollen methodischen Ansätze wurden bei uns vergessen.

Zu glänzenden Schlußfolgerungen gelangte auch unser Psychiater W. L. Levi, der die Biographien genialer Menschen untersucht hat. »Es scheint so, als ob Genialität nicht eine Abweichung ist, keine »Anomalie« des menschlichen Verstandes, wie einige anzunehmen geneigt sind, sondern im Gegenteil die höchste Fülle seiner Erscheinungsform, des Zutagetretens der natürlichen Möglichkeiten.« Levi unterscheidet zwei Pole der Genialität, zwischen denen eine ganze Skala von stufenweisen Übergängen liegt.

»Die Vertreter des einen Pols könnte man nach der Tradition Genies ›von Gott‹ nennen, die Vertreter des anderen hingegen – Genies ›aus eigener Kraft‹.

Die Genies ›von Gott‹ – Mozart, Raffael, Puschkin – sind schöpferisch tätig auf die gleiche Weise, wie Vögel singen, leidenschaftlich, selbstvergessen und zugleich natürlich, ungezwungen, spielerisch. Sie sind in der Regel Wunderkinder: Zu Beginn ihres Lebensweges ist das Schicksal ihnen wohlgesonnen, und ihre unbedingte Arbeitsliebe fließt mit einem elementaren, unwillkürlichen schöpferischen Impuls zusammen . . . Der ungeheure Überschuß an ›speziellen‹ Fähigkeiten äußert sich bei ihnen bei vergleichsweise geringen Willensqualitäten . . .

Bei den Genies ›aus eigener Kraft‹ ist die Entwicklung langsamer, manchmal verspätet, das Schicksal verfährt ziemlich brutal und bisweilen ausgesprochen grausam mit ihnen. Hier fallen eine verbissene Bezwingung des Schicksals und eine verbissene Selbstbezwingung zusammen.

In der historischen Reihe hervorragender Menschen dieses Typs sehen wir den schüchternen stotternden Demosthenes, der Griechenlands größter Redner wurde; da ist unser Gigant Lomonosow[84], der als Erwachsener sein Analphabetentum überwand ... da ist der eigensinnige, grimmige Wagner, der erst als Zwanzigjähriger die Sprache der Noten erlernte.

Viele dieser Menschen machten in ihrer Kindheit und Jugend den Eindruck, als ob sie unbegabt oder sogar dumm wären. James Watt, Swift, Gauss waren ›Stiefsöhne der Schule‹, sie galten als talentlos. Newton tat sich schwer mit der Schulphysik und -mathematik. Carl von Linné sagte man eine Schusterkarriere voraus. Helmholtz hielten die Lehrer für fast schwachsinnig ... ›Du interessierst dich nur fürs Schießen, fürs Herumbalgen mit Hunden und Rattenfangen, du wirst eine Schande für dich selbst und die ganze Familie sein‹, sagte der Vater von Charles Darwin zu seinem Sohn, dem größten Genie der Biologie.

Bei den Genies ›aus eigener Kraft‹ bestimmen ein unerschütterlicher Wille, ein unbändiges Streben nach Selbstbestätigung alles andere. Sie haben einen kolossalen Drang nach Wissen und Betätigung, eine phänomenale Arbeitsfähigkeit. Bei der Arbeit erreichen sie ihre höchste Spannkraft«[85].

Wie deutlich ist hier zu sehen, daß die Genies »von Gott« eben diejenigen sind, die in der frühen Kindheit zufällig dem verderblichen Wirken von Nuwers entgangen sind, und daß die Genies »aus eigener Kraft« seine Folgen nur unter Aufbietung aller Kräfte überwinden.

Eine klare Bestätigung für die Wirksamkeit von Nuwers führt L. A. Berman an, der 30 Jahre lang die Kinderautotrasse in Moskau geleitet hat. Um einem zehnjährigen »Chauffeur« die Fertigkeit, ein Auto zu lenken, beizubringen, braucht man im ganzen drei Stunden, die in »Stückchen« von zehn bis fünfzehn Minuten täglich unterrichtet werden. Für einen vierzehn- bis fünfzehnjährigen Jungen sind bereits zehn bis zwölf Stunden und für einen Erwachsenen nicht weniger als 50 Stunden Fahrpraxis erforderlich. Wie schnell erlöschen die Lernfähigkeiten doch, wenn sie nach dem 10. Lebensjahr um das Siebenzehnfache abnehmen! Und so ist es natürlich nicht nur mit der Kunst des Autofahrens.

In den Arbeiten des schwedischen Neurobiologen Holger Hyden finden sich rein biologische Bestätigungen für die Erscheinung Nuwers: »... Experimente, die auf ›molekularer Ebene‹ gemacht wurden, zeigen, daß das Gehirn für seine volle Entwicklung, besonders in den frühen Stadien, nicht nur eine entsprechende Nahrung, sondern auch Stimulierungen braucht. Die Neuronen, denen einer dieser Faktoren entzogen wird – aber ganz besonders das stimulierende ›Lern‹milieu – können keine Ribonukleinsäure und keine Eiweiße produzieren und kein reiches Netz fasriger Einheiten bilden, sie bleiben, bildlich gesprochen, leere Säcke und sterben schließlich ab. Neue Forschungen können große Veränderungen im Bereich der Bildung nach sich ziehen. Schon jetzt gibt es Bemühungen, im ersten Lebensjahr mit der Bildung anzufangen«[86].

Elektroenzephalographische Untersuchungen führen ebenfalls zu dem Schluß, daß im menschlichen Gehirn ungeheure Reserven verborgen sind.

Grey Walter, eine Größe auf diesem Gebiet (England), schreibt: »Wir sind in den Grenzen unserer Umwelt so sehr an Mittelmäßigkeit gewöhnt, daß wir uns kaum ein Bild von der intellektuellen Kraft eines voll leistungsfähigen Gehirns machen können. Natürliche Genies sind nur wenigen persönlich bekannt; ihre Fähigkeiten können nur durch ihnen ebenbürtige Geister gewürdigt werden ... Von dem einen Prozent der Bevölkerung, das wir als über dem Durchschnitt stehend annehmen können, erreicht nur eine kleine Anzahl die Reife, ohne durch Erziehung verbogen worden zu sein ... Es ist sicherlich auch an der Zeit, daß wir ebenfalls die Bedingungen der Entwicklung des vielseitigen Genies untersuchen«[87].

Indessen widmet die Schule begabten Kindern derzeit noch nicht die gebührende Aufmerksamkeit. Schlimmer noch: Nach den Berechnungen der Fachleute »zeigen in Frankreich nur 2,5 Prozent der Schüler außergewöhnliche Fähigkeiten. ... Der Intelligenzquotient dieser Kinder liegt bei 130 (das mittlere Niveau liegt bei 100) ... aber *vier* von *fünf* begabten Kindern haben nicht die Kraft, sich dem Lehrplan anzupassen und werden zu den *schwächeren Schülern gezählt*«, schreibt die Zeitschrift *Constellatione* in dem Beitrag »Helft den Wunderkindern« (Rom 1968). Ist es aber verwunderlich, daß »das Kind, das zu großen Hoffnungen berechtigte, sie doch nicht erfüllt«? Das ist nicht seine Schuld, sondern sein

Unglück. Wir denken noch nicht ernsthaft über diese erschütternden Tatsachen nach und rechtfertigen das auch noch vor uns selbst.

Unsere Spezialschulen (mathematische, physikalische u. a.) erlauben einem Teil der begabten Kinder, diesem traurigen Schicksal, »zu den Zurückgebliebenen zu zählen«, zu entgehen, aber wieviele schaffen das nicht? Manchmal allerdings schätzen die Eltern die Möglichkeiten ihres Kindes richtig ein und helfen ihm, »sich schnell zu entwickeln«, wie die Familie Dworakow (Kiew), deren ältester Sohn Sascha mit zwölf Jahren die Schule beendet und mit siebzehn die mechanisch-mathematische Fakultät der Universität absolviert hat. Die fünfzehnjährige Tanja aus der gleichen Familie ist schon im dritten Semester, und der neunjährige Wolodja Schüler der fünften Klasse. Oder der Lehrer D. Turakoluw, der die Fähigkeiten von Rusichol Madijewa erkannt und ihr erlaubt hat, *»drei Klassen in einem Jahr«* zu bewältigen, so daß sie mit acht Jahren in die vierte Klasse kam (*Prawda*, 26. 9. 1973).

Solche Fälle sind heute keine Seltenheit mehr, und ihre Zahl würde schnell wachsen, wenn die Lehrer und die Mitarbeiter des Volksbildungswesens von der Existenz des erbarmungslosen Nuwers wüßten. Warum ist es eigentlich so, daß wir im Laufe weniger Jahre anderthalb Millionen Schüler »ein Jahr sitzen lassen«, aber nicht ebenso vielen erlauben, »ein Jahr vorauszuschreiten«? Die Verteilung der Fähigkeiten unter den Schülern ist dem allgemeinen Gesetz der Verteilung zufälliger Größen unterworfen und offenbar völlig symmetrisch. Das bedeutet, daß fast ebenso viele Schüler vorangehen müßten wie zurückbleiben. Wir aber sehen nur den schwachen Teil und »ergreifen Maßnahmen« und schließen die Augen vor dem starken Teil.

Aber auch hier sorgen wir uns wieder, wenn man den Forschungen französischer Spezialisten glauben kann, um das Schicksal von nur zweieinhalb Prozent. Und was ist mit den übrigen 97,5 Prozent? Um sie müßten wir uns sehr viel früher kümmern, vor der Schule, wenn es Nuwers noch nicht gelungen ist, einen wesentlichen Teil seiner verderblichen Zerstörungen zu vollenden. Bildlich ausgedrückt, vollzieht sich die

Prägung der Persönlichkeit im Vorschulalter, und in der Schule findet nur noch eine kosmetische Bearbeitung statt. Diese Schlußfolgerung gewinnt mit jedem Jahr größere Bedeutung.

Sehr aufschlußreich sind auch die Daten, die N. G. Lechestik in der Schule von Pylwas in der Estnischen SSR gewonnen hat. Im Jahre 1967 wurden 270 Schüler vor der Einschulung untersucht. Geprüft wurden die Fertigkeit im Lesen, Schreiben und Rechnen, aber auch Aufmerksamkeit, Gedächtnis und Vorstellungskraft. Drei Jahre später, als diese Schüler die Grundschule beendet hatten, verglich man ihre schulischen Leistungen mit den Ergebnissen der früheren Untersuchung. Die Schüler, die in der Schule gut lernten, hatten auch in der Voruntersuchung ein hohes Entwicklungsniveau des Gedächtnisses und der Gedankenführung gezeigt, alle konnten schon vor der Einschulung lesen, schreiben und rechnen. Die Wissenschaftler, die nichts von der Existenz Nuwers wußten, zogen die völlig richtige Schlußfolgerung: »Die Ursache für die geringen Erfolge des Kindes in der Schule von den ersten Unterrichtsjahren an liegt in der ungenügenden Vorbereitung im Vorschulalter«[88].

Auf dem Weltkongreß der »Organisation mondiale pour l'éducation scolaire« in Athen im Jahre 1966 zog René Sassault (Paris) eine Bilanz aus vielen Untersuchungen der letzten Jahre: »Nach der Vielzahl der gesammelten Beobachtungen zu urteilen, haben die ersten Lebensjahre immer stärkere Bedeutung gewonnen . . . es hat sich herausgestellt, daß diese ersten Lebensjahre durch einen Reichtum gekennzeichnet sind, von dem man früher nichts ahnte«[55]. Und er fügt noch hinzu: »Nach der Erfahrung von Florence Goudinaf ist es so, daß der Punkt des Gleichgewichts zwischen der Geburt und dem Erwachsensein im dritten Lebensjahr liegt.« »Thorndike[89] und seine Mitarbeiter kamen im Ergebnis von Berechnungen . . . zu dem gleichen Schluß, daß ein menschliches Wesen im Alter von drei Jahren schon die Hälfte seiner geistigen Entwicklung hinter sich gebracht hat«[59].

Ausländische Forschungen zum Problem der Fähigkeiten

Die lückenhaften Informationen, die wir erhalten konnten, bezeugen, daß das Interesse an diesem Problem (und zwar das wissenschaftliche wie das praktische Interesse) unaufhaltsam wächst und daß man die Gesetzmäßigkeiten der frühen Entwicklung zu erkennen beginnt.

Denn der Mangel an Wissenschaftlern, die über ein hohes schöpferisches Potential verfügen, wird in den entwickelten Ländern immer deutlicher empfunden.

Die USA lösen das Problem auf folgende Weise – sie ziehen verstärkt Wissenschaftler aus Europa ab, indem sie sie mit hoher Bezahlung (die dreimal höher ist als in England), reicher Ausstattung der Laboratorien und der Möglichkeit, effektivere Untersuchungen durchzuführen, anlocken. Nach Pressemitteilungen wurden in den letzten zwei Jahren mehr als 5 000 Wissenschaftler aus England, Frankreich und der Bundesrepublik Deutschland nach den USA geholt.

In Philadelphia gibt es ein »Institut zur Erforschung des menschlichen Potentials«, das alle seine Bemühungen mit einer Gruppe von Spezialisten der Universität Pennsylvania koordiniert. Glenn Doman, Professor an diesem Institut, glaubt, daß das »richtigste« Alter, in dem einem Kind das Lesen beigebracht werden kann, das Alter von anderthalb bis zwei Jahren ist. Das ist nicht die »Phantasie eines Träumers und Utopisten, nicht Spekulation mit dem menschlichen Wunsch, diese Erde zu verbessern, sondern das sind Schlußfolgerungen, zu denen man nach zwanzig Jahren Experimenten gekommen ist«, schreibt Mauro Kalamandrei im *Expresso* (Rom 1966).

Lewis P. Lippsitt, Direktor des Child Development Study an der Brown-Universität, glaubt, daß »das menschliche Neugeborene ein lernender Organismus ist«. Die Psychologen fordern die traditionelle Vorstellung heraus, daß Kinder nicht zum Lernen fähig sind, solange sie nicht alt genug für den Kindergarten oder die Schule sind.

Untersuchungen werden an der Universität von Kalifornien in Berkeley, am Gesell Institute of Child Development in New Haven durchgeführt, und am Frank Porter Graham Child Development Center in Chapel Hill, North Carolina, macht man Unterrichtsexperimente mit Kindern im Alter von einem bis drei Jahren. Das Zentrum hat das erstaunliche Potential dieser Knirpse, von denen einige Geige spielen, bereits demonstriert.

Omar Khayyam Moore, Psychologe an der Universität von Pittsburgh, hat eine »sprechende Schreibmaschine« erfunden. Seine Maschinen, die eine Standard-Tastatur haben, aber mit größeren Typen und einem elektronischen Bildschirm ausgestattet sind, auf den die Buchstaben projiziert werden, geben Kindern die Möglichkeit, selbst lesen zu lernen.

»Es ist für Kinder im Alter von drei Jahren sehr einfach, zu tippen, Zeichen zu setzen und zu buchstabieren«, sagt Moore.

Das Magazin *Newsweek*, dem diese Angaben entnommen sind, berichtet in seiner Ausgabe vom 29. 1. 1968:

»Die Bewegung für frühes Lernen gewinnt schnell an Tempo. In der vergangenen Woche haben Beamte der New Yorker Schulbehörde ihre Hoffnung zum Ausdruck gebracht, daß schon im September in renovierten Slum-Gebäuden zwei experimentelle Mini-Schulen für Zweijährige eröffnet werden.«

Die Carnegie Corporation hat soeben Gelder in Höhe von 138 563 Dollar bereitgestellt, die in den Schulen von Ypsilanti im Staat Michigan dafür ausgegeben werden, daß Lehrer Mütter und Kinder (vom dritten Lebensmonat an) zusammen unterrichten können, und zwar bei ihnen zu Hause ... Der Staat New York hofft, im Jahre 1978 allen Dreijährigen, deren Eltern es wünschen, kostenlosen Unterricht anbieten zu können.«

In Tokio (Japan) wurde vor einigen Jahren eine Schule für begabte Kinder eröffnet, die eine Ergänzung zur gewöhnlichen Schule ist. Ihre Aufgabe besteht darin, die künftige Elite für die japanische Wissenschaft und Industrie heranzuziehen (die japanischen Industriellen zahlen astronomische Summen für ausländische Patente). Diese Schule hat ihre Möglichkeiten ebenfalls bereits unter Beweis gestellt, da sie den Intelligenzquotienten ihrer Zöglinge um dreißig Punkte jährlich erhöhen konnte. Die Schüler der Schule, der älteste ist 12 Jahre alt, haben nach den Merkmalen der Auffassungsgabe, die in besonderen Tests festgelegt sind, Studenten der Tokioter Universität schon überholt. Die Schule erhält sogar Aufnahmeanträge aus den USA. Einer unserer Korrespondenten hat dort eine Mutter gesehen, die ihren Sohn mit einem Flugzeug aus Osaka zum Unterricht bringt. In der Schule sind rund hundert Kinder, keine Klasse hat mehr als vier Schüler. Der Unterricht findet zweimal wöchentlich ein bis zwei Stunden statt. Man verfährt nach einem besonderen Lehrplan und einer ungewöhnlichen Methodik.

Der Direktor der Schule, Professor Takejo Fusimi, bekräftigt: »Der Intellekt des Menschen macht im Kindesalter die schnellsten Fortschritte – von der Geburt bis zum zwölften Lebensjahr. Diese goldene Zeit nicht verstreichen zu lassen, dem heranwachsenden Menschen soviel Chancen wie möglich zur Entwicklung seiner intellektuellen Fähigkeiten zu geben – das ist die Aufgabe der Schule.« Eine Grundlage dafür sieht er in den Arbeiten der Biologen, die meinen, daß von 15 Milliarden Gehirnzellen nur etwa zwanzig Prozent aktiv arbeiten. Die übrigen sind fast untätig[90].

Die Untersuchungen der ausländischen Wissenschaftler und die praktischen Experimente laufen also auf die Bestimmung von Nuwers und die Verkürzung des Asynchronats hinaus, d. h. daß die ungeheuren Möglichkeiten des menschlichen Gehirns, auf deren Nutzung auch unsere Hypothese ausgerichtet ist, mit jedem Jahr weiter aufgedeckt werden.

Leider wird in unserem Land auf diesem Gebiet sehr wenig getan. Zusammen mit dem Verbot der Pädologie[91] wurden auch die Versuche, das Entwicklungsniveau des Intellekts und damit der schöpferischen Fähigkeiten zu messen und objektiv zu bewerten, fast völlig eingestellt, und das bedeutet, daß es keine Möglichkeit gibt, neue Methoden des Unterrichts und der Entwicklung der Kinder, Erfolge und Mängel in der Arbeit sowohl der allgemeinbildenden als auch der Spezialschulen und der verschiedenen Erziehungseinrichtungen wissenschaftlich zu begründen oder abzulehnen. Wissenschaftliche Untersuchungen, die auf die Bestimmung dieses Mangels abzielen, werden nicht veröffentlicht.

Versuche, Nuwers zu bekämpfen, unternehmen nur die Lehrerenthusiasten der Grundschulen des Kujbyschewsker Gebiets, die ein Jahr vor der Einschulung vorbereitende Entwicklungsübungen mit Kindern organisieren. Ernst zu nehmen ist auch die wichtige Arbeit in den erwähnten Schulen des Pylwas-Rajons in der Estnischen SSR (P. G. Lechestik). Die Kinder werden dort vom 4. bis 5. Lebensjahr an untersucht, auch Lehrer und Eltern werden angeleitet, und die Vorschulkinder erhalten sogar eine besondere Vorbereitung auf die Schule. Aber all diese Arbeit wird nur mit dem begrenzten Ziel gemacht, schulischen Mißerfolgen vorzubeugen, und bringt es nicht zum organisierten Angriff auf Nuwers und zur Erziehung der schöpferischen Fähigkeiten bei allen Kindern. Zudem ist es sehr schwierig, sie durchzuführen, weil es an einer zuverlässigen wissenschaftlichen Methodik zur Bestimmung des geistigen Entwicklungsniveaus der Kinder, an einem Programm und einer Methodik zur Herausbildung der schöpferischen Fähigkeiten fehlt.

Und erst recht gibt es keine Experimente und Untersuchungen zur Prüfung der neuen Hypothese der Fähigkeiten, einem der wichtigsten psychologisch-pädagogischen Probleme unserer Zeit.

Die entstandene Lage muß so schnell wie möglich geändert werden, andernfalls droht uns ein Rückstand nicht nur in der neuen, perspektivreichen und sich schnell entwickelnden Richtung der psychologisch-pädagogischen Forschung, sondern – was die Hauptsache ist – im System der Ausbildung junger Fachleute, der Schöpfer des wissenschaftlich-technischen Fortschritts. Solch einen Rückstand wieder aufzuholen, ist nicht einfach, man braucht Jahrzehnte, um einen Fortschritt in der Einstellung zur frühen Entwicklung der Kinder in größerem Ausmaß zu erzielen. Das ist eine sehr schwierige Aufgabe sowohl im ökonomischen wie im sozialen Bereich. Aber sie muß gelöst werden. Und ein erster Schritt auf dem Wege zu ihrer Lösung muß ein Experiment sein, das auf einer soliden wissenschaftlichen und materiellen Grundlage beruht. Ein solches Experiment im Rahmen einer ganzen Schule (besser noch mehrerer Schulen), der auch ein Kindergarten und eine Krippe angeschlossen sein müßten, wird Ausgangsdaten für die Erarbeitung einer Methodik zur frühen Entwicklung verschiedener Fähigkeiten und für die Ausarbeitung eines Organisationsprogramms und -systems der Lehr- und Erziehungsarbeit liefern.

Schlußfolgerung

Die heutige Schule bereitet die Kinder auf eine ausführende Tätigkeit vor und entwickelt vor allem ihre ausführenden Fähigkeiten, obwohl sich schon ganz deutlich die Tendenz abzeichnet, daß ein immer größerer Teil der ausführenden Arbeit von Maschinen übernommen wird und daß das Gehirn des Menschen immer stärker für die eigentlich menschliche, die schöpferische Tätigkeit freigemacht wird.

Die Schule, die den wachsenden Bedarf der Gesellschaft an der Entwicklung der schöpferischen Fähigkeiten der Menschen spürt, tut bereits die ersten Schritte in diese Richtung.

Darauf zielt auch die Methodik des Unterrichts in den Experimentalklassen der Grundschule (nach dem Lehrplan von L. W. Sankow)[92] ab, aber die Ergebnisse des Experiments können wegen der Verluste, die Nuwers den Kindern in der Vorschulperiode zufügt, prinzipiell nicht bedeutend sein.

Die Erkenntnis der Gesetzmäßigkeiten der Entwicklung der schöpferischen Fähigkeiten und die Überwindung von Nuwers, d. h. ein Fortschritt in der Einstellung zur Entwicklung der Kinder in Richtung auf eine *frühere* Entwicklung hin, werden die ungeheuren Reserven an Fähigkeiten, die wir derzeit noch im Vorschul- und im frühen Schulalter begraben, freilegen und uns helfen, eine ganze Reihe von Problemen der Gegenwart erfolgreich zu lösen:

Dadurch wird möglich, wissenschaftlich-technische Fachleute mit hohem schöpferischem Potential nicht nur in einer begrenzten Zahl von Spezialschulen, sondern auch in der Massenschule heranzuziehen.

Dadurch wird möglich, das bisher unbewältigte Problem des Sitzenbleibens in der Schule effektiv zu lösen, die *Dauer* des *Lernens* auf allen Stufen des Unterrichts beträchtlich zu *verkürzen,* und das erlaubt den jungen Menschen, in der für das Schöpferische günstigsten Zeit ihres Lebens eine schöpferische Tätigkeit aufzunehmen.

Zugleich wird dadurch möglich, *das Niveau der Vorbereitung auf die Schule entscheidend zu heben* und sie in Übereinstimmung mit den Anforderungen des wissenschaftlich-technischen Fortschritts unserer Zeit zu bringen.

Dadurch wird nicht nur möglich, die *Überlastung der Schüler* in der Schule zu *beseitigen,* sondern auch Zeit für die Beschäftigung mit den Bereichen der menschlichen Tätigkeit zu gewinnen, für die den Kindern derzeit keine Muße bleibt (Sport, selbständige Tätigkeit im technischen Bereich, Arbeit in der Produktion, Kunst u. a.).

All das hilft Bedingungen zu schaffen, unter denen die Entwicklung aller schöpferischen Kräfte des Menschen möglich ist, und zwar, was die Hauptsache ist, bis zu einem Niveau, das derzeit nur für einzelne erreichbar ist.

Anmerkungen

1. Babuschka = Großmutter, Oma. Anm. d. Hrsg.
2. Sowjet = Rat, Rajonsowjet = Bezirksrat. Anm. d. Hrsg.
3. Russische Nationalspeise, eine Art Brei. Anm. d. Hrsg.
4. In manchen russischen Familien ist es üblich, die Schwiegermutter zu siezen. Anm. d. Hrsg.
5. Schwer übersetzbares Wortspiel. Dja-dja ergibt im Russischen »Djadja«, deutsch: Onkel. Anm. d. Hrsg.
6. Russ. Wortspiel. Kisa = Kiska = zärtlicher Name für eine Katze, etwa: Muschi. Anm. d. Hrsg.
7. In Rußland gibt es manchmal Bratkartoffeln oder gekochte Kartoffeln zum Frühstück. Anm. d. Hrsg.
8. Dieses Spiel gibt es in der DDR unter der Bezeichnung »Metallbaukasten«; es wird im weiteren Text »Baukasten« genannt. Anm. d. Hrsg.
9. Im Jahre 1972 sind die Nikitins in eine alte, umgebaute Generalsdatscha umgezogen. Ihre Adresse in Bolschewo lautet: 141 090 Bolschewo, Mosk., Graschdanskaja 53. Anm. d. Hrsg.
10. Peter der Große (1682–1725), Anm. d. Hrsg.
11. Organ des Parteijugendverbandes Komsomol. Anm. d. Hrsg.
12. Gemeint ist die Familie Lenins, der mit bürgerlichem Namen Uljanow hieß. Anm. d. Hrsg.
13. Im Zuge einer 1966 eingeleiteten Reform wurde die Grundschule von vier auf drei Jahre verkürzt, vergl. Anm. 48 und 92. Anm. d. Hrsg.
14. Unionsweite Wettbewerbe, in deren Verlauf mathematisch-physikalisch besonders begabte Schüler ausgesiebt und anschließend gezielt gefördert werden, u. a. in mathematisch-physikalischen Spezialschulen, die einer Reihe von Universitäten z. T. in Internatsform angeschlossen sind. Anm. d. Hrsg.
15. Dieser Beitrag erschien am 12. März 1976 unter dem Titel »Eine Familie von Wunderkindern?« mit leichten redaktionellen Änderungen auf der Wissenschaftsseite der Moskauer Zeitung »Moskowskij komsomolez«. Daraufhin erhielt die Redaktion so viele Leserbriefe, daß sie die Nikitins bat, eine Serie über das erste Lebensjahr ihrer Kinder zu schreiben. Den ersten Teil der Serie verfaßte Lena Alexejewna, den zweiten Boris Pawlowitsch. Sie wurde zwischen dem 11. und dem 23. Mai 1976 in der Rubrik »Elternuniversität« abgedruckt. Anm. d. Hrsg.

16. Anspruchsvolle Wochenzeitung des sowjetischen Schriftstellerverbandes. Anm. d. Hrsg.
17. In Rußland ist es üblich, sich mit Vor- und Vatersnamen anzureden. Anm. d. Hrsg.
18. Papierwindeln sind in der UdSSR noch nicht sehr weit verbreitet, sie sind außerdem sehr teuer. Anm. d. Hrsg.
19. Älterer Name für die Ewenki, einer sibirischen Völkerschaft, die im Krasnojarsker Gebiet der Russischen Föderation (RSFSR), auf Sachalin und im Fernen Osten der UdSSR lebt. Anm. d. Hrsg.
20. In der UdSSR sind 92,5 % der Frauen zwischen 17 Jahren, dem Jahr des Schulabschlusses, und 55 Jahren, dem Jahr, in dem die Rente beantragt werden kann, berufstätig oder studieren. Da nur ein gutes Drittel der Kinder in vorschulischen Einrichtungen untergebracht ist, kommt der Babuschka als Krippen- und Kindergartenersatz in vielen jungen Familien eine große Bedeutung zu. Anm. d. Hrsg.
20a. Nachzulesen bei: S. J. Suomi und H. F. Harlow, »Monkeys at play«, in: *Natural history,* Dez. 1971, Bd. 80, S. 72–77, und dies., »Social rehabilitation of isolate monkeys«, in: *Developmental Psychology,* 1972, 6, S. 487–96. Anm. d. Hrsg.
21. Großväter. Anm. d. Hrsg.
22. Rasul Gamsatow, geb. 1923, Volksdichter der Autonomen Sowjetrepublik Dagestan. Anm. d. Hrsg.
(Anmerkungen 23–47 entfallen.)
48. Die sowjetische Einheitsschule (»Massenschule«) ist die allgemeinbildende zehnklassige Mittelschule, deren Abschluß zum Hochschulstudium berechtigt und als »Abitur« bezeichnet wird. Die Grundstufe umfaßt die ersten drei Jahre, die Mittelstufe umfaßt die Klassen 4 bis 8 und die Oberstufe das 9. und 10. Schuljahr. Eine gemeinsame Verordnung der Regierung der UdSSR und des Zentralkomitees der KPdSU vom November 1966 sah die Einführung der allgemeinen zehnjährigen Schulbildung, der sog. »mittleren Bildung«, für das Jahr 1970 vor. Dieses Ziel ist bisher noch nicht völlig erreicht worden. 1977 erhielten 95 Prozent der sowjetischen Schüler, die vor zehn Jahren eingeschult wurden, die »mittlere Bildung«, wobei mehrere Wege zum »Reifezeugnis« führen: Neben dem Abschluß der Zehnjahresschule ist nach dem achtjährigen Pflichtbesuch dieser Schule auch ein Übergang auf eine Beruflich-technische Schule oder eine Mittlere Fachschule möglich, die neben der »mittleren Reife« eine berufliche Ausbildung vermitteln. Schüler, die nach dem Besuch der Achtjahresschule direkt ins Berufsleben eintreten, sollen auf einer Abendschule die »mittlere Bildung« nachholen. Es ist anzunehmen, daß der Übergang zur allgemeinen zehnjährigen Schulbildung zum Ende des laufenden Fünfjahresplans (1976–1980)

verwirklicht wird. Seit 1966 hat auch eine zunehmende Differenzierung innerhalb der Zehnjahresschule eingesetzt: von der 7. Klasse an, ganz besonders jedoch in der Oberstufe, wird auf freiwilliger Basis fakultativ vertiefter theoretischer und praktischer Unterricht in einer Reihe von Fächern erteilt. Weiterführende Literatur bei Oskar Anweiler (Hrsg.), Bildungsreformen in Osteuropa, Stuttgart 1969. Anm. d. Hrsg.

49. Ein Schulreformgesetz vom Dezember 1958 verlängerte die Gesamtschuldauer vorübergehend von 10 auf 11 Jahre und sah eine Polytechnisierung vor, durch die ein Teil der beruflichen Ausbildung in die allgemeinbildende Schule vorverlegt wurde. Doch schon 1964 wurde diese Regelung wieder revidiert. Die Gesamtschulzeit wurde wieder auf 10 Jahre verringert (eine Ausnahme bilden die drei baltischen Republiken) und der Anteil des polytechnischen Unterrichts am Gesamtunterricht reduziert. Vgl. hierzu Oskar Anweiler, Die Sowjetpädagogik in der Welt von heute, Heidelberg 1968. Anm. d. Hrsg.

50. Die »Spezialschulen« gehören zum System der allgemeinbildenden Mittelschule. Sie werden von einer kleinen Minderheit von Kindern besucht, die vorwiegend aus der sowjetischen Oberschicht stammen. Die Lehrpläne der »Spezialschulen« stellen über das Pensum der »Massenschule« hinaus zusätzliche Anforderungen an die Schüler. Man kann folgende Typen von »Spezialschulen« unterscheiden: Schulen für Musik, bildende Kunst und Tanz, die in die Zarenzeit zurückreichen, Mittelschulen mit erweitertem Fremdsprachenunterricht von der 2. Klasse an, die es seit 1948 gibt und die seit 1961 verstärkt ausgebaut wurden, Mittelschulen mit vertieftem theoretischen und praktischen Unterricht in Mathematik und Naturwissenschaften in der 9. und 10. Klasse, für die eine Aufnahmeprüfung erforderlich ist (diese Schulen werden als »profilierte« Schulen bezeichnet) und schließlich 13 Physikalisch-Mathematische Internatsschulen, die den größten Universitäten der UdSSR angeschlossen sind und die ältere Schüler vom 8. oder 9. Schuljahr an aufnehmen, welche in den unionsweiten »Mathematik-Olympiaden« durch besondere Leistungen aufgefallen sind. Die Absolventen der »profilierten Schulen« und der Internatsschulen haben alle Chancen, die schwierigen Eingangsprüfungen an den Universitäten und Hochschulen zu bestehen. Boris Nikitin meint diese beiden Spezialschultypen. Vgl. hierzu John Dunstan, An educational experiment: Soviet mathematics and physics boarding schools, in: *Soviet Studies*, Bd. 27, Okt. 1975, S. 545–573. – Am weitesten verbreitet sind die »Spezialschulen« mit erweitertem Fremdsprachenunterricht, wobei Englisch, Deutsch, Französisch die populärsten Spra-

chen sind. In diese Schulen werden Kinder eindeutig nach schichtspezifischen Merkmalen, z. B. gutes Beherrschen des Russischen, im Alter von 8 Jahren aufgenommen. – Alle »Spezialschulen« sind weit besser ausgestattet als die »Massenschulen«, sie haben die qualifizierteren Lehrer und ziehen begabte Schüler aus den »Massenschulen« ab. – Auffällig ist, daß diese Schultypen in der sowjetischen Massenpresse – in der kaum ein Thema so ausführlich diskutiert wird wie Bildungsfragen – nur selten erwähnt werden und daß auch die Fachpresse kaum auf sie eingeht. Anm. d. Hrsg.

51. *Pedagogitscheskij slowar* (Pädagogisches Wörterbuch), hrsg. von I. A. Kairow, 2 Bde., Verlag der Akademie der pädagogischen Wissenschaften (APN), Moskau 1960, Bd. II, S. 418. Anm. d. Verf.

52. Ebd., Bd. I, S. 388. Anm. d. Verf.

53. W. N. Mjasischtschew, »Problema sposobnostjej w sowjetskoj psichologii i jejo blischajschije sadatschi« (Das Problem der Fähigkeiten in der sowjetischen Psychologie und ihre nächsten Aufgaben), in: *Problemy sposobnostjej* (Probleme der Fähigkeiten), Moskau 1962, S. 10–11. Anm. d. Verf.

54. Anton G. Rubenstein (1829–1894), russischer Komponist. Anm. d. Hrsg.

55. Dmitrij I. Mendelejew (1834–1907) russischer Chemiker. Anm. d. Hrsg.

56. Ilja I. Metschnikow (1845–1916), russischer Physiologe, Zoologe, Mikrobiologe, Mitarbeiter Pasteurs, Direktor des Instituts Pasteur, Nobelpreisträger von 1908. Anm. d. Hrsg.

57. A. N. Kolmogorow, »Nauka trebujet gorjenija« (Die Wissenschaft braucht Begeisterung), in: *Istwestija*, 21. 2. 1962. Anm. d. Verf.

58. Die Expedition fand 1932 unter Leitung von Dr. Jean Albert Vellard, dem Direktor des French Institute of Indian Studies in Lima, statt. Marie-Yvonne wurde von Dr. Vellard adoptiert und erzogen. Vgl. hierzu auch Mario Montessori, *Erziehung zum Menschen*, Montessori-Pädagogik heute, München 1977, S. 64. Anm. d. Hrsg.

59. René Sassault, »Psichitscheskoje raswitije rebjonka i wljanije sredy« (Die psychische Entwicklung des Kindes und der Einfluß der Umwelt), in: *Woprosy psichologii* (Fragen der Psychologie), Nr. 2, 1969, S. 129 (russ.). Anm. d. Verf.

60. Charlotte Auerbach, *Genetika* (Genetik), Verlag »Atomsidat«, Moskau 1966, S. 157 (russ.); Originaltitel: *The Science of Genetics*, New York 1961, deutsche Ausgabe: *Genetik, Vererbung – Selektion – Eugenik*, Düsseldorf–Wien 1967.

61. George U. Biddle, »Tschelowjek i kulturnaja nasledstwennostj«

(Der Mensch und die kulturelle Vererbung), in: *Amerika*, Nr. 120, 1966, S. 22 (russ.). Anm. d. Verf.

62. *Stig Sjölin* (Schweden)«, Uchod sasdorowymi detjmi w dnjewnych zentrach« (Die Pflege der gesunden Kinder in den Tageszentren), in: *Uchod sa detjmi i ich wospitanije w dnjewnich zentrach* (Die Pflege der Kinder und ihre Erziehung in den Tageszentren), Genf 1965, S. 24–25 (russ.). Anm. d. Verf.

63. S. Lebovici (Frankreich), »Detskij psichiatr o detjach w dnjewnich zentrach« (Der Kinderpsychiater über die Kinder in den Tageszentren), ebd., S. 89–108 (russ.). Anm. d. Verf.

64. Hier sind die in Anm. 50 erwähnten »profilierten« Schulen gemeint. Anm. d. Hrsg.

65. B. P. Nikitin, »Wot kak nado utschitj« (So muß man lernen), in: *Narodnoje obrasowanije* (Volksbildung), Nr. 1, 1964, S. 53. Anm. d. Verf.

66. Diese Versuche hat Boris Nikitin gemacht, bevor die Schuldauer von 11 wieder auf 10 Jahre verkürzt wurde. Anm. d. Hrsg.

67. B. P. Nikitin, »Opyt objektiwnoj ozenki urownja raswitija technitscheskich sposobnostjej schkolnikow« (Versuch einer objektiven Bewertung des Entwicklungsniveaus der technischen Fähigkeiten bei Schülern), in: *Woprosy psichologii sbosobnostjej schkolnikow* (Fragen der Psychologie der Fähigkeiten bei Schülern), Moskau 1964, S. 101–135. Anm. d. Verf.

68. B. P. Nikitin, »Opyt objektiwnoj ozenki produktivnosti technitscheskoj dejateljnosti utschaschtschichsja I–XI Kl.« (Versuch einer objektiven Bewertung der Produktivität der technischen Tätigkeit bei Schülern der 1.–11. Kl.) Rukopisj (unveröffentlichtes Manuskript), Institut psichologii APN RSFSR (Institut für Psychologie der APN der RSFSR), Moskau 1964. Anm. d. Verf.

69. Mitglieder der 1958 gegründeten »Allunionsgesellschaft der Erfinder und Rationalisatoren« (WOIR), deren Aufgabe es ist, den technischen Fortschritt in der sowjetischen Wirtschaft zu fördern. Die Gesellschaft zählt über neun Millionen Mitglieder und hat in nahezu allen Fabriken, Betrieben, Konstruktionsbüros und wissenschaftlichen Instituten eine Unterabteilung. Nach Angaben der Zeitung *Sozialistitscheskaja industrija* vom 4. April 1978 werden in der UdSSR alle zehn Minuten eine Erfindung und alle sieben Sekunden ein Rationalisierungsvorschlag registriert. Anm. d. Hrsg.

70. A. Kotowschtschikowa, »Oni rastut bes mamy« (Sie wachsen ohne Mutter auf), in: *Newa*, Nr. 6, 1965. Anm. d. Verf.

71. L. S. Wygotskij, »Obutschenije i raswitije w doschkoljnom wosraste« (Unterricht und Entwicklung im Vorschulalter), in: *Isbr. psichologitscheskije issledowanija* (Ausgewählte psychologische Untersuchungen), Moskau 1956, S. 429. Anm. d. Verf.

72. K. A. Timirjasew (1843–1920), russischer Physiologe. Anm. d. Hrsg.
73. Konstantin Eduardowitsch Ziolkowskij (1853–1935), russischer Mathematiker, der als erster die Wirkungsweise von Raketen wissenschaftlich genau berechnete. Anm. d. Hrsg.
74. Vgl. Anm. 29.
75. Gemeint sind Kindergärten, in denen ganztags berufstätige oder studierende Mütter ihre Kinder von montags bis freitags unterbringen können. Anm. d. Hrsg.
76. RSFSR = Russische Sozialistische Föderative Sowjetrepublik, die größte der 15 Unionsrepubliken, Anm. d. Hrsg.
77. M. Kurdjumow, »Waschnyj wopros« (Eine wichtige Frage), in: *Narodnoje obrasowanije* (Volksbildung), Nr. 9, 1967. – Diese Zahlen stimmen heute nicht mehr. Neueste Schulstatistiken finden sich bei O. Anweiler, F. Kuebart, K. Meyer (Hrsg.), Die sowjetische Bildungspolitik von 1958 bis 1973, Berlin 1976, S. 381 ff., erschienen bei O. Harrassowitz, Wiesbaden. Anm. d. Hrsg.
78. D. B. Eljkonin, *Detskaja psichologija* (Kinderpsychologie), Moskau 1960, S. 106. Anm. d. Verf.
79. Öffentliche Einrichtung, in der Milchprodukte vor allem an Kinder ausgegeben werden. Anm. d. Hrsg.
80. Entspricht einer Fachhochschule für Erzieher. Anm. d. Hrsg.
81. In der UdSSR beginnt das Schuljahr am 1. September, Anja ist also mitten im Schuljahr versetzt worden. Anm. d. Hrsg.
82. Sowjetischer Psychologe (1896–1934). Anm. d. Hrsg.
83. In der *Pädagogischen Enzyklopädie*, der Ausgabe von 1966, werden die sensitiven Perioden nicht einmal erwähnt. Anm. d. Verf.
84. Michail Wasiljewitsch Lomonosow (1711–1765), russicher Universalgelehrter und Aufklärer. Anm. d. Hrsg.
85. W. Lewi, *Ochota sa myslju* (Die Jagd nach dem Gedanken), Moskau 1967, S. 274–277. Anm. d. Verf.
86. L. Lessing, »Wnutri molekuly mosga« (Im Innern des Gehirnmoleküls), in: *Za rubeschom* (Im Ausland), Nr. 37, 1966, S. 27 (russ.). Anm. d. Verf.
87. Grey Walter, *Schiwoj mosg*, Moskau 1966 (russ.). Originaltitel *The Living Brain;* zitiert nach der deutschen Ausgabe *Das lebende Gehirn,* Köln 1961, S. 282. Anm. d. Verf.
88. P. G. Lechestik, »Ob odnom is putjej predupreschdenija neuspewaemosti w schkolje« (Über einen der Wege zur Verhinderung schulischer Mißerfolge), in: *Aktualnyje psichologo-pedagogitscheskije problemy obutschenija i wospitanija* (Aktuelle psychologisch-pädagogische Probleme des Unterrichts und der Erziehung), Vorträge, gehalten auf einer Tagung in Minsk vom 28. bis 31. März 1973, Moskau 1973, S. 207–210. Anm. d. Verf.

89. Edward Lee Thorndike (1874–1949), amerikanischer Lernpsychologe. Anm. d. Hrsg.

90. B. Tschechonin, »A kak ty dumajesch sam?« (Und wie denkst du selbst?), in: *Nedelja*, Nr. 34, 13.–19. August 1967. Anm. d. Verf.

91. Gemeint ist ein Beschluß des ZK der KPdSU (B) vom 4. Juli 1936, der die Pädologie verbot. Die Pädologie entstand um 1900 und wollte anhand von physiologischen, psychologischen und soziologischen Entwicklungsdeterminanten eine »einheitliche Wissenschaft vom Kind« auf marxistischer Grundlage bilden. Die Pädologen wurden in den zwanziger und zu Beginn der dreißiger Jahre amtlich gefördert, sie arbeiteten an den Hochschulen, bei der Lehrerausbildung und in den Schulen. Ihre Reihenuntersuchungen über Schulleistungen und -disziplin, die Ursachen des Sitzenbleibens und Berufswünsche sollten der pädagogischen Praxis helfen, stärker auf die individuellen Eigenarten des Kindes einzugehen. Das Parteidekret machte die Pädologie zur »bürgerlichen« Irrlehre, ihre Vertreter mußten öffentlich Selbstkritik üben. Vgl. hierzu Oskar Anweiler, »Erziehungs- und Bildungspolitik«, in: *Kulturpolitik der Sowjetunion*, hrsg. von Oskar Anweiler und Karl-Heinz Ruffmann, Stuttgart 1973, S. 60–61. Anm. d. Hrsg.

92. 1966 wurde auch eine tiefgreifende Reform der sowjetischen Grundschule beschlossen, die in der Verkürzung der Grundschuldauer von vier auf drei Jahre gipfelte. Der Lehrstoff sollte umverteilt, neue Lernbereiche sollten eingeführt und die kognitiven Lernziele verstärkt werden. Der Reform waren langjährige pädagogische Forschungen vorausgegangen. Besondere Bedeutung hatten dabei die seit 1952 durchgeführten experimentellen Untersuchungen von Akademiemitglied L. W. Sankow, der mit seinen Mitarbeitern ein »neues didaktisches System« entwickelte. 1957 richtete Sankow in Moskau die erste Experimentalklasse ein, der weitere Schulversuche folgten. Sankow konnte nachweisen, daß die Unterrichtsziele der Grundschule durch eine neue didaktische Grundlage, die die geistige und psychische Entwicklung der Kinder stärker fördert, früher erreicht werden können. Boris Nikitin erinnert an Sankows Schulversuche. Die Reform der Grundschule wurde 1970 im wesentlichen abgeschlossen. Vgl. hierzu Bernhard Schiff, *Die Reform der Grundschule in der Sowjetunion*, Berlin 1972, in Kommission bei Quelle Meyer, Heidelberg, und Leonid Vladimirovič Zankov, *Didaktik und Leben*, aus dem Russischen übersetzt und mit einer Einführung versehen von Bernhard Schiff, Hannover 1973. Anm. d. Hrsg.